Einfühlsame Kommunikation

Einfühlsame Kommunikation

Petra Jansen, Stefanie Richter

Petra Jansen
Stefanie Richter

Einfühlsame Kommunikation

Wie wir uns selbst und andere wahrnehmen

Prof. Dr. Petra Jansen
Universität Regensburg
Fakultät für Humanwissenschaften
Universitätsstraße 31
93053 Regensburg
Deutschland
E-Mail: petra.jansen@ur.de

Dr. Stefanie Richter
Neue Straße 20
31675 Bückeburg
Deutschland
E-Mail: sr@bunyip.de

Bibliografische Information der Deutschen Nationalbibliothek
Die Deutsche Nationalbibliothek verzeichnet diese Publikation in der Deutschen Nationalbibliografie; detaillierte bibliografische Daten sind im Internet über http://www.dnb.de abrufbar.

Anregungen und Zuschriften bitte an:
Hogrefe AG
Lektorat Psychologie
Länggass-Strasse 76
3012 Bern
Schweiz
Tel. +41 31 300 45 00
info@hogrefe.ch
www.hogrefe.ch

Lektorat: Dr. Susanne Lauri
Bearbeitung: Friederike Moldenhauer, Hamburg
Herstellung: René Tschirren
Umschlagabbildung: Getty Images/monkeybusinessimages
Umschlaggestaltung: Claude Borer, Riehen
Satz: Claudia Wild, Konstanz
Druck und buchbinderische Verarbeitung: AZ Druck und Datentechnik GmbH, Kempten
Printed in Germany

1. Auflage 2021

(E-Book-ISBN_PDF 978-3-456-96130-9)
(E-Book-ISBN_EPUB 978-3-456-76130-5)
ISBN 978-3-456-86130-2
https://doi.org/10.1024/86130-000

Inhaltsverzeichnis

Einführung 11

Teil 1: Was das Selbst ausmacht 17

1 Unser Verstand 19

1.1 Die eigene Brille für die Welt: Wahrnehmung 19

Wahrnehmung und ihre verschiedenen Kanäle 19
Wie täuschbar ist die Wahrnehmung? 23
Wahrnehmung – die Brille ist gefärbt 24
Nehmen wir wirklich alles wahr? 26

1.2 Ist sie wirklich so wichtig? Intelligenz 27

Was ist Intelligenz? 27
Ist Intelligenz wirklich messbar? 28
Und da wird wirklich Intelligenz gemessen? 30
Hochbegabung 31
Einmal intelligent, immer intelligent? 33

1.3 Intelligenz ist nicht alles: Kognition und Moral 35

Die vielfältige Kognition 35
Exekutive Funktionen – eine Wunderkognition? 39
Wie du mir, so ich dir 40

1.4 Die andere Art zu denken: Kreativität 42

Was ist Kreativität? 43
Kreativität und divergentes Denken 43
Die kreative Persönlichkeit 45
Kreativität fördern 46
Kreativität im Alltag 48

1.5 Zusammenfassung: Unser Verstand 49

2 Unser Herz 53
2.1 Das, was uns oft beschäftigt: Emotionen 53
Emotionen, Gefühle und Stimmungen – Alles eins? 53
Das Wechselspiel zwischen Emotion und Kognition 55
Emotionen – Wichtige Einflussfaktoren für unsere Entscheidungen und Urteile 57
Deine, meine, unsere Emotion? 59
2.2 Das, was alle wollen: Glück 61
Die wissenschaftliche Definition von Glück 62
Ist Glück messbar? 63
Gibt es „glückliche" Körperprozesse? 64
Kognitive und emotionale Glücksfaktoren 65
Viele Wege führen zum Glück 66
2.3 Verbunden mit den anderen: Empathie, Mitgefühl, prosoziales Verhalten und Altruismus 67
Ich sehe und verstehe, was du fühlst 67
Ich fühle mit dir mit 68
Ich handle für dich 69
Ich stelle mein Wohl für das Wohl aller zurück 70
Wie kann ich für dich und für das Gemeinwohl handeln? . . 72
2.4 Mit Herausforderungen umgehen: Stress 74
Was ist Stress? 74
Wie werde ich den Stress los? 76
Alles hängt von den Ressourcen ab 78
Und wenn ich den Stress trotzdem nicht loswerde? 79
2.5 Jeder ist anders: Persönlichkeit und Hochsensibilität . . . 80
Die Definition von Persönlichkeit 80
Das Unbewusste, die Situation und das Wachstum 82
Sei doch nicht immer so empfindlich! 84
2.6 Zusammenfassung: Unser Herz 86

3 Unser Körper 91
3.1 Wie wir unseren Körper sehen und wie er sich erinnert: Körperbild und Körpergedächtnis 91
Das schwierig zu erfassende Bild unseres Körpers 91

Das verzerrte Körperbild . . . 93
Die Einflussfaktoren auf das Körperbild . . . 95
Hat unser Körper ein Gedächtnis? . . . 97

3.2 Was wir mit unserem Körper machen: Motorik . . . 98

Motorische Fähigkeiten und Fertigkeiten . . . 99
Motorische Entwicklung und motorisches Lernen . . . 100
Die Leistung beeinflussen . . . 101

3.3 Alles spiegelt sich im Körper: Embodiment . . . 106

Bewegtes Denken . . . 106
Das Denken im Körper . . . 108
Bewegte Gefühle . . . 109
Im Körper verankerte Gefühle . . . 111

3.4 Zusammenfassung: Unser Körper . . . 112

Teil 2: Transpersonale Aspekte . . . 115

4 Jenseits des Selbst . . . 117

4.1 Wissen ohne Verstand: Intuition . . . 117

Intuition und Entscheidungen . . . 117
Ist Intuition doch nicht alles? . . . 120
Unbewusste Heuristiken oder das „Eine Bewusstsein“? . . . 123

4.2 Vertrauen in das Größere: Glauben und Spiritualität . . . 124

Glauben – Eingebettet in etwas Höheres . . . 125
Glauben – Heilkraft für das eigene Leben? . . . 125
Glauben – Was ihn beeinflusst . . . 126
Spiritualität – Vom Geist beseelt . . . 128
Spirituell – Von Anfang an? . . . 129

4.3 Zusammenfassung: Jenseits des Selbst . . . 131

5 Achtsamkeit: Wege zur Transzendenz . . . 133

5.1 Den Geist beruhigen: Meditation . . . 133

Der aufmerksame Geist – Aufmerksamkeitsnahe Meditation . . . 134
Das liebende Herz – Mitgefühlsnahe Meditation . . . 135
Die eigene Person schätzen lernen – Erfahrungsnahe Meditation . . . 137

5.2 Stress achtsam reduzieren: MBSR oder die Wahl des richtigen Ortes? . . . 140
MBSR in der Praxis . . . 140
Ist Stressreduktion durch MBSR wissenschaftlich erwiesen? . . . 143
Stressreduktion durch die Wahl des richtigen Ortes . . . 144
Zuflucht in einem inneren Ort . . . 146
5.3 Zusammenfassung: Wege zur Transzendenz . . . 147

Teil 3: Das Selbst und die anderen . . . 149

6 Kommunikation . . . 151
6.1 Kommunikation ist gar nicht so einfach . . . 151
Die Perspektive – Wie kann ich dich verstehen? . . . 151
Die Verschlüsselung – Oder was meinst du? . . . 152
Die Kooperation – Keine Kommunikation ohne Kooperation? . . . 153
Der Dialog – Haben wir eine gemeinsame Sichtweise und Wirklichkeit? . . . 154
Die Komplexität – Kommunikation ist mehr als die Übermittlung der Nachricht . . . 155
Gewaltfrei kommunizieren – Damit Kommunikation nicht verletzt, sondern verbindet . . . 156
Achtsam kommunizieren – Freundlich aus dem jetzigen Moment heraus sprechen . . . 158
Mit dem Körper reden . . . 159
6.2 Unbewusste Muster und die Angst vor dem Versagen: Unbewusste Kommunikation . . . 160
Unbewusste Muster leiten uns . . . 160
Unser Verhalten wird gebahnt . . . 161
Beweg dich doch – Wenn es nur so einfach wäre 163
Das Verborgene – Die Macht der Kindheitsmuster . . . 164
Bloß keine Fehler machen! . . . 165
Kommunikation – Ein Unterfangen höchster Komplexität . . . 167
6.3 Zusammenfassung: Kommunikation . . . 168

7 Miteinander 171
7.1 Verbundenheit durch Liebe 171
7.2 Der Weg der Liebe 172
Die persönliche Form der Liebe 172
Selbstmitgefühl als eine Facette der persönlichen Form der Liebe 173
Die universale Form der Liebe 174
7.3 Liebevolle Verbundenheit in der Praxis 176
Die eigene liebevolle Verbundenheit 176
Liebevolle Verbundenheit mit anderen 181
Die liebevolle Verbundenheit mit der Welt 184
7.4 Zusammenfassung: Miteinander 184

8 Fazit: Brillentausch – Wie uns das Miteinander gelingen kann 187

Referenzen 191

Einführung

Ist es Ihnen vielleicht auch schon einmal so ergangen, dass die Kommunikation mit Ihrem Gesprächspartner ganz anders verlief, als Sie es sich vorgestellt haben? Sie gingen guten Mutes in eine Sitzung hinein, weil die Vorbesprechungen so vielversprechend gewesen waren, und kamen enttäuscht heraus?

Oft kann man den gelungenen Ausgang einer Kommunikation gar nicht vorhersehen. Es gibt viele Tipps, wie man sich in bestimmten Situationen (Bewerbungsgespräche, Sitzungen usw.) verhalten soll, und es existieren Modelle, die die Zusammenhänge zwischen Sender, Adressat und Botschaft einer Kommunikation einleuchtend darstellen. Doch obwohl wir das alles wissen, geschieht es, dass wir uns manchmal trotzdem nicht verstehen. Dann gehen Sie aus der Besprechung heraus und merken, dass nur einige der Teilnehmenden den Sachverhalt so verstanden haben, wie Sie ihn gemeint haben. Wie kann das sein?

Oder haben Sie auch schon einmal die Erfahrung gemacht, dass Sie eine ganz andere Vorstellung von „Glück“ haben als Ihre Partnerin? Für Sie mag „Glück“ ein Abend unter vielen Freunden sein, für Ihre Partnerin, ein gutes Buch in Ruhe zu lesen.

Natürlich wissen wir, dass Menschen verschieden sind. Aber je länger wir darüber nachdenken, umso mehr wird deutlich, was es wirklich bedeutet, dass jeder Mensch die Welt mit seiner eigenen Brille wahrnimmt – und genau diese Brille auch dem anderen zugedenkt. Was zunächst trivial klingt, öffnet uns doch die Augen: Wir sehen die Welt *wirklich* so, wie wir geprägt sind, und der andere sieht sie *wirklich* so, wie er sie erfahren hat. Es ist selbstverständlich, dass jeder seine eigene Sicht hat. Nicht selbstverständlich ist aber, dass wir ein tiefergehendes Verständnis dafür haben, welche Faktoren die eigene und natürlich auch die Brille des anderen bestimmen.

Doch was macht unsere Sichtweise der Welt aus? Wir sind als Person einzigartig, unsere Persönlichkeit ist geprägt von einer individuellen Kombination aus kognitiven, emotionalen und physischen Facetten, die durch die Gene und die Umwelt bestimmt sind. Dies anzuerkennen, fällt in der Theorie nicht schwer, es jedoch wirklich zu fühlen und auch auf den anderen und auf die gemeinsame Kommunikation zu übertragen, schon eher.

Noch schwieriger wird es dann, wenn wir einen Schritt herauswagen und zu den drei Aspekten noch eine weitere Facette, die jenseits des Selbst ist, miteinbeziehen – die transzendentale Facette. Vielleicht kennen Sie Menschen, die Ihnen so vorkommen, als könnten sie tiefer sehen, als würden sie aus einer anderen Quelle schöpfen. Manchmal wirken diese Personen so, als seien sie in der realen Welt nicht ganz anwesend, doch sind sie mit dieser Welt nur anders verbunden. Spirituelle Menschen beurteilen beispielsweise Konflikte, die Sie vielleicht als tragisch empfinden, als weniger bedeutsam. Auch das erschwert die Kommunikation.

Wir möchten Ihnen in diesem Buch die unterschiedlichen Facetten, die einen Menschen formen, also die geistige, körperliche und seelische Facette, im Detail vorstellen und Ihnen zeigen, dass sie nicht unverbunden nebeneinanderstehen, sondern eng miteinander verwoben sind. Zudem möchten wir verdeutlichen, dass es eine weitere Facette gibt, die bislang wenig untersucht wurde. Wir meinen die Fähigkeit zur Transzendenz, die den einzelnen Menschen genauso prägt wie sein Geist, sein Körper und seine Seele.

Unser Anliegen ist es, Sie zu einem Perspektivenwechsel und zu dem Verständnis zu ermuntern, dass wir uns in unseren kognitiven, emotionalen, physischen und transzendentalen Aspekten unterscheiden und jeder Mensch den Weg in der Entwicklung dieser unterschiedlichen Facetten in seinem Tempo und seiner Tiefe geht. Kein Weg ist besser, kein Weg ist schlechter, es ist eben der individuelle. Dennoch ist es möglich, den anderen zu schätzen, eben dann, wenn wir begreifen, was uns und was den anderen als Person ausmacht. Das Verständnis für sich selbst und für den anderen ermöglicht es, trotz aller Individualität das Gemeinsame zu spüren. Die Verbundenheit wird deutlich, wenn wir unsere Einzigartigkeit klar erkennen.

Dieses Buch möchte Sie mitnehmen auf eine Forschungsreise zu Ihrer eigenen „Brille“, zu Ihrer eigenen Sichtweise. Dabei werden wir immer wieder auf psychologische Experimente zu sprechen kommen, um menschliches Verhalten auf anschauliche Weise zu illustrieren.

Im ersten Teil des Buches gehen wir auf die drei Facetten der Kognition (Geist), der Emotion (Seele, Herz) und der Physis (Körper) des Menschen ein. Im Mittelpunkt dieses Teils steht die Differenzierung der drei Aspekte: Die Kognition ist nicht nur einfach Intelligenz oder „schlau sein", sie umfasst viele unterschiedliche Funktionen, wie die Fähigkeit zu sprechen oder Probleme zu lösen. Auch Emotionen gibt es viele: Manche sind grundlegend, andere wiederum komplex. Positive Emotionen können zum Glück führen, sie steigern die Empathie und das Mitgefühl, negative Emotionen sorgen dafür, dass wir beispielsweise aus Situationen fliehen. Viele unserer Gedanken und unserer Gefühle bilden sich im Körper ab. Eine gekrümmte Haltung kann ein Ausdruck von zu viel Schreibtischarbeit oder einer sehr traurigen Stimmung sein. Über Jahre kann sich ein ganz unterschiedliches Körperbild entwickeln. So beschäftigt sich die Embodiment-Forschung z. B. damit, wie Gedanken und Gefühle verkörpert werden.

Im zweiten Teil des Buches geht es um eine Ebene, die sich jenseits des eigenen Selbst entwickelt. Im Kapitel „Jenseits des Selbst" behandeln wir hauptsächlich die theoretischen Aspekte der Transzendenz und der Achtsamkeit als eine Möglichkeit, die Ebene jenseits des eigenen Selbst zu erreichen. Im Kapitel 4.1 zur Intuition beantworten wir die Frage, wie Sie diese Ebene erkennen. Warum glauben manche Menschen, ein Ereignis vorhersehen zu können? Das darauffolgende Kapitel 4.2 fokussiert auf die Aspekte des Glaubens und der Spiritualität, bevor wir uns der Achtsamkeit zuwenden. Was bedeutet Achtsamkeit und wieso kann sie uns helfen, mehr über uns selbst zu erfahren? Auch wenn Achtsamkeit unabhängig vom Außen erfahren wird, gibt es Orte in der Natur, die das Gefühl der Transzendenz vermitteln. Wie können wir mit diesem scheinbaren Widerspruch umgehen? Im Kapitel 5 zeigen wir Wege auf, Achtsamkeit zu praktizieren.

Ausgehend von den Aspekten der Kognition, Emotion, Physis und Transzendenz stellen wir uns im dritten Teil die Frage, wie Kommunikation gelingen kann: Wir stellen gängige Kommunikationsmodelle dar, wie zum Beispiel das Modell von Schulz von Thun, in dem vier Ebenen einer Kommunikation differenziert werden. Die Modelle werden dadurch ergänzt, dass wir die Bedeutung der eigenen Brille des Sprechers und der des Adressaten betonen. Dies führt zu einer Erweiterung aller Kommunikationsmodelle – miteinander zu kommunizieren, ist umfassender, als man denkt. Es bedeutet nicht nur die Ebene der Kommunikation zu verstehen, sondern die Einzigartigkeit der Kommunizierenden miteinzubeziehen. Die eigene Einzigartigkeit klar zu erkennen, führt zu einer Verbundenheit, aus der wie selbstverständlich eine wertschätzende und liebevolle Kommunikation entsteht.

Dieses Buch gibt Hilfestellungen, um das eigene Selbst zu erforschen. Ebenso zeigt es Möglichkeiten, über das Selbst hinauszuwachsen. Diese transzendentalen Wege können über die Meditation führen, über die Musik oder das Lösen komplexer mathematischer Probleme. Der Weg ist für jeden anders und abhängig davon, welche Facette (der Kognition, Emotion, Physis oder Transzendenz) jeweils besonders ausgeprägt ist. Stellen Sie sich einen hochbegabten Studenten bzw. eine Studentin vor. Vielleicht werden diese Menschen einen Moment der Glückseligkeit und der völligen Präsenz beim Lösen eines hochkomplexen mathematischen Problems empfinden, aber viel weniger, wenn sie bei einer Zen-Meditation ruhig sitzen müssen.

Die Schwierigkeit, das eigene Selbst zu erforschen, besteht darin, die individuelle Kombination der vier Facetten – Kognition, Emotion, Physis und Transzendenz – zu erkennen. Dabei müssen wir auch akzeptieren, dass manche Aspekte im Leben stabil sind und andere sich wiederum verändern. So müssen wir zum Beispiel hinnehmen, dass sich unser Körper im Laufe des Lebens verändert und wir mit fünfzig nicht mehr so leistungsfähig sind wie mit zwanzig. Hingegen kann uns unsere ruhige Art, mit Problemen umzugehen, das ganze Leben erhalten bleiben. Deswegen kann es auch nie den einen Plan geben, wie man sich selbst am besten kennenlernt, denn das eigene Erkennen ist immer individuell und dynamisch. Dies trifft auch für die Begegnung mit dem anderen Menschen zu.

Diese Einsicht mag trivial klingen, sie ist aber wesentlich, weil sie entspannt. Warum ist das so? Verstehen wir unsere Individualität nicht nur mit dem Kopf, sondern können sie auch fühlen, erfahren wir mit Erstaunen, wie ähnlich wir Menschen doch sind. Denn die Einzigartigkeit der Kombination der vier Facetten verbindet uns auch wieder, ebenso wie die Sehnsucht, so gesehen zu werden, wie wir sind, ein jeder von uns in seiner individuellen Komposition. Wir sind verschieden, und der tiefe Wunsch, in dieser Verschiedenheit wahr- und angenommen zu werden, ist das, was uns als Menschen verbindet.

Wir wünschen Ihnen eine spannende Reise, auf der Sie Ihre eigenen Facetten und die Ihrer Mitmenschen entdecken. Die eigene Person wohlwollend anzuerkennen, führt zur Entwicklung von Selbstliebe. Das warmherzige Sehen der eigenen Person wird auch helfen, den anderen so zu schätzen, wie er ist. Gelingt uns diese Akzeptanz auf individueller Ebene, wird es uns vielleicht gelingen, sie ebenso auf die gesellschaftlichen und kulturellen Unterschiede zu übertragen.

Teil 1:
Was das Selbst ausmacht

1 Unser Verstand

1.1 Die eigene Brille für die Welt: Wahrnehmung

Haben Sie es schon einmal erlebt, dass Sie sich ein neues Kleidungsstück gekauft haben, voller Freude damit nach Hause gekommen sind und etwas verwirrt geschaut haben, als Ihre Teenager fanden, die Farbe sei ja super. So türkis! Türkis? Das Oberteil ist doch grün! Sowohl in der Umkleidekabine als auch zu Hause sehen Sie kein Türkis, sondern Grün. Wie kann es sein, dass wir die Farben so unterschiedlich wahrnehmen? Unterscheidet sich Ihre visuelle Wahrnehmung auch von der Ihrer Kinder?

Oder wie kann es beispielsweise sein, dass Ihre Chefin in einer Sitzung etwas verkündet, das Sie ganz anders verstanden haben als Ihr Kollege? Was hat die Abteilungsleiterin denn nun wirklich gemeint? Unterscheidet sich Ihre auditive Wahrnehmung von der Ihres Kollegen? Diese Fragen können wir beliebig weiterspinnen – beispielsweise bezüglich unserer Geruchs- und Geschmackswahrnehmung: Was für den einen nur mittelscharf ist, ist für die andere extrem scharf.

Gibt es überhaupt eine objektive Wahrnehmung?

Wahrnehmung und ihre verschiedenen Kanäle

Wahrnehmung kann als der Vorgang und das Ergebnis von Reizverarbeitung gesehen werden. Es wird ein Abbild der objektiven Realität, aber zum Beispiel auch der eigenen Person, der Innenwelt, geschaffen [1]. In der Regel wird davon ausgegangen, dass die Wahrnehmung bewusst ist, das heißt, wir sind uns bewusst, dass die Textilie uns grün erscheint. (Daneben gibt es auch eine unbewusste Wahrnehmung, dazu kommen wir noch später.) Im Wahrnehmungsprozess wird unsere Aufmerksamkeit auf einen bestimmten Reiz gelenkt. Aus einem verfügbaren Reiz wird ein beachteter Reiz. Bei der visuellen Wahrnehmung wird das Abbild des Reizes auf die Rezeptoren der Netzhaut, der Retina, projiziert. Dort befinden sich bestimmte Zellen, Stäbchen und Zapfen, die sich hinsichtlich ihrer Form und ihrer Verteilung unterscheiden. In beiden Zelltypen sind unterschiedliche Sehpigmente vorhanden, die ihre chemischen Eigenschaften ändern, sobald Licht in die Rezeptorzelle fällt. Die Stäbchen nehmen hauptsächlich Hell-Dunkel-Kontraste wahr, die Zapfen Farben. Durch eine sogenannte Transduktion, eine Umwandlung von Reizinformation in Nervenimpulse, wird das Bild auf der Retina in elektrische Signale umgewandelt. Diese neuronalen Signale breiten sich vom Auge zum Gehirn und dann innerhalb des Gehirns aus. Ein Signal verläuft durch das Axon, das heißt durch die Nervenfaser eines Neurons, und erreicht durch die Synapse (kleiner Spalt zwischen zwei Nervenfasern) dessen Ende. Hierdurch werden Botenstoffe freigesetzt, sogenannte Neurotransmitter, die eine Änderung der elektrischen Ladung im postsynaptischen Neuron, welches die Signale empfängt, bewirkt.

Die neuronalen Verarbeitungsprozesse bei der visuellen Wahrnehmung sind komplex: Das Antwortverhalten eines Neurons hängt auch von den Signalen ab, die es von den anderen Neuronen erhält, ein Prozess, der als Konvergenz bezeichnet wird. Eine Aktivität in einem Neuron kann aber auch die Aktivität eines anderen Neurons hemmen, dieser Prozess wird als Inhibition bezeichnet. Aber selbstverständlich nehmen wir unsere Umwelt nicht nur visuell wahr – sondern auch auditiv (durch Hören), gustatorisch (durch Geschmack), olfaktorisch (über den Geruch) oder somatosensorisch (durch Körperwahrnehmung).

Oftmals empfinden wir die visuelle Wahrnehmung als die für uns wichtigste, und wir können uns schwer vorstellen, ohne sie zu leben. Doch von der amerikanischen Schriftstellerin Helen Keller, die sowohl taub als auch blind war, ist bekannt, dass sie ihre Taubheit als schwerwiegender empfand als ihre Blindheit, da Blindheit sie von Dingen trennte, Taubheit aber von den Menschen. Haben Sie schon einmal im Fernsehen einen Film ohne Ton angeschaut? Sie werden überrascht sein, wie wenig sie vom Geschehen verstehen. Wenn Sie jedoch den Ton anlassen und das Bild abschalten, werden Sie wahrscheinlich in der Lage sein, der Handlung zu folgen.

Bei der auditiven Wahrnehmung wird der Schall durch die Schwingungen der Luftmoleküle übertragen, die das auditorische System stimulieren. Die Amplitude, Frequenz und die Komplexität der Schallwellen, die zunächst das äußere Ohr, dann das mittlere und innere Ohr durchlaufen, werden als Lautstärke, Tonhöhe und Klangfarbe wahrgenommen. Eine wichtige Struktur im Innenohr ist die Cochlea. Von hier aus werden die Signale zum auditorischen Cortex weitergeleitet. Die Sprachwahrnehmung ist ein spezifisches Gebiet der auditiven Wahrnehmung. Es hat sich gezeigt, dass die Sprachwahrnehmung sowohl von kontextbasierten Erwartungen einer Person als auch von der Beschaffenheit des akustischen Sprachsignals abhängig ist [2].

Der dritte wichtige Sinn ist unser Hautsinn. Denken Sie nur daran, wie Sie Ihr Kind wahrnehmen, wenn Sie es streicheln, oder wie es wäre, wenn Sie Ihre Hand nicht mehr spüren könnten, wenn Sie zum Beispiel einen Brief schreiben müssten. Auch bei dem Hautsinn lassen sich verschiedene Arten von Rezeptoren (Mechanorezeptoren), neuronale Bahnen von den Rezeptoren zur Großhirnrinde (Kortex) und eine Anzahl verschiedener dort befindlicher Areale unterscheiden. Die Mechanorezeptoren differenzieren ihr Antwortverhalten, je nachdem, ob sie kontinuierlich, am Ende oder Anfang einer Stimulation reagieren, und je nach dem Bereich der Vibrationssequenzen und der Art der Reize (Stimuli), die sie registrieren. Die sogenannten Meissner-Körperchen antworten zum Beispiel auf Zittern und sind an der Kontrolle des Greifens beteiligt. Die Nervenfasern der Mechanorezeptoren in der Haut werden gebündelt und ziehen dann in zwei Strängen seitlich des Rückenmarks hinauf. Vom Thalamus, einem Teil des Zwischenhirns, werden sie dann zum somatosensorischen Kortex weitergeleitet. Interessant ist hier das Phänomen der neuronalen Plastizität, das auch in anderen Wahrnehmungsmodalitäten auftritt. Es besagt, dass sich das Antwortverhalten von Neuronen durch Wahrnehmungserfahrungen verändern kann. So konnte z. B. gezeigt werden, dass Profimusiker gegenüber Amateurmusikern und Nichtmusikern über eine größere Dichte der grauen Substanz in Gebieten des Gehirns verfügen, die für das musische Praktizieren relevant sind (für eine differenzierte Betrachtung siehe Jäncke, L. (2008), S. 327–356, [3]).

Zum Schluss sei noch auf den Geschmacks- und Geruchssinn eingegangen. Diese beiden Sinne werden oft als Torwächter bezeichnet, da sie Stoffe identifizieren, die für das Überleben wichtig sind, und diejenigen aussondern, die dem Körper schaden können. Auch wenn diese Sinne oft unerwähnt bleiben, sind sie für uns wichtig. Nicht umsonst kennen wir den Spruch „Ich kann ihn nicht riechen“. Die Moleküle von Geruchsstoffen gelangen mit dem Luftstrom in die Nase, in der sich die Riechzellen befinden. Durch die Transduktion werden elektrische Signale hervorgerufen, die sich von dort in den Strukturen des sogenannten Bulbus olfactorius (Riechkolben) ausbreiten. Danach werden die Signale in die Großhirnrinde übertragen.

Unsere gustatorische Wahrnehmung beginnt auf der Zunge, die Grundgeschmacksrichtungen werden als sauer, bitter, süß und salzig erfahren. Die Unebenheiten auf der Zunge rühren von den Zungenpapillen her, die sich in vier Kategorien einteilen lassen und den vier Geschmacksrichtungen zugeordnet sind. Außer den Fadenpapillen enthalten sie Geschmacksknospen, die wiederum Geschmackssinneszellen enthalten. Gelangen chemische Substanzen an die Rezeptoren an der Spitze dieser Geschmackssinneszellen, findet die Transduktion statt. Über den Nucleus solitarus, den „Geschmackskern" im Hirnstamm und den Thalamus werden die Reize dann zu zwei Strukturen im Frontalhirn weitergeleitet. Wenn wir sowohl über unseren Geschmacks- als auch über unseren Geruchssinn wahrnehmen, dann nehmen wir das Aroma wahr. Die Erfahrung eines Aromas ist also immer ein Zusammenspiel der Nase und des Mundes.

Sie sehen, die Wahrnehmung ist äußerst komplex. Von der Wahrnehmung lässt sich das Erkennen abgrenzen, das die Fähigkeit beschreibt, dem wahrgenommenen Objekt eine Bedeutung zuzuordnen. So könnte man sich vorstellen, dass Ihr kleiner Sohn beim ersten Norwegenurlaub einen Elch zwar wahrnimmt, ihn aber nicht erkennt, weil er ihn noch niemals gesehen hat. Meist führt die Wahrnehmung darüber hinaus zu einer Handlung, was bedeutet, dass sie ein sich ständig verändernder Prozess ist [4]. Ein Beispiel unter vielen für die Verwobenheit von Wahrnehmung und Handlung ist die Handlungs-Wahrnehmungs-Kompatibilität. Planen Sie etwa, ein Wort auszusprechen, erschwert dies die visuelle Wahrnehmung des Wortes. Oder haben Sie schon einmal versucht, sich selbst zu kitzeln? Die Planung des „Sich-selbst-Kitzelns" reduziert die Intensität des wahrgenommenen Effektes [4].

Einiges haben wir nun also über die Wahrnehmung erfahren, aber die spannende Frage, wie objektiv die Wahrnehmung ist, blieb bis jetzt unbeantwortet. Nehmen wir alle dasselbe wahr?

Wie täuschbar ist die Wahrnehmung?

Paul Watzlawick ging davon aus, dass die Annahme, es gebe nur eine Wirklichkeit, eine gefährliche Selbsttäuschung sei [5]. Übertragen auf die Wahrnehmung bedeutet dies, dass jeder Mensch glaubt, dass die eigene Wahrnehmung die einzig richtige sei. Dass dies nicht so ist, wird in der Wahrnehmungspsychologie seit langem anhand der Wahrnehmungstäuschungen und insbesondere der optischen Täuschungen untersucht.

Ist Ihnen auch schon einmal aufgefallen, dass der Mond nah am Horizont viel größer erscheint als hoch oben am Himmel? Dieses Phänomen wird als Mondtäuschung bezeichnet, für das die Wissenschaftler seit Jahrzehnten eine Erklärung suchen. Eine Erklärungsmöglichkeit ist die wahrgenommene Entfernung. Steht der Mond hoch am Himmel, fehlt die Tieeninformation, die jedoch vorliegt, wenn der Mond sich dem Horizont über einer besiedelten Landschaft nähert. Eine weitere Erklärung durch Sehwinkelvergrößerung geht davon aus, dass der Mond kleiner wirkt, wenn er von größeren Objekten umgeben ist. Die Theorie der atmosphärischen Perspektive besagt, dass der Blick durch den Nebel nah dem Horizont die wahrgenommene Größe beeinflussen kann. Darüber hinaus kann auch eine rote Verfärbung den Eindruck der Größe verstärken [2].

Eine weitere bekannte Täuschung ist die Ebbinghaus-Illusion. Dabei werden zwei Kreise gleichen Durchmessers jeweils von sieben anderen Kreisen flankiert. Bei dem einen Kreis sind die flankierenden Kreise größer, bei dem anderen kleiner als der Kreis im Zentrum. Die Illusion besteht darin, dass der mittlere Kreis, der von größeren Kreisen flankiert wird, kleiner erscheint als der objektiv gleich große zentrale Kreis, der von kleineren Kreisen umgeben ist [6].

Aber nicht nur unser visuelles System kann Illusionen unterliegen – auch unsere Körperwahrnehmung lässt sich täuschen. Dies wurde mit dem sogenannten Gummihand-Paradigma untersucht: Bei diesem Experiment wird die Hand des Probanden verdeckt und daneben eine Gummihand gelegt. Bei simultaner Stimulation der Gummihand und der eigenen Hand erleben die Probanden die Gummihand als zum Körper gehörig [7].

Eine bekannte visuell-auditive Täuschung ist der sogenannte McGurk-Effekt, bei dem die Sprachwahrnehmung durch die visuelle Information beeinflusst wird. Einer Versuchsperson werden akustisch die Laute „ba-ba“ präsentiert, die sie auch richtig wiedergeben kann. Sieht sie dann allerdings zu den vorgespielten Lauten eine Person auf einem Bildschirm, die „ga-ga“ sagt, dann hört sie „da-da“ [2].

Wie objektiv ist also unsere Wahrnehmung und wodurch wird sie beeinflusst? Hier gibt es viele Faktoren: So ließen Psychologen in einem Experiment Probanden Bälle auf verschieden weit entfernte Ziele werfen. Dabei bekamen die teilnehmenden Personen Bälle mit unterschiedlichem Gewicht. Einmal wogen sie nur 0,32 kg, eine andere Gruppe erhielt Bälle, die 0,91 kg schwer waren. Nach ihren Würfen sollten die Probanden die Entfernung schätzen. Es zeigte sich, dass die Entfernung als weiter wahrgenommen wurde, wenn die Bälle schwerer waren [8]. Auch wenn dies auf den ersten Blick verwunderlich erscheint, kommt uns dieser Sachverhalt vielleicht bekannt vor. Mit einem schweren Rucksack auf dem Rücken erscheint der vor uns liegende Weg noch einmal doppelt so weit [9].

Neben dem Gefühl der Belastung kann auch die Stimmung unsere Wahrnehmung beeinflussen. Bei einem Experiment hörten Probanden entweder keine Musik oder Musik, die sie sehr traurig bzw. sehr fröhlich stimmte. Daraufhin sollten sie in einer visuellen Erkennungsaufgabe fröhliche und traurige Gesichter auf einem Monitor erkennen, die durch Punkte auf dem Bildschirm teilweise unkenntlich gemacht waren. Es zeigte sich, dass die fröhlichen Gesichter nach dem Hören der fröhlichen Musik besser wahrgenommen wurden und die traurigen Gesichter nach dem Hören der traurigen Musik. Unsere Stimmung beeinflusst folglich unsere visuelle Wahrnehmung [10].

Generell können wir festhalten, dass unsere Wahrnehmung von der „objektiven“ Welt subjektiv ist, sie lässt sich auf verschiedenen Ebenen täuschen. Dies gilt für alle Menschen. Doch lässt sich die sowieso schon täuschbare Wahrnehmung noch durch einen subjektiven Anteil verzerren? Schließlich ist für Ihre Kinder das neue Kleidungsstück türkis und für Sie grün. Im nächsten Abschnitt widmen wir uns diesen individuellen Unterschieden.

Wahrnehmung – die Brille ist gefärbt

Die Individualität der subjektiven Wahrnehmung lässt sich für fast alle Sinnesmodalitäten nachweisen und kann hier nur exemplarisch behandelt werden. So konnten zum Beispiel Experimente der visuellen Wahrnehmung zeigen, dass Persönlichkeitsmerkmale eine Rolle spielen: Antinori, Carter und Smilie (2017) führten einen Versuch mit einer visuellen Aufgabe durch, bei der die Versuchsperson auf einfache Reize auf dem Monitor reagieren und berichten mussten, wann und wie oft sich die Reize in ihrer Wahrnehmung miteinander verbunden hatten. Vor der Aufgabe hatten sie einen Persönlichkeitsfragebogen beantwortet. Die Ergebnisse zeigen, dass die Personen, die eine größere Offenheit gegenüber neuen Dingen zeigten, auch über eine längere Dauer der Reizkombination berichteten. Sie nahmen darüber hinaus noch mehr kombinierte Reize wahr, wenn sie vorher an einer Intervention teilgenommen hatten, die sie in eine positive Stimmung versetzte, wie z. B. die Vorstellung eines Spazierganges durch einen ruhigen Wald [11].

Auch die Körperwahrnehmung ist nicht nur von Umgebungsreizen abhängig, sondern zum Beispiel auch von unserer Interozeptionsfähigkeit, also dem Vermögen, Reize wahrzunehmen, die aus dem Inneren des eigenen Körpers kommen. So war die Illusion in dem Gummihand-Paradigma dann größer, wenn die Versuchspersonen eine geringere Interozeptionsfähigkeit besaßen, das heißt, wenn sie weniger Reize spürten, die aus ihrem Inneren herrührten [12]. Die Interozeptionsfähigkeit wurde mit einer Aufgabe gemessen, bei der sie ihren eigenen Herzschlag verfolgen mussten.

Aber nicht nur unsere Fähigkeit, innere Zustände oder unsere Persönlichkeit wahrzunehmen, sondern auch unsere früheren Erfahrungen beeinflussen unsere Wahrnehmung. Forscher untersuchen dies unter dem Begriff der zeitlichen Kontexteffekte [13]. In der Wasserfall-Illusion, die auch als Bewegungsnacheffekt bekannt ist, wird ein Stein, der neben der Strömung liegt, als sich bewegend wahrgenommen, wenn man für eine Weile auf den sich nach unten bewegenden Wasserfall geschaut hat. Auch die Umgebung, in der wir leben, beeinflusst unsere Wahrnehmung. So zeigten die Menschen einer halbnomadischen Gruppe, Himba, aus einem ländlichen Gebiet, einen erhöhten Helligkeitskontrast verglichen mit Menschen mit einer größeren städtischen Erfahrung (Himba, die in eine größere Stadt gezogen sind, und Studierende aus Großbritannien) [14].

Außerdem beurteilten Versuchsteilnehmer aus den Niederlanden die Farben auf einem Farbkontinuum von Gelb nach Orange häufiger als orange als deutsche Beobachter [15]. Orange gilt als „Nationalfarbe“ in den Niederlanden und prägt daher das Gedächtnis der Bewohner. Dieses deklarative Wissen beeinflusst wiederum deren Wahrnehmung. Jedoch nicht nur unsere Erfahrungen, sondern auch unsere Einschätzungen beeinflussen, was wir wahrnehmen: Fügt eine andere Person uns Schmerz zu, indem sie uns auf den Zeh tritt, nehmen wir diesen Schmerz stärker wahr, wenn wir davon ausgehen, dass sie dies absichtlich getan hat [16].

Nehmen wir wirklich alles wahr?

Bislang sprachen wir von der bewussten Wahrnehmung. Aber nehmen wir Dinge vielleicht auch unbewusst wahr? Es wäre beunruhigend, wenn wir davon ausgehen müssten, dass wir ungewollt durch Dinge beeinflusst werden könnten. Unter Laborbedingungen wird die unbewusste Wahrnehmung oft mit dem Paradigma des „subliminalen Primings" untersucht. Hierzu werden den Versuchspersonen Reize (Prime) nur sehr kurz (10 bis 50 ms) dargeboten, und oftmals wird dieser Reiz durch weitere Reize verschleiert, beispielsweise durch zufällige Buchstabenketten [17]. Subliminale Primings spielen in den Medien und in der Werbung eine große Rolle, auch wenn deren Wirkung unter Laborbedingungen nicht immer bestätigt werden konnte. Darüber hinaus werden sie auch in politischen Kampagnen eingesetzt [18]. Auch der Einsatz von unterschwellig dargebotenen Duftstoffen ist ein vielversprechendes Feld in der Marketingforschung [19].

Nach dem Lesen dieses Kapitels verwundert es Sie vielleicht nicht mehr, dass Sie Dinge anders wahrnehmen als Ihre Kinder und Menschen aus verschiedenen Ländern eine unterschiedliche Wahrnehmung haben. Immer wieder müssen wir uns fragen, wie wir uns überhaupt verstehen können, wenn wir alle etwas anderes wahrnehmen, vielleicht sogar ohne dass wir die Wahrnehmung registriert haben.

Paul Watzlawick zitiert aus einem Brief Ludwig Wittgensteins: „In den besseren Stunden aber wachen wir so weit auf, dass wir erkennen, dass wir träumen." [20]

Wie kann das Zusammenleben unter solchen Voraussetzungen gut funktionieren?

1.2 Ist sie wirklich so wichtig? Intelligenz

Wenn Sie sagen, „Kollege Schröder ist wirklich intelligent!", hat mancher, der Ihnen zuhört, eine bestimmte Vorstellung im Kopf. Wahrscheinlich umfasst sie folgende Einschätzungen: Schröder kriegt alles leicht hin und hat Erfolg, Schröder ist ein bisschen verschroben (und man hat sofort das Bild Einsteins mit seinen wirren Haaren vor Augen). Mit dem Handwerklichen hat der Schröder es hingegen nicht so, genauso wenig wie mit dem Sport. Überhaupt ist er ein bisschen „verkopft". Umgekehrt denkt man bei geringerer Intelligenz vielleicht an eine Person, die sehr lange braucht, um Dinge zu verstehen, die nicht sehr viel auf die Reihe kriegt und im Leben wenig Erfolg hat.

Häufig bestimmen Stereotype, also die Vorstellung, die man davon hat, wie die Mitglieder einer bestimmten Gruppe „sind" (zum Beispiel „Jungen sind athletischer als Mädchen"), und Vorurteile, die mit bisher gemachten Erfahrungen zusammenhängen, die Einschätzung der eigenen und fremden Intelligenz. Aber was heißt das eigentlich, „intelligent"? Die folgenden Ausführungen basieren, soweit nicht anders angegeben, auf dem Lehrbuch von Holling, Preckel und Vock (2004) [21].

Was ist Intelligenz?

Intelligenz ist das am besten untersuchte Persönlichkeitsmerkmal. Unter diesen Umständen ist es überraschend, dass es keine allgemeingültige Definition von Intelligenz gibt. Das Problem besteht darin, dass Intelligenz nicht direkt beobachtbar ist. Es ist ein Konstrukt, das aus dem Verhalten einer Person in Situationen, die eine besondere Leistung erfordern, geschlossen wird. In Intelligenztests müssen Personen zum Beispiel erkennen, welche Regel einer bestimmten Zahlenreihe zugrunde liegt. Aus den Ergebnissen der verschiedenen Aufgaben lässt sich dann der Intelligenzquotient (IQ) ermitteln. Eine mittlere Intelligenz entspricht einem IQ von 100, sie kommt am häufigsten vor. Höhere und niedrigere Intelligenzquotienten werden zunehmend unwahrscheinlicher. Die sehr niedrigen und sehr hohen Werte von etwa 55 und 145 kommen dementsprechend äußerst selten vor. Jedem IQ entspricht ein bestimmter Prozentrang, der besagt, wie viele Prozent der gleichaltrigen Vergleichsgruppe schlechtere Ergebnisse erzielen. Hat jemand also einen IQ von

100, hat er einen Prozentrang von 50, d.h. 50 Prozent der Vergleichsgruppe schneiden schlechter ab (und 50 Prozent besser). Die Grenze für Hochbegabung (siehe unten) liegt bei einem IQ von 130, was einem Rang von 98 Prozent entspricht.

Aber was ist Intelligenz? Alfred Binet und Théodore Simon [22] definierten sie als die Fähigkeit, „gut urteilen, gut verstehen und gut denken“ zu können (zitiert nach Holling et al., 2004, S. 13, [21]). Die beiden französischen Mediziner und Psychologen entwickelten 1905 den ersten Intelligenztest. David Wechsler, ein US-amerikanischer Psychologe, führte die heute gebräuchliche Berechnung des IQs ein [23]: „Intelligenz ist die zusammengesetzte oder globale Fähigkeit des Individuums, zweckvoll zu handeln, vernünftig zu denken und sich mit seiner Umgebung wirkungsvoll auseinander zu setzen.“ (zitiert nach Holling et al., 2004, S. 13, [21]) Weitere Definitionen heben vor allem die Fähigkeit hervor, sich mit neuen Situationen und Anforderungen erfolgreich auseinanderzusetzen. Wie geht die Intelligenzforschung mit diesem Problem unterschiedlicher Definitionen um? Sie nutzt eine sogenannte operationale Definition von Intelligenz: Intelligenz ist das, was der Intelligenztest misst. Man zieht sich also einerseits ein bisschen aus der Affäre, andererseits ist damit klar: Diese und jene Aufgaben, die mein Intelligenztest umfasst, stehen für mich für Intelligenz.

Ist Intelligenz wirklich messbar?

Definiert man Intelligenz operational, ist es nicht überraschend, dass zahlreiche Intelligenzforscher verschiedene Modelle oder Vorstellungen von Intelligenz haben. Dementsprechend gestalten sie die Tests. Spearman [24] ging Anfang des zwanzigsten Jahrhunderts zum Beispiel von der Beobachtung aus, dass Personen, die in einem Leistungstest gute Leistungen erbrachen, dies oft auch in anderen Tests taten (die Leistungen korrelierten). Er folgerte daraus, dass es einen allgemeinen Intelligenzfaktor g („Generalfaktor“) gebe, der auf alle einzelnen Intelligenzbereiche und damit Aufgaben des Intelligenztests Einfluss nehme.

Ist eine Person ganz allgemein intelligent, spiegelt sich das in der Lösungsfähigkeit verschiedener Aufgaben, mathematisch, sprachlich, abstrakt-logisch etc. wider, wobei hier aber jeweils spezifische zusätzliche Einzelfähigkeiten eine Rolle spielen. Da die Leistungen in verschiedenen Tests nicht zu 100 Prozent korrelieren, es also immer noch Aufgabenstellungen gibt, die selbst ein generell schlauer Mensch besser und schlechter lösen kann, postulierte Spearman in seiner Zwei-Faktoren-Theorie spezifische Fähigkeiten, die nötig sind, um die jeweilige Aufgabe erledigen zu können [24].

Das Modell mehrerer gemeinsamer Faktoren von Thurstone [25] geht hingegen davon aus, dass Intelligenz mehrere grundlegende Fähigkeiten umfasst, genauer gesagt: verbales Verständnis, Wortflüssigkeit, schlussfolgerndes Denken oder Erkennen von Regeln, räumliches Vorstellungsvermögen, Merkfähigkeit bzw. Kurzzeitgedächtnis, Rechenfähigkeit und Wahrnehmungsgeschwindigkeit. Dieses Modell ist also ein Gegenmodell zu Spearman. Die Theorie der fluiden und kristallinen Intelligenz von Cattell [26], einem Schüler Spearmans, postuliert, dass sich der g-Faktor aus zwei Komponenten zusammensetzt, die unabhängig voneinander sind. Der erste Faktor umfasst die sogenannte fluide Intelligenz. Es handelt sich um die Fähigkeit, sich neuen Situationen anzupassen und neuartige Probleme zu lösen. Das gelernte Wissen spielt dabei eine geringe Rolle, wohl aber zum Beispiel die Fähigkeit, vom Einzelfall auf das Allgemeine zu schließen (Induktion) sowie die Geschwindigkeit des Denkens. Faktor zwei ist die kristalline Intelligenz. Sie umfasst alle kognitiven Fertigkeiten und alles Wissen, das sich im Laufe des Lebens „ansammelt". Hier geht es also darum, bekannte Information zu verarbeiten und bereits vorhandenes Wissen anzuwenden, wobei zum Beispiel verbales Verständnis eine wichtige Rolle spielt.

Ein bekannter Intelligenztest ist der Hamburger Wechsler Intelligenztest, eine deutsche Version der amerikanischen Wechsler Intelligence Scale. Seit dem ersten Erscheinen 1939 gibt es diesen Test für Kinder und Erwachsene und in mehreren Auflagen. „Mit dem Test sollten nach Wechsler möglichst verschiedene Facetten von intelligentem Denken und Handeln differenziert abgebildet werden, die aber in einem übergeordneten Konstrukt (g-Faktor) zusammenfließen" ([27], S. 14), schreiben Petermann und Daseking. Obwohl es merkwürdig erscheint, ist dieser Test eine Synthese aus den Modellen von Spearman und Thurstone. Zwar wird von einer allgemeinen Intelligenz ausgegangen, die in die spezifischen Fähigkeiten hineinspielt, andererseits wird den Einzelfähigkeiten aber auch eine relativ große Bedeutung eingeräumt. Dementsprechend kann aufgrund der Testergebnisse zum Beispiel im HAWIK IV (einer Testversion für Kinder, Hamburger Wechsler Intelligenztest für Kinder) sowohl ein Gesamt-Intelligenzquotient berechnet als auch eigenständige kognitive Bereiche bestimmt werden. Da ist zum einen das Sprachverständnis, in dem es neben dem allgemeinen Verständnis zum Beispiel auch um den Wortschatz geht. Beim wahrnehmungsgebundenen Logischen Denken müssen Probanden beispielsweise mehr oder weniger komplizierte geometrische Muster im Sinne eines Puzzles legen (Mosaiktest). Beim Arbeitsgedächtnis muss die Testperson unter anderem zunehmend längere Zahlenreihen nachsprechen. Die Verarbeitungsgeschwindigkeit wird beispielsweise mit dem Zahlen-Symbol-Test erfasst, bei dem die Probanden einer Reihe von Zahlen abstrakte Symbole zuordnen müssen.

Und da wird wirklich Intelligenz gemessen?

Die Skeptiker unter Ihnen werden fragen: Messen diese Tests mit ihren spezifischen Aufgaben wirklich Intelligenz? Sind sie also wirklich gültige Messinstrumente? Die Ergebnisse der Tests werden zur Beantwortung dieser Frage mit Leistungskriterien wie schulischem oder beruflichem Erfolg in Zusammenhang gebracht, man berechnet also die statistischen Zusammenhänge oder Korrelationen. Eine hohe (positive) Korrelation liegt zum Beispiel vor, wenn sehr häufig, das heißt bei vielen Personen, hohe Werte im Intelligenztest mit guten Noten in der Schule zusammenfallen. Ausnahmen bestätigen die Regel: Manchmal geht bei Hochbegabung eine hohe Intelligenz mitunter mit mittelmäßigen Noten einher.

Insgesamt zeigt sich ein mittlerer Zusammenhang zwischen Intelligenz und Schulleistung. Wenig überraschend korrelieren einzelne Intelligenzbereiche oder Fähigkeiten positiv mit Schulnoten in entsprechenden Fächern, so beispielsweise die verbale Denkfähigkeit mit der Note in sprachlichen Fächern. Die höchsten Zusammenhänge finden sich zwischen dem IQ und der Note in Mathematik, was ebenfalls nicht überrascht, da Intelligenztests hauptsächlich abstrakt-schlussfolgerndes Denken erfassen, das in Mathe eine große Rolle spielt.

Jeder, der die Schulbank gedrückt hat, weiß aber auch, dass Schulnoten mitunter wenig aussagekräftig sind. Wir sprechen hier davon, dass sie nicht valide, objektiv und reliabel sind. Das heißt, sie bilden eine Fähigkeit nicht unbedingt richtig ab (Validität), sie sind nicht immer wiederholbar (Reliabilität) und sie wurden nicht unter objektiven Bedingungen (Objektivität) erhoben. Denn außer dem tatsächlichen Können spielen auch Faktoren wie das Interesse und die Motivation des Lernenden, die

Person des Lehrenden oder die Dynamik des Klassenverbandes eine wichtige Rolle. Dennoch gibt es kaum Ausbildungsgänge oder Berufe, bei denen der Erfolg nicht auch durch Intelligenz erklärt werden kann. Die Erfolgs-Vorhersage ist umso treffender, je komplexer und schwieriger die Ausbildung oder der Beruf ist. Holling und Kollegen [21] resümieren:

> *Zusammenfassend kann festgehalten werden, dass sich Intelligenzmaße für die Vorhersage von Ausbildungs-, Trainings- und Berufsleistung bewährt haben. Ausbildungs-, Trainings- und Berufsleistungen werden natürlich noch durch weitere Aspekte wie die Motivation, Persönlichkeit oder situationale Variablen beeinflusst. Von allen bislang untersuchten Fähigkeits- und Persönlichkeitsmerkmalen hat sich die Intelligenz jedoch als bester Prädiktor für die Vorhersage von Ausbildungs-, Trainings- und Berufsleistungen erwiesen. (2004, S. 50).*

Hochbegabung

Zu Anfang des Kapitels haben wir Kollege Schröder erwähnt, der ziemlich schlau zu sein scheint. Vielleicht ist er sogar hochbegabt? Hochbegabt heißt nicht einfach nur „ziemlich schlau“, der Begriff ist konkret definiert: Als hochbegabt gilt, wer einen IQ von 130 oder höher hat, das heißt einen Prozentrang von mindestens 98 erreicht und damit zu den intelligentesten 2 Prozent der Bevölkerung gehört. Bei den rund 80 Mio. Einwohnern in Deutschland (Stand 2020) müsste es statistisch gesehen also etwa 1,6 Mio. Hochbegabte geben. Daneben gibt es natürlich noch die Menschen, die einen IQ von 120 oder 125 haben, also ebenfalls sehr intelligent sind, aber nicht unter diese strikte Definition fallen.

Was kennzeichnet Hochbegabte? Zuerst einmal der sehr hohe Intelligenzquotient. Daneben kann man die Besonderheit der Hochbegabten aber auch abseits des IQs definieren, wie es Andrea Brackmann in ihrem Buch *Ganz normal hochbegabt* tut [28]. Sie stellt nicht nur verschiedene Lebensläufe Hochbegabter dar, sie erklärt auch, dass sie Menschen sind, die von allem mehr tun. Sie denken und fühlen mehr und sie nehmen auch mehr wahr. Hochbegabte können zum Beispiel komplexe Zusammenhänge schnell erfassen und für eine Aufgabe viele verschiedene Lösungswege finden. Sie denken schnell und umfassend über ein Problem nach und berücksichtigen viele Aspekte einer Situation, können also die Perspektive wechseln. Das klingt positiv, hat aber auch seine Schattenseiten. Hochbegabte haben zum Beispiel oft Schwierigkeiten bei einfachen Aufgaben, über die sie zu viel nachdenken und dann den Wald vor lauter Bäumen nicht mehr sehen. Sie eilen mit ihren Gedanken oft mehrere Schritte voraus und stoßen damit auf Unverständnis. Manchmal reagieren sie ungeduldig und gelangweilt, weil sie nicht so schnell weitermachen können, wie sie wollen. Mitunter haben sie auch Schwierigkeiten, eine Entscheidung zu treffen oder sich eine Meinung zu bilden.

Hochbegabung ist weiterhin oft mit Hochsensibilität kombiniert; Hochbegabte fühlen also bisweilen auch mehr oder intensiver. Sie haben viele und starke Emotionen und sind sehr empfindsam, ihr Gerechtigkeitssinn und ihr Einfühlungsvermögen beziehungsweise Mitgefühl sind stark ausgeprägt. Auch kreative, künstlerische Potenziale liegen oftmals vor. Dabei können Hochbegabte aber auch zu Überempfindlichkeit, Gefühlsausbrüchen und Stimmungsschwankungen neigen und sich vieles zu sehr zu Herzen nehmen.

Einige Hochbegabte sind auch sogenannte Underachiever, sie erreichen trotz hoher Intelligenz nur mittlere oder sogar schlechte Leistungen

Beispiel Hochbegabung

Typische Situationen, in die eine hochbegabte Person gerät, sehen zum Beispiel so aus: Stellen Sie sich vor, Sie sitzen als Hochbegabte in einer Vorlesung oder einem Vortrag. Der Dozent stellt einen Sachverhalt dar. Sie verstehen die Zusammenhänge auf Anhieb und sind bereit, zum nächsten Punkt überzugehen. Um Sie herum hat sich jedoch Unverständnis ausgebreitet. Andere Zuhörer stellen Fragen und es wird klar, dass viele von ihnen noch Erklärungsbedarf haben. Sie beginnen, an sich zu zweifeln. Waren Sie vielleicht zu voreilig? Haben Sie womöglich, entgegen Ihrer Auffassung, überhaupt noch nicht begriffen, worum es eigentlich geht? Vergeblich forschen Sie nach tieferliegenden Zusammenhängen und trauen sich, stark verunsichert, nicht zu fragen.

Typisch ist auch das sogenannte *Imposter-Syndrom*, also das Gefühl, ein Hochstapler zu sein. Sie leben in der Angst, dass irgendwann herauskommt, dass Sie eigentlich nichts können und sich einfach nur so durchmogeln. Auch Fremdheitsgefühle sind häufig (*Alien-Syndrom*). Sie fühlen sich anders als die anderen, abgegrenzt, nicht dazugehörig, „wie von einem anderen Stern“.

in Schule, Ausbildung und Beruf. Manchmal wird man vom eigenen Perfektionismus blockiert: Dann geht man eine Aufgabe nicht an, weil man hohe Erwartungen an sich hat und gleichzeitig extrem an sich zweifelt. „Wer einen weiten Horizont hat und weit blicken kann, sieht natürlich auch eher, was er alles nicht weiß.“ ([28], S. 29)

Auch wenn wir an dieser Stelle eher auf die „Fallstricke“ der Hochbegabung eingegangen sind, heißt das nicht, dass alle Hochbegabten mit ihrer ausgeprägten Intelligenz hadern. Ein „Mehr“ von etwas, das oft als positiv erachtet wird, kann zu sehr speziellen Problemen führen, aber muss es selbstverständlich nicht.

Einmal intelligent, immer intelligent?

Das Mädchen ist clever, das merkt man jetzt schon! So oder ähnlich urteilen wir manchmal über die Fünfjährige, die besonders pfiffig erscheint. Die Annahme, die dahintersteckt, lautet, dass Intelligenz ein stabiles Merkmal ist und schon früh im Leben in Erscheinung tritt. Aber ist das wirklich so?

Ein anderes Beispiel zum Thema Entwicklung der Intelligenz über die Lebensspanne: Mussten Sie womöglich schon einmal abschätzige Blicke eines jüngeren Kollegen einstecken, weil sie mit dessen Geschwindigkeit nicht so recht mitkamen? Vielleicht werfen Sie demnächst in die Waagschale, dass Sie ein Vielfaches an Erfahrung und Wissen angesammelt haben, das den „Jungspunden“ in ihrem Eifer fehlt. Was sagt die Wissenschaft über die Entwicklung der Intelligenz? Liegen wir mit unseren Vermutungen, die in den Beispielen zum Ausdruck kommen, richtig?

Intelligenz steigt im Verlauf von Kindheit und Jugend an. Das lässt sich allerdings am IQ nicht ablesen, da dieser nur Menschen derselben Altersgruppe zum Vergleich heranzieht. Ein Zehnjähriger und ein Sechzehnjähriger, die beide einen IQ von 109 haben, sind also absolut gesehen nicht etwa gleich schlau. Der Sechzehnjährige kann mehr Aufgaben einer Kategorie in einer bestimmten Zeitspanne richtig lösen als der Zehnjährige. Bezogen auf die eigene Altersgruppe liegen beide aber mit ihren Leistungen etwas über dem Durchschnitt. Innerhalb einer einzelnen Person ist Intelligenz allerdings ein recht stabiles Persönlichkeitsmerkmal, das sich ab etwa einem Alter von sieben Jahren manifestiert. Das heißt, wenn eine Person immer wieder Intelligenztests macht (und man Lerneffekte durch die Variation der Aufgaben ausschließt), liegt das Ergebnis immer in einem ähnlichen Bereich. Bei den beiden Zehn- und Sechzehnjährigen aus unserem Beispiel ist also die Wahrscheinlichkeit hoch, dass sie im Verlauf ihres Lebens immer leicht überdurchschnittlich intelligent sind.

Bei älteren Menschen kann man dagegen beobachten, dass verschiedene Fähigkeiten höher miteinander korrelieren als bei jüngeren Menschen (Dedifferenzierung). Eine Person, bei der sich im jüngeren und mittleren Erwachsenenalter zum Beispiel die verbalen und visuell-räumlichen Fähigkeiten noch deutlich unterschieden, mag im höheren Alter in beiden etwa gleich gut abschneiden, der Unterschied hat sich also verringert. Dies zeigt sich statistisch in höheren Korrelationen zwischen den verschiedenen Komponenten der Intelligenz. Auf der Ebene der genannten Modelle kann man sagen, dass „nur" noch eine kristalline und eine fluide Intelligenzkomponente unterschieden werden kann.

Mit der kristallinen und fluiden Intelligenz hängt auch der folgende Befund zur Veränderung der Intelligenz mit dem Alter zusammen. So kann man feststellen, dass geschwindigkeitsabhängige Intelligenztestaufgaben stärker altersabhängig sind als Aufgaben, die sich auf Wissen und Kulturtechniken beziehen. Mit anderen Worten, wenn es darauf ankommt, eine Aufgabe möglichst schnell zu bearbeiten (fluide Leistungen) ist schon ab dem dritten Lebensjahrzehnt eine Verlangsamung zu verzeichnen, und auch das Kurzzeit- und das Arbeitsgedächtnis, also die Fähigkeit, Information für kurze Zeit zu behalten und damit zu arbeiten (zum Beispiel bei Kopfrechenaufgaben), nehmen im Erwachsenenalter kontinuierlich ab. Die kristalline Intelligenz verändert sich mit dem Alter dagegen weniger. In einer Studie von Kaufmann [29] mit knapp 2500 Probanden im Alter von 16 bis 89 Jahren nahm die kristalline Intelligenz bis zum Alter von 45 bis 54 Jahren sogar zu. Rückgänge waren erst wieder ab einem Alter von 80 Jahren zu verzeichnen. Die hier skizzierten unterschiedlichen Entwicklungsverläufe von fluider und kristalliner Intelligenz beziehen sich allerdings auf Mittelwerte von großen Stichproben. Vor allem die Varianz für kristalline Intelligenz nimmt ab etwa vierzig Jahren zu. Diese Form der Intelligenz kann also im Einzelfall sehr unterschiedlich ausfallen: Auch wenn die kristalline Intelligenz im Durchschnitt weniger stark über das Alter abnimmt, gibt es beispielsweise auch Personen mit einer stark abnehmenden oder zunehmenden kristallinen Intelligenz. Die Ursachen für solch unterschiedliche Entwicklungsverläufe sind vielfältig und liegen unter anderem an der genetischen Veranlagung, der schulischen Bildung, an Ausbildung oder im Beruf. Aber auch chronische Krankheiten, der Lebensstil und die Persönlichkeit spielen eine große Rolle.

Im folgenden Kapitel stellen wir die kognitiven Fähigkeiten, die die Intelligenz ausmachen, genauer dar und geben zudem einen Überblick über die moralischen Fähigkeiten.

1.3 Intelligenz ist nicht alles: Kognition und Moral

Im Kapitel 1.2 haben wir bereits angesprochen, dass sich einige Theorien eher mit der allgemeinen Intelligenz beschäftigen, während andere die unterschiedlichen Aspekte der Intelligenz betrachten. Dieser Zugang wird in der Psychologie häufig verfolgt. Dabei werden die sogenannten kognitiven Fähigkeiten untersucht (siehe zu den Ausführungen in diesem Kapitel Eysenck und Keane, 2010 [30]). Kognition kommt von dem lateinischen Wort *cognoscere*, das so viel wie erkennen, erfahren und wissen bedeutet.

Unter kognitiven Fähigkeiten versteht man neben der Fähigkeit zur Wahrnehmung unter anderem die Fähigkeit zur Aufmerksamkeit, zum Denken, zur Gedächtnisbildung, zu mentalen Vorstellungen und zum Sprechen, um nur einige Elemente zu nennen.

Die vielfältige Kognition

Vielleicht ist Ihnen auch schon einmal aufgefallen, dass Sie manche Dinge mental sehr schnell verarbeiten können, bei anderen jedoch längere Zeit benötigen. Dies ist völlig normal, denn wie die oben erwähnte Differenzierung zeigt, sind die Fähigkeiten sehr unterschiedlich, und man muss nicht zwangsläufig auf allen Gebieten gleich gut sein. Intelligenz wird manchmal als Synonym zu der Gesamtheit der unterschiedlichen kognitiven Fähigkeiten genutzt, manchmal wird Intelligenz aber auch als ein Teilaspekt dieser Fähigkeiten aufgefasst [6]. Die Aufmerksamkeit kann als eine grundlegende kognitive Fähigkeit angesehen werden.

Generell bezieht sich die Aufmerksamkeit auf die Auswahl bestimmter Informationen aus der Umwelt. Hier lässt sich zwischen der fokussierten und der geteilten Aufmerksamkeit unterscheiden. Unter der fokussierten bzw. selektiven Aufmerksamkeit versteht man die Fähigkeit, auf

Beispiel Aufmerksamkeit

Wir alle kennen das, dass wir manchmal so in Gedanken mit etwas beschäftigt sind und gerade das, was wir „eigentlich" erledigen wollten, vergessen. Vielleicht ist es Ihnen auch schon einmal passiert, dass Sie vom Einkauf nach Hause gelaufen sind und ganz vergessen hatten, dass Sie mit dem Auto da waren! Erst als zu Hause das Auto nicht mehr vor Ihrer Haustür stand, haben Sie sich vielleicht gewundert und auch ein wenig Angst bekommen, dass bei Ihnen frühzeitig eine Demenz auftritt. Nein – Sie sind nicht dement! Sie waren wahrscheinlich nur mit Ihren Gedanken ganz woanders und wenig aufmerksam.

nur einen Reiz zu reagieren und andere für die Situation weniger bedeutungsvolle Reize zu ignorieren. Bei der geteilten Aufmerksamkeit wird versucht, diese auf zwei Aufgaben gleichzeitig zu lenken. Gerade im Alltag müssen wir unsere Aufmerksamkeit oft teilen, etwa wenn wir telefonieren und gleichzeitig unserem Kind helfen, die Jacke anzuziehen. Neben diesen beiden Formen der Aufmerksamkeit besteht noch eine gewisse „Wachheit", Vigilanz, also die Fähigkeit, die Aufmerksamkeit über einen längeren Zeitraum auf erhöhtem Niveau zu halten. Aufmerksamkeit könnte man als eine „Basis" für andere, komplexere kognitive Prozesse bezeichnen, wie das Denken. Hierbei werden Informationen aufgenommen und verarbeitet, um beispielsweise Schlussfolgerungen zu ziehen oder Probleme zu lösen. Somit gibt es auch nicht *das* Denken, sondern Denken beinhaltet so unterschiedliche Aspekte, wie eben die Fähigkeit, Probleme zu lösen, deduktiv oder induktiv zu denken (siehe unten), zu urteilen und Entscheidungen zu fällen.

Betrachten wir das Problemlösen: Zunächst einmal ist es wichtig zu erkennen, dass ein Problem, das durch einen Anfangs- und Zielzustand und eine dazwischenliegende Hürde definiert ist, besteht. Mittels Strategien zur Problemlösung soll diese Barriere umgangen werden. Sie können das mit einer Vollsperrung auf der Autobahn vergleichen. Der Weg von A nach B ist versperrt und Sie müssen die Vollsperrung (Barriere) auf einem anderen Weg umfahren. Sie brauchen also Umleitungen oder Problemlösestrategien. Die Fähigkeit zum Problemlösen hängt von unterschiedlichen Aspekten, einschließlich der Umgebung, ab. In einer Studie mit finnischen Sechstklässlern konnte nachgewiesen werden, dass die Leistung des Arbeitsgedächtnisses, die Fähigkeit, Schlüsse zu ziehen, aber auch das Klassenklima die komplexe Problemlösefähigkeit der Schüler und Schülerinnen beeinflusste [31]. Von der Fähigkeit zum Problemlösen grenzt sich beispielsweise das deduktive Denken ab. Dabei werden logische Regeln angewandt, um aus Aussagen logische Schlüsse zu ziehen. Beim induktiven Denken beruht die Schlussfolgerung mittels verfügbarer Hinweise auf Wahrscheinlichkeiten. Oftmals werden hier aufgrund von Erfahrungen aus der Vergangenheit Schlüsse gezogen.

Induktives Denken

Ein bekanntes Beispiel für induktives Denken ist die Annahme, dass alle Schwäne weiß seien. Sicherlich nehmen auch Sie das an, weil Sie bislang nur weiße Schwäne gesehen haben. Tatsächlich gibt es jedoch den schwarzen Trauerschwan und Ihre erfahrungsbasierte Schlussfolgerung ist demnach falsch.

Von der Fähigkeit, Schlussfolgerungen zu ziehen, grenzt sich außerdem das kognitive Urteil ab. Hier müssen wir uns damit zufriedengeben, möglichst richtig zu urteilen und zu entscheiden. Damit dies gelingt, nutzen wir bestimmte „Daumenregeln", sogenannte Heuristiken, die es uns ermöglichen, einfach und effizient, wenn auch nicht immer richtig, zu urteilen. So besteht ein Phänomen darin, dass wir Dinge häufig als richtig beurteilen, wenn sie in unserem Gedächtnis verfügbar und abrufbar sind (Verfügbarkeitsheuristik). Wir haben hier also bestimmte Strategien, die effizient sind, wenn auch nicht immer zutreffend.

Auch Entscheidungen werden durch viele Faktoren beeinflusst, besonders gut untersucht ist der Aspekt der Rahmung. Ein rahmender Effekt kann die eigene Erwartung sein. In Experimenten wurde nachgewiesen, dass eine Entscheidung dadurch beeinflusst werden kann, ob man in einer Aufgabe eher die positive oder die negative Seite einer Sachlage betont. Die Rahmung beeinflusst demnach das Entscheidungsverhalten: Bei der positiven Rahmung nimmt man lieber die sichere, bei der negativen Rahmung entscheidet man sich eher für die unsichere Variante. Neben den Untersuchungen zu kognitiven Fähigkeiten wie Aufmerksamkeit, Problemlösen, Urteilen, Entscheiden und Denken spielt die wissenschaftliche Untersuchung des Gedächtnisses eine große Rolle. Aber nicht nur in der Wissenschaft, auch im Alltag wird uns die Bedeutung des Gedächtnisses immer wieder bewusst, insbesondere erfahren wir oft, wie anfällig es sein

Rahmung

In Anlehnung an eine Studie von Tversky und Kahneman [**32**] kann man sich dies experimentell so vorstellen: Versuchspersonen wird erzählt, sie müssten sich auf eine unbekannte Krankheit vorbereiten, bei der 900 Menschen sterben werden. Hierzu sollen Rettungsprogramme entwickelt werden. Bei dem ersten Programm werden 300 Menschen gerettet, bei dem zweiten Programm gibt es eine Wahrscheinlichkeit von 1 zu 3, dass 900 Menschen gerettet werden und eine Wahrscheinlichkeit von 2 zu 3, dass niemand gerettet werden kann. In diesem Fall entscheiden sich die meisten Menschen für das erste Programm. Wird die Geschichte den Versuchspersonen jedoch so erzählt, dass bei der Anwendung des ersten Programmes 600 Menschen sterben werden, und bei der Anwendung des zweiten Programmes eine Wahrscheinlichkeit von 1 zu 3 besteht, dass niemand stirbt und eine Wahrscheinlichkeit von 2 zu 3, dass 600 Menschen sterben, bevorzugen die Probanden das zweite Programm.

kann. Schon wieder fällt uns der Name des Schauspielers, den wir gerade im Fernsehen sehen, nicht ein, oder die Erinnerung an den letzten Urlaub in den Bergen ist plötzlich wie weggeblasen. Bei der wissenschaftlichen Untersuchung des Gedächtnisses lässt sich zwischen der Untersuchung der Prozesse und der Strukturen unterscheiden. Ein Beispiel für Gedächtnisprozesse ist die Levels-of-processing-Theorie von Craik und Lockhart [33]. Die Autoren gehen davon aus, dass die Tiefe, in der Reize verarbeitet werden, die Stärke der Gedächtnisspuren bedingt. So macht es zum Beispiel einen Unterschied, ob Sie beim Erlernen einer neuen Sprache versuchen, die Vokabeln nur stumpf der Reihe nach auswendig zu lernen, oder ob Sie sich bei jeder Vokabel ein Bild vorstellen. Die Verknüpfung der Vokabel mit einem anderen Objekt sollte zu einer tieferen Verarbeitung führen. Bei Gedächtnisstrukturen wird oft von einer Zweiteilung ausgegangen, wie etwa der Differenzierung in ein Arbeits- und Langzeitgedächtnis. Die Kapazität des Arbeitsgedächtnisses ist begrenzt, Informationen werden ohne Wiederholen nur kurz gespeichert, wohingegen die Kapazität des Langzeitgedächtnisses um ein Vielfaches größer ist. Beide Systeme kann man wiederum weiter differenzieren.

Eine mögliche Differenzierung des Arbeitsgedächtnisses ist die Unterscheidung in eine Zentrale Exekutive (eine Art Aufmerksamkeitskontrolle), ein phonologisches (kurze Aufrechterhaltung verbaler Information) und visuell-räumliches Teilsystem (kurze Aufrechterhaltung visuell-räumlicher Information) sowie einen episodischen Zwischenspeicher [34]. Beim Langzeitgedächtnis kann man zwischen einem Gedächtnis, in dem eher Fakten gespeichert werden (deklaratives Gedächtnis), und einem Gedächtnis für Handlungen (prozedurales Gedächtnis) unterscheiden. Dass Sie das Fahrradfahren nicht verlernen, auch wenn Sie lange nicht mehr gefahren sind, haben Sie unter anderem Ihrem prozeduralen Gedächtnis zu verdanken. Weitere kognitive Kategorien sind die mentale Vorstellung oder die Sprache, ein wichtiges Mittel zum Austausch von Informationen, die man nicht nur beim Sprechen, Lesen oder Schreiben benutzt, sondern auch beim Denken [35]. Das Forschungsfeld zur Sprachverarbeitung und -produktion ist enorm und kann leider hier nicht umfassend dargestellt werden. Nur auf einen Aspekt der Kognition möchten wir detaillierter eingehen. Es sind die sogenannten Exekutiven Funktionen, die so wichtig zu sein scheinen, auch über den Schulerfolg hinaus.

Exekutive Funktionen – eine Wunderkognition?

Was versteht man unter den Exekutiven Funktionen, die immer wieder auf Elternabenden und jetzt sogar im Profifußball erwähnt werden [36]? Generell handelt es sich um Kontrollprozesse, die ein situationsgerechtes und zielführendes Verhalten erlauben. Die Bandbreite der Definitionen ist sehr groß. Manche verweisen auf zahlreiche psychische Funktionen wie das Setzen von Zielen und Prioritäten, das Planen und Entscheiden etc., aber sie integrieren auch größere Themengebiete wie das abstrakte Denken oder die motorische Kontrolle. Am anderen Ende des Spektrums liegen differenzierte Auffassungen, die sich auf eine Analyse von kognitiven Basisprozessen stützen [37]. Zu diesen drei Prozessen, die mehr oder weniger voneinander unabhängig sind, gehören die Aufrechterhaltung, Überwachung und Weiterverarbeitung der Information im Arbeitsgedächtnis (updating), die Inhibition möglicher Antworten (inhibition) und die kognitive Flexibilität (shifting).

Unter der Verarbeitung im Arbeitsgedächtnis versteht man die kurzfristige Speicherung einer bestimmten Menge an Information. Die Kapazität des Arbeitsgedächtnisses ist wichtig, denn so zeigen vier- bis sechsjährige Kinder mit hoher Arbeitsgedächtniskapazität später in allen Bereichen eine bessere Schulleistung [38]. Ein Grund für die Wirkung der

Arbeitsgedächtnisleistung kann in ihrem Einfluss auf das schlussfolgernde und divergente Denken (Erschaffung ungewohnter Möglichkeiten) gesehen werden [39]. Die Entwicklung der Exekutiven Funktionen im Kindesalter ist demnach ein Grundstein für die späteren akademischen und sozioemotionalen Fähigkeiten [40].

Gerade die Inhibitionsleistung, also die Fähigkeit, auf Relevantes zu reagieren und Irrelevantes zu ignorieren, ist eine grundlegende kognitive Funktion, die im Alltag große Bedeutung hat. In der alltäglichen Informationsflut müssen wir den Blick für das Wesentliche behalten. Was vielleicht für Sie trivial klingt, ist es für kleine Kinder mitnichten. Kinder, die sich an der Supermarktkasse auf den Boden werfen, weil sie eine bestimmte Süßigkeit nicht bekommen, sind zwar anstrengend, aber wenn wir wissen, dass dies oftmals aufgrund ihrer geringen Inhibitionsfähigkeit passiert, können wir vielleicht ein wenig nachsichtiger sein. Kinder können ihren eigenen Impuls, die Süßigkeit zu bekommen, schlechter unterdrücken, auch wenn sie vielleicht schon ahnen, dass das Verhalten nicht so angemessen ist.

Ebenso wie die Entwicklung in vielen anderen kognitiven Domänen schreitet die Entwicklung mit dem Alter voran, und mit diesem Voranschreiten verändert sich auch das Moralverständnis [41].

Wie du mir, so ich dir

Das Wort Moral leitet sich vom lateinischen *mos* ab, was so viel wie Sitte oder Vorschrift bedeutet. Menschen geben ein moralisches Urteil ab, wenn sie sagen, welche Verhaltensweisen in einer Situation richtig oder falsch sind. Vielleicht haben Sie schon einmal beobachtet, dass Ihr moralisches Urteil ein ganz anderes sein kann als das Ihrer Kinder. Kohlberg hat die Entwicklung des moralischen Urteils detailliert untersucht. Er geht davon aus, dass diese mit der kognitiven Entwicklung nach Piaget einhergeht [42].

Nach seiner Theorie entwickelt sich das moralische Urteil von einem präkonventionellen Niveau, in welchem eine Bestrafungsorientierung (Stufe 1) bzw. eine Kosten-Nutzen-Orientierung (Stufe 2) im Mittelpunkt steht, über ein konventionelles Niveau (Brave-Kind-Orientierung (Stufe 3), Autoritätsorientierung (Stufe 4) hin zu einem postkonventionellem Niveau, bei welchem das moralische Urteil sich an sozialen Verträgen (Stufe 5) und ethischen Prinzipien (Stufe 6) ausrichtet. Kohlberg untersuchte diese Entwicklungsstufen, indem er den Versuchspersonen moralische Dilemmata, Zweifelsfälle, vorlegte, und dann bewertete, wie sie die Wahl ihres entsprechenden Verhaltens begründeten.

Heinz-Dilemma

Das bekannteste seiner Dilemmata ist das Heinz-Dilemma, was ungefähr so lautet: Heinz' Frau ist an Krebs erkrankt und benötigt ein sehr teures Medikament. Ein skrupelloser Apotheker will dieses Medikament an Heinz verkaufen, allerdings nur, wenn dieser das Zehnfache dafür bezahlt. Da Heinz allerdings nicht so viel Geld besitzt, aber sehr verzweifelt ist, bricht er in die Apotheke ein und stiehlt dieses Medikament.

Kohlberg fragte seine Versuchspersonen, ob sie dies für richtig hielten. Ein Kind auf Stufe 1 der moralischen Entwicklung würde für das Stehlen des Medikamentes argumentieren, weil man bestraft wird, wenn man nicht hilft. Ein anderes Kind auf Stufe 1 würde sich vielleicht gegen den Diebstahl des Mittels aussprechen, da Heinz sonst ins Gefängnis kommt. Die Kritik am Stufenmodell bezieht sich hauptsächlich auf die höheren Stufen: Viele Menschen erreichen diese Stufen nicht und ihr Inhalt erscheint zuweilen subjektiv. Entgegen früherer Annahmen gibt es keine Geschlechtsunterschiede beim moralischen Urteil [43].

Kohlberg geht davon aus, dass moralische Urteile auf rational-systematische Weise getroffen werden. Hingegen argumentieren andere Ansätze, dass moralische Entscheidungen durch mehr oder weniger intuitiv-emotionale Prozesse gesteuert werden [44]. Darüber hinaus hat sich gezeigt, dass moralische Entscheidungen in unterschiedlichen Kulturen Gemeinsamkeiten und Unterschiede aufweisen. Zwar werden Szenarien hinsichtlich ihrer moralischen Schwierigkeit gleich eingeordnet, aber die Antworten darauf sind verschieden.

Ein solches Szenario besteht in der Frage, ob ein Menschenleben für den Erhalt einer größeren Gruppe geopfert werden sollte. In Kulturen, in denen die Menschen seltener Beziehungen verändern oder anders ausgedrückt eine geringe „Beziehungsmobilität" besitzen, sind sie weniger bereit, einen Menschen für das größere Ganze zu opfern [45]. In einer weiteren Arbeit konnte darüber hinaus gezeigt werden, dass die Entscheidungen bezüglich dieser Dilemmata nicht von den kognitiven Fähigkeiten abhängig sind [46].

Von moralischen Urteilen und Entscheidungen lassen sich moralische Handlungen abgrenzen. Sie setzen sich in einer Definition aus der Wahrnehmung eines moralischen Problems, der Beurteilung verschiedener Handlungsalternativen, der Entwicklung einer moralischen Absicht, des Treffens einer moralischen Entscheidung, der Ausführung einer moralischen Handlung und deren Bewertung zusammen [47]. Beim moralischen Handeln spielen sowohl eigennützige als auch soziale Präferenzen für Gegenseitigkeit, Gerechtigkeit und Vertrauen eine Rolle. Allerdings können die sozialen Tendenzen im Wettbewerb oder beim Fehlen unmittelbarer Verantwortung beziehungsweise der sozialen Kontrolle in den Hintergrund treten. Moralisches Handeln ist ein komplexer Prozess, der aus einer Vielzahl anstrengender kognitiver Aktivitäten besteht. Das kostet Energie! Geht sie zur Neige, kann es zu einer Ego-Erschöpfung, einer sogenannten Ego-Depletion kommen. Unter kognitiver Erschöpfung fällt moralisches Handeln schwer. Vielleicht kennen Sie den Zustand des geistigen Ausgelaugtseins, in welchem es Ihnen schwerfällt, alle Facetten moralischen Handelns mit einzubeziehen und Sie dazu neigen, schnell in Ihrem Sinne zu entscheiden – die mentale Kraft fehlt einfach! Moralisches Urteil und moralisches Handeln hängen also von vielen Faktoren ab, inklusive der eigenen Befindlichkeit.

Der Frage, ob es universale moralische Grundwerte gibt, ist der Anthropologe David Scott Curry von der University of Oxford in seiner Untersuchung in sechzig Gesellschaften nachgegangen. Dabei stieß er auf sieben Grundwerte des kooperativen Verhaltens, die durchgängig als moralisch positiv und in keinem Fall als schlecht angesehen wurden. Hierzu gehören die Unterstützung der Familie, die Unterstützung der eigenen sozialen Gruppe, die Reziprozität im sozialen Austausch (das heißt, sich erkenntlich zu zeigen), mutig und tapfer zu sein, Respekt vor den Vorgesetzten zu haben, Ressourcen gerecht zu verteilen und den Besitz der anderen zu respektieren [47]. Es scheint also tatsächlich universale moralische Grundwerte, auf die wir uns verständigen können, zu geben.

1.4 Die andere Art zu denken: Kreativität

Haben Sie schon mal in einer Nacht- und Nebelaktion und mit nichts als Pappe, Kleber, Wollresten und ein paar Perlen, die sie in einer unordentlichen Schublade gefunden haben, ein Karnevalskostüm für Ihre Tochter gebastelt? Haben Sie also etwas Neues, Originelles geschaffen, das es so noch nicht gab und das einen Nutzen hatte? Dies ist sicherlich nur ein Beispiel für Kreativität. Egal, was Ihnen dazu einfällt, auch für Ihre Beispiele gilt, dass etwas Neues entsteht, das nützlich ist [48]. Ebenso ist der Hobbykoch kreativ, wenn er das fehlende Gewürz durch ein anderes ersetzt, dem Gericht damit eine ganz eigenwillige Note verleiht und so seine Gäste zu Lobeshymnen animiert.

Was ist Kreativität?

Damit haben wir die Hauptzutaten für Kreativität umrissen: Originalität und Nützlichkeit, wobei „Nutzen" sehr breit definiert ist. Ein Roman, ein Gemälde, ein Film oder eine Skulptur sind nicht nützlich im engeren Sinne, aber sie unterhalten im besten Fall, rufen Gefühle hervor, sind hübsch anzusehen, regen zum Nachdenken an und sind damit nach intellektuellen oder ästhetischen Kriterien nützlich oder brauchbar [49]. Der Begriff Kreativität bezieht sich, wie aus diesen Alltagsbeispielen hervorgeht, nicht nur auf bildende oder darstellende Kunst, auch wenn man ihn vielleicht am ehesten damit verbindet. Die Alltagskreativität lässt uns für unsere Gäste Rezepte kreieren, Karnevalskostüme basteln, aber auch im Beruf besondere Lösungen für Probleme finden [50].

Kreativität und divergentes Denken

Guildford (1950) [51] assoziierte das kreative Potenzial als Erster mit divergentem Denken, was dessen wissenschaftliche Untersuchung erleichterte [52]. Divergentes Denken ist immer dann erforderlich, wenn es zu einem nicht klar umrissenen Problem mehrere Lösungsmöglichkeiten gibt.

Divergentes Denken

Nehmen Sie das obige Kochbeispiel. Ihnen fehlt dieses eine indische Gewürz. Sie wollten es nicht kaufen, weil Sie genau wissen, dass Sie es außer für dieses Gericht nie wieder verwenden werden. Nun stellt sich die Frage, was Sie stattdessen nehmen, und die Möglichkeiten sind so vielfältig wie die Gläschen in Ihrem Gewürzregal.

Im Gegensatz dazu führt konvergentes Denken bei klar umrissenen Problemen zu nur einer Lösung [52], wie es bei der folgenden Aufgabe der Fall ist, wo zu drei vorgegebenen Begriffen ein passender vierter Begriff gefunden werden soll: Hütte – Schweiz – Kuchen – Lösung: Käse [53].

Divergentes Denken und Kreativitätstests

Divergentes Denken wird häufig in Kreativitätstests abgefragt. Zwei Beispiele aus einem bekannten Kreativitätstest, dem Torrance Test of Creative Thinking (TTCT) [54], sind die folgenden:

So viele Anwendungsmöglichkeiten für eine leere Konservendose wie möglich finden.

Überlegen, wie man ein Tierspielzeug verändern kann, sodass es mehr Spaß macht, damit zu spielen.

Gemessen werden unter anderem die Anzahl der Lösungen und deren Originalität. Letztere kann man erfassen, indem man prüft, wie häufig diese Antwort gegeben wird.

Man kann sich vorstellen, dass nicht jeder, der viele originelle Lösungen für ein Problem findet, auch tatsächlich kreativ ist. Dennoch muss der Koch zunächst ein paar Ideen entwickeln, wie das fehlende Gewürz ersetzt werden kann, bevor das Gericht Gestalt annimmt. Runco und Acar (2012) [52] argumentieren, dass divergentes Denken zwar nicht zwangsläufig zu Kreativität führt, dass es aber das Potenzial für Kreativität gut abbildet. Es ist zudem leicht zu messen und kann kreative Leistungen, wenn auch nicht perfekt, vorhersagen. Hier klingt schon an, dass Kreativität auf zwei konzeptionellen Ebenen untersucht wird [55]. Das kreative Potenzial, also die prinzipielle Fähigkeit, etwas Neues und Nützliches zu generieren, das zum Beispiel mit dem TTCT gemessen wird, steht der kreativen Leistung gegenüber. Sie beschreibt die Umsetzung dieses Potenzials in Form von außergewöhnlichen kreativen Schöpfungen (eine wissenschaftliche Entdeckung machen, einen Roman schreiben etc.) [55]. Letzteres lässt sich mithilfe von biografischen Fragebögen erfassen, in denen Menschen ihre kreativen Leistungen berichten. Ein Beispiel ist der Creative Achievement Questionnaire (CAQ) von Carson, Peterson und Higgins (2005) [56].

Die kreative Persönlichkeit

Unterscheidet sich eine Person, die kreativ ist, noch in anderen Merkmalen von weniger kreativen Menschen? In einer Übersichtsarbeit aus dem Jahre 1998 geht Feist der Persönlichkeit von kreativen Menschen nach [49]. Er konzentriert sich dabei auf zwei Gruppen, die in der Kreativitätsforschung häufig untersucht werden: Künstler und Wissenschaftler. Obwohl Kreativität, wie wir oben gesehen haben, in allen möglichen Lebensbereichen auftreten kann, ist sie in den Künsten und Wissenschaften besonders wichtig. Viele Tätigkeiten kommen zwar auch in diesen Bereichen ohne Kreativität aus, aber ihr Kern ist der Umgang mit Problemen auf originelle Art. Die Wissenschaftler und Künstler (oder Studierende verschiedener Wissenschaften und Kunstrichtungen) wurden unter anderem mit verschiedenen Verfahren zur Erfassung der „Big Five“, einem bekannten Persönlichkeitsmodell (vgl. Kapitel 2.5 zur Persönlichkeit), untersucht, das im deutschen Sprachraum zum Beispiel mithilfe des NEO-Fünf-Faktoren-Inventars von Borkenau und Ostendorf (1993) [57] erhoben werden kann. Der Analyse zufolge sind kreative Menschen im Vergleich zu weniger kreativen unter anderem autonomer, also unabhängiger und selbstständiger, introvertierter, offener für Erfahrungen, ambitionierter, feindseliger und stärker getrieben. Sie akzeptieren sich selbst eher, zweifeln Normen stärker an und sind selbstbewusster. Eine stärkere Autonomie, Introvertiertheit und Feindseligkeit lassen sich laut Feist möglicherweise damit erklären, dass der Kreative Zeit braucht, die er allein verbringen kann: In geselliger Runde werden keine Bilder gemalt oder Bücher geschrieben. Der Künstler zieht sich dazu eher in sein stilles Kämmerlein zurück. Eine Person, die getrieben ist, Dinge zu schaffen, wird die „Einsamkeit“ gegenüber sozialen Erwartungen von außen verteidigen, was möglicherweise feindselig erscheint. („Wie, du kommst schon wieder nicht mit ins Kino? Kannst du uns nicht leiden?“) Nachvollziehbar ist auch die Überlegung, dass Menschen, die etwas Neues schaffen, althergebrachte Normen anzweifeln und selbstbewusst und ambitioniert an neuen Lösungen arbeiten. Ohne die Zweifel an dem, was ist, ohne die Überzeugung, etwas Neues schaffen zu können, und die Motivation, sich in ein Problem „hineinzuknien“, entsteht nichts Originelles. Die Offenheit für Erfahrungen führt schließlich dazu, dass den Kreativen eine Vielzahl an Gefühlen, Gedanken, Strategien, Wissen zur Verfügung steht, um neue und nützliche Lösungen für ein Problem zu finden [49].

Kreative Menschen unterscheiden sich von anderen Menschen also in ihrer Persönlichkeit. Wie steht es mit der Intelligenz? Gibt es auch hier Unterschiede zwischen kreativen und weniger kreativen Menschen? Die Beziehung zwischen Intelligenz und Kreativität wurde in den 1950er- und 1960er-Jahren kontrovers diskutiert. Diese Frage prägte die Schlüsseldebatte, als man anfing, sich wissenschaftlich mit Kreativität zu beschäftigen. Sie musste von Intelligenz und anderen Forschungsgebieten abgegrenzt werden, um sich als eigenständiges Forschungsgebiet rechtfertigen zu können [58].

Die sogenannte Schwellenhypothese beschreibt den Zusammenhang zwischen Kreativität und „traditioneller“, also mit klassischen IQ-Tests gemessener, Intelligenz. Sie besagt, dass ein bestimmtes Minimum an Intelligenz eine notwendige Voraussetzung für Kreativität ist [55]. In der Studie von Jauk und Kollegen (2013) wurde eine solche Schwelle allerdings nur für das kreative Potenzial gefunden, also für Maße des divergenten Denkens (im Gegensatz zu per Fragebogen erfassten kreativen Leistungen) [55]. Ging es ausschließlich darum, möglichst viele Lösungen zu produzieren, lag die Schwelle bei einem IQ von 85. Wenn man als Kriterium möglichst viele originelle Ideen betrachtete, lag die Schwelle bei einem IQ von 120. Unterhalb dieser Schwelle „profitierte“ die Kreativität von jedem zusätzlichen IQ-Punkt, die Leistungen wurden also besser, oberhalb dieses Wertes sagte der IQ die Kreativität nicht mehr voraus. Hier werden Persönlichkeitseigenschaften, wie die oben genannten, für das kreative Potenzial wichtiger [55].

Kreativität fördern

Kinder verbringen viel Zeit in der Schule, einem Ort, an dem es oft vor allem darum geht, sich Fakten anzueignen und Lösungen für Probleme zu finden, also konvergent zu denken. Das ist als Vorbereitung auf die spätere Arbeitswelt beziehungsweise den Alltag als Erwachsener natürlich wichtig, aber eben nicht alles. In einer Welt, die sich ständig ändert, in der zum Beispiel angesichts des Klimawandels Innovationen gefordert sind, sind auch kreative Köpfe gefragt. Eagleman und Brandt (2018) [59] bringen in ihrem Buch *Kreativität – Wie unser Denken die Welt immer wieder neu erschafft* konkrete Beispiele, wie sich mehr Kreativität in den schulischen Alltag bringen lässt.

Wie bereits dargestellt, sind Kreative offen für Erfahrungen und können so in ihrer schöpferischen Tätigkeit aus einem Fundus an Wissen schöpfen. In einem Projekt, das Eagleman und Brandt aufführen, geht es darum, auf eben diesem Wissen aufzubauen. Hierbei sollen Schüler überlegen, wie das nächste Bild ihres Lieblingskünstlers ausgesehen haben könnte. Wenn Monet, der nicht nur Seerosen, sondern auch das britische Parlamentsgebäude gemalt hat, noch leben würde, was würde er malen? Die Elbphilharmonie in Hamburg? Die Oper in Sydney? Eine solche Aufgabe schlägt gleich mehrere Fliegen mit einer Klappe: Die Kinder werden von großen Künstlern inspiriert (statt eingeschüchtert) und lernen etwas über die Vergangenheit, das sie kreativ auf die Gegenwart anwenden.

Im Gegensatz zum herkömmlichen Unterricht können Schüler zudem öfter dazu animiert werden, nicht nur eine Lösung für ein Problem zu finden, sondern mehrere. Stellen Sie sich vor, es geht nicht darum, ein Gedicht „richtig“ zu interpretieren, sondern möglichst viele Interpretationen zu generieren. Das Gute daran ist, dass Kinder nicht nur ihre Kreativität trainieren, sondern auch lernen, Vielfalt wertzuschätzen, was in unserer heutigen Zeit wichtiger ist denn je.

Wer etwas Neues ausprobiert, kann scheitern, das hat jeder schon einmal selbst erlebt. Wer kreativ sein will, muss bereit sein, zu scheitern und die Frustration aushalten, die damit einhergeht. Wie kann man Lernende dazu ermuntern, sich trotz allem in das Abenteuer Kreativität zu stürzen? Die Autoren zitieren hierzu eine Arbeit von Dweck [60], die demonstriert, wie das gehen kann:

Talent oder Einsatz?

In dieser Arbeit sollten Schülerinnen und Schüler Aufgaben aus einem nonverbalen IQ-Test durchführen, also zum Beispiel zunehmend schwierige Muster als Puzzle nachlegen. Die meisten schnitten dabei in einer ersten Runde mit relativ leichten Aufgaben gut ab. Die eine Hälfte der Teilnehmenden wurde für ihr Talent gelobt („Du scheinst Talent für diese Art der Tests zu haben“), die andere Hälfte für den Einsatz, den sie geleistet hatte („Du musst hart an der Lösung gearbeitet haben“). Interessant war, wie das Loben von Talent bzw. Einsatz das weitere Verhalten beeinflusste: Wurden die Schüler vor die Wahl gestellt, eine weitere, schwierigere Aufgabe zu bearbeiten, lehnten die meisten der Schülerinnen und Schüler aus der Talent-Gruppe ab, wohl fürchtend, dass sich ihr Talent nicht bestätigen würde. Die Mehrzahl der Teilnehmenden aus der Einsatz-Gruppe gab dagegen an, es gerne zu versuchen. In einem weiteren Durchgang mussten nun alle schwierigere Aufgaben lösen, bei denen sie im Mittel nicht mehr so gut abschnitten. Im Gegensatz zu den Lernenden aus der Einsatz-Gruppe glaubten diejenigen aus der Talent-Gruppe nun, wohl doch nicht so talentiert zu sein, wie vorher behauptet worden war. Die Schüler der Einsatz-Gruppe dachten hingegen, sie müssten sich einfach stärker anstrengen oder andere Strategien anwenden. Den Kindern aus der Talent-Gruppe war bei der zweiten Aufgabe zudem der Spaß deutlich vergangen, während die Einsatz-Kinder gerne an der Aufgabe tüftelten. Sie hatten an der schwierigeren Aufgabe sogar mehr Spaß als an der leichteren. Noch dazu waren die Leistungen der Talent-Gruppe in einer darauffolgenden, wieder einfacheren Aufgabe schlechter als bei der ersten Aufgabe mit vergleichbarem Schwierigkeitsgrad.

Es zeigt sich also: Wollen wir Kinder dazu ermuntern, sich neuen Aufgaben furchtlos zu stellen, sollten wir ihren Einsatz loben und nicht ihr Talent. Nur dann kann man Misserfolge als das sehen, was sie sind: nützliche Lernerfahrungen.

Ein weiterer Aspekt von Kreativität ist Motivation. Nach Eagleman und Brandt kann man die Motivation für kreative Leistungen besonders gut stärken, wenn man eine Aufgabe sinnvoll gestaltet und sie sich auf ein reales Problem bezieht [59]. In einem Beispiel der Autoren sollten Schülerteams aus Houston Lösungen für ein Problem mit Beatmungsgeräten für Säuglinge in Entwicklungsländern finden. Die Schläuche verrutschen oft, wenn sich die Säuglinge bewegen. Jedes der einundzwanzig Teams entwickelte nach ausgiebiger Recherche fünf mögliche Lösungen unter Berücksichtigung von Faktoren wie Kosten, Haltbarkeit oder Benutzerfreundlichkeit. „Die Lösung, die am Ende als Sieger hervorging, war so einfach wie genial: Der Schlauch wurde durch einen Schlitz in der Mütze des Babys gefädelt. Zwei Schnitte im Stoff – mehr war nicht nötig." ([59], S. 217)

Kreativität im Alltag

Finden Sie, dass Ihr Leben auch ein bisschen mehr Kreativität vertragen könnte? Erscheinen Ihnen die obigen Vorschläge aus dem schulischen Bereich zu kompliziert? Macht nichts! Machen Sie es wie Stephen King [61] und gehen Sie spazieren. Der Bestsellerautor dreht jeden Tag eine knapp

6,5 km lange Runde. Ist das das Geheimrezept seines Erfolges? Es kommt wohl noch einiges dazu, aber die Bewegung ist vielleicht nicht ganz unschuldig. In einer Studie von Oppezzo und Schwartz [53] mussten die Probanden (Studentinnen und Studenten) jeweils einen Test zum divergenten und konvergenten Denken durchführen. Bei ersterem sollten alternative Verwendungsmöglichkeiten für Gegenstände, wie zum Beispiel Knöpfe, gefunden werden. Beim Test zum konvergenten Denken wurde die oben genannte Aufgabe mit den vier Begriffen verwendet (Hütte – Schweiz – Kuchen – Käse). Die Aufgaben sollten entweder im Sitzen oder gehend auf dem Laufband gelöst werden. Gehen erhöhte die Leistung im Test zum divergenten Denken, nicht aber bei der konvergenten Aufgabe, die durch das Gehen sogar ein wenig beeinträchtigt wurde. Interessant war auch die Beobachtung, dass sich der positive Effekt der Bewegung auf das divergente Denken über das gleichzeitige Gehen hinaus erstreckte: Probanden, die erst gingen und danach im Sitzen die Aufgabe zum divergenten Denken lösen sollten, schnitten im Sitzen besser ab als sitzende Probanden, die zuvor ebenfalls gesessen hatten. Rein praktisch gesehen ist der folgende Befund besonders wichtig: Der positive Effekt des Gehens auf das divergente Denken zeigte sich nicht nur beim Gehen auf dem Laufband, sondern auch bei einem Spaziergang im Freien. Da tun sich ganz neue Möglichkeiten auf! Schicken Sie Ihre Mitarbeiter vor dem nächsten Brainstorming einfach eine Runde spazieren. Oder steigen Sie auf dem Heimweg das nächste Mal eine Station vor Ihrer eigentlichen Haltestelle aus. Zusätzlich zu dem Gesundheitseffekt der Bewegung können Sie sich umso besser in Ihr kreatives Hobby stürzen, wenn Sie zu Hause angekommen sind.

1.5 Zusammenfassung: Unser Verstand

Das erste Kapitel dieses Buches widmet sich den verschiedenen Aspekten unseres Verstandes, allen voran der Wahrnehmung. Diese ist alles andere als objektiv, was man an alltäglichen Dingen wie einem unterschiedlichen Farbempfinden oder Wahrnehmungstäuschungen sieht. Reize wie Licht oder Schallwellen treffen auf spezifische Rezeptoren in unseren Sinnesorganen und werden von dort ins Gehirn weitergeleitet und in komplexer Weise verarbeitet. Die Wahrnehmung ist demnach der Vorgang und das Ergebnis der Reizverarbeitung, nachdem man einem Reiz Aufmerksamkeit geschenkt hat. Sie ist vom Erkennen abzugrenzen, bei dem es um die

Bedeutung des Wahrgenommenen geht, sie kann unbewusst sein und wird durch so verschiedene Dinge wie die Persönlichkeit, Erfahrungen und Einschätzungen beeinflusst.

Ein weiterer Schwerpunkt des ersten Kapitels ist die Intelligenz. Bei ihr handelt es sich um ein gut untersuchtes Persönlichkeitsmerkmal, das nicht direkt gemessen, sondern nur indirekt über Aufgaben erschlossen werden kann. Es gibt keine allgemeingültige Definition dieses Merkmals, viele Forscher betonen jedoch die Fähigkeit, sich mit neuen Situationen und Anforderungen erfolgreich auseinanderzusetzen. Letztlich ist Intelligenz aber das, „was der Intelligenztest misst". Diesen Tests liegen verschiedene Modelle von Intelligenz zugrunde, so zum Beispiel die Vorstellung, dass man zwischen einer allgemeinen Intelligenz und spezifischen Fähigkeiten unterscheiden kann. Um herauszufinden, ob ein Test wirklich Intelligenz misst, wird dessen Ergebnis beispielsweise mit schulischem Erfolg in Beziehung gesetzt. Hochbegabte Menschen sind nicht nur intelligenter als 98 Prozent der Bevölkerung, sie unterscheiden sich auch in anderen Merkmalen von durchschnittlich begabten Menschen. Intelligenz steigt schließlich während der Kindheit und Jugend an, bei jedem Individuum ist sie aber ein relativ stabiles Merkmal. Zudem sind geschwindigkeitsabhängige, „fluide" Intelligenzleistungen stärkeren Alterseffekten unterworfen als „kristalline" Leistungen, die auf erlernte Fertigkeiten und Wissen zurückgreifen.

Kognition und Moral werden im Kapitel 1.3 besprochen, wobei die Aufmerksamkeit als eine grundlegende kognitive Fähigkeit herausgestellt wird. Mit unserer Aufmerksamkeit wählen wir bestimmte Informationen aus unserer Umwelt aus. Zur Kognition gehören zum Beispiel auch Denken und Gedächtnis, mentale Vorstellungen und Sprache. Wenn wir denken, lösen wir Probleme, ziehen induktive bzw. deduktive Schlüsse, fällen eine Entscheidung oder ein Urteil. Dabei greifen wir auf Daumenregeln oder Heuristiken zurück, die oft sinnvoll sind, uns aber manchmal auch in die Irre führen. Beim Gedächtnis werden Prozesse (z. B. die Tiefe der Verarbeitung) und Strukturen (z. B. Arbeits- und Langzeitgedächtnis) unterschieden. Die sogenannten Exekutiven Funktionen beschreiben Kontrollprozesse für situationsgerechtes und zielführendes Verhalten. Sie entwickeln sich im Kindesalter und bilden einen Grundstein für spätere akademische und sozioemotionale Fähigkeiten. Wenn wir ein moralisches Urteil bilden, entscheiden wir, welches Verhalten wir als richtig empfinden und welches unserer Meinung nach falsch ist. Die Moral macht eine bemerkenswerte Entwicklung durch, die Kohlberg in einem Modell zusammengefasst hat, das auf Begründungen für Verhalten in Dilemmata fußt. Moralisches Verhalten grenzt sich von moralischen Urteilen oder Entscheidungen ab und ist ein komplexer und aufwendiger Prozess. Wenn wir erschöpft sind, ist daher manchmal auch unsere Fähigkeit zu moralischem Verhalten begrenzt. Schließlich gibt es moralische Grundwerte, die in verschiedenen Gesellschaften Gültigkeit besitzen.

Die Kreativität ist Thema des Kapitels 1.4. Originalität und Nützlichkeit kennzeichnen kreatives Verhalten. Nicht nur Picasso war kreativ, auch wir sind es tagtäglich, wenn wir ungewöhnliche und nützliche Lösungen für Probleme finden. Eine Voraussetzung dafür ist das divergente Denken, also die Fähigkeit, zu einem nicht klar umrissenen Problem zahlreiche Lösungen zu generieren. Diese Form des Denkens kann, genau wie ihr Gegenstück, das konvergente Denken (klar umrissenes Problem mit einer Lösung), durch Tests erfasst werden. Kreative Persönlichkeiten sind tendenziell unabhängiger, introvertierter, offener und ambitionierter als weniger kreative, und auch ein Mindestmaß an Intelligenz ist erforderlich, um kreativ zu sein (Schwellenhypothese). Abschließend zeigen einige Beispiele, wie Kreativität in der Schule gefördert werden kann. Wir stellen dar, dass Schülerinnen und Schüler ihre Kreativität eher ausschöpfen können, wenn sie lernen, dass Scheitern keine Schande ist. Für die Erwachsenen gilt das natürlich auch; und vielleicht hilft ja auch ein Spaziergang zur Förderung der Kreativität.

2 Unser Herz

2.1 Das, was uns oft beschäftigt: Emotionen

Vor einem wichtigen Gespräch mit Ihrer Vorgesetzten sind Sie sehr nervös, Ihre Hände sind feucht, Sie suchen dauernd den Weg zur Toilette und vielleicht versagt auch Ihre Stimme. Kennen Sie dieses Gefühl? Was sind die Emotionen, die unser Verhalten beeinflussen oder vielleicht sogar steuern?

Emotionen, Gefühle und Stimmungen – Alles eins?

Wir alle kennen den Begriff der Emotionen. Doch was versteht man genau darunter? Sind Emotionen dasselbe wie Gefühle? Wie grenzen sich Emotionen und Gefühle von Stimmungen ab?

Wir gehen zunächst davon aus, dass Emotionen als wichtige Prozesse aufgefasst werden, die auf drei Ebenen [35] auftreten: Auf der ersten Ebene wird ein Gefühl erlebt. Auf der zweiten Ebene wird die physiologische Reaktion, wie der erhöhte Herzschlag oder das Schwitzen zum Beispiel bei der Prüfungsangst, betrachtet, auf der dritten Ebene das Verhalten. So kann beispielsweise Ihre Prüfungsangst dazu führen, dass Sie aus der Situation fliehen, indem Sie sich vor der Prüfung krankmelden. Angst kann eine sehr starke Emotion sein, sie ist aber nur eine unter vielen. Lange ist man davon ausgegangen, dass es sechs Grundemotionen gibt, zu denen Furcht, Ekel, Freude, Überraschung, Ärger und Trauer gehören [62]. Die Frage nach der Anzahl der Grundemotionen konnte jedoch bislang nicht vollends geklärt werden, ebenso wenig die Frage danach, ob es überhaupt Grundemotionen gibt. Einige Wissenschaftler sehen vier Grundemotionen (Glück, Traurigkeit, Angst/Überraschung, Ekel/Wut) als maßgeblich an [63].

Allgemein geht man bei der Verarbeitung von Emotionen davon aus, dass sie zu einer physiologischen Reaktion führen. Emotionstheorien bemühen sich darum, die Beziehung zwischen diesen physiologischen und psychischen Aspekten zu erklären. Durch die Aktivität des sympathischen und parasympathischen Teils des autonomen Nervensystems wird der Körper auf emotionale Reaktionen vorbereitet [6]. Verschiedene Emotionstheorien versuchen zu erklären, wie ein Ereignis zu einer Emotion wird. Nach der James-Lange-Theorie [6] löst ein Reiz sowohl eine physiologische Aktivierung als auch ein Verhalten aus. Dies führt dazu, dass die Erregung wahrgenommen und das Verhalten interpretiert wird, und resultiert in einer entsprechenden emotionalen Erfahrung. Die Emotion folgt also quasi dem Verhalten und der Wahrnehmung der Erregung. Gemäß der Theorie von Cannon und Bard werden die erregenden Reize zunächst im Gehirn verarbeitet. Dies hat dann eine simultane Reaktion von physiologischer Erregung, Verhalten und emotionaler Erfahrung zur Folge [6]. Hier steht also die Bewertung eines Ereignisses am Anfang. Als Drittes wird häufig die Theorie der kognitiven Bewertung von Lazarus angeführt. Zunächst werden der Reiz und die damit einhergehende physiologische Erregung bewertet. Die Emotion setzt sich dann aus der Interaktion von Erregungsniveau und Art der Einschätzung zusammen [6].

Im Gegensatz zu Emotionen sind Stimmungen beziehungsweise Affekte oft weniger intensiv und brauchen auch selten einen bestimmten Reiz, der sie hervorruft, sodass keine eindeutige Ursache erkennbar ist. Oftmals dauern sie auch länger an als Emotionen, über Stunden und Tage. Vielleicht spricht man deswegen in der Pubertät auch häufiger von Stimmungsschwankungen als von Emotionsschwankungen. Gefühle lassen sich von den Begriffen der Stimmung und der Emotion dahingehend abgrenzen, dass sie den Aspekt beschreiben, den wir durch Emotionen und Stimmungen erleben [64]. Eine wichtige Frage ist, welchen Einfluss Emotionen auf unser Verhalten haben. Beeinflusst unsere Prüfungsangst tatsächlich unsere Leistung oder schwingt sie einfach nur mit? Gibt es wirklich einen Zusammenhang zwischen Emotion und Kognition?

Das Wechselspiel zwischen Emotion und Kognition

Was hat Kognition mit Emotion zu tun? Fallen Ihnen vielleicht auch Gegebenheiten ein, bei welchen Sie z.B. in einem ängstlichen Zustand nicht mehr klar denken konnten? Tatsächlich gibt es wechselseitige Einflüsse, denn eine Vielzahl von Emotionen kann verschiedene Aspekte der Kognition beeinflussen und wiederum können elementare kognitive Funktionen wie die Aufmerksamkeit, das Arbeitsgedächtnis, die Exekutiven Funktionen dazu beitragen, Emotionen zu regulieren [65]. Wie kann man sich das vorstellen?

Ein Beispiel ist hier der Einfluss der Emotionen auf unsere Aufmerksamkeit: Generell wird unsere Aufmerksamkeit durch äußere und innere Reize aktiviert. Äußere Reize, die negative Gefühle wie Angst hervorrufen (Spinnen, Schlangen), aktivieren dabei unsere Aufmerksamkeit stärker als neutrale Reize [66]. In diesem Fall spricht man von der Bottom-up-Kontrolle der Aufmerksamkeit. Die Aufmerksamkeit wird „von unten", von der Reizseite her, aktiviert. Die Aufmerksamkeit kann aber auch durch selbst gesteckte innere Ziele, Stimmungen und Zustände wie Hunger quasi von innen geleitet werden (top-down) und uns auf bedeutsame Reize der Außenwelt aufmerksam machen (auf Nahrungsmittel, wenn wir hungrig sind) [67].

Diese beiden „Quellen" bestimmen die Aufmerksamkeit in einer spezifischen Situation, sodass wir selektiv auf die relevanten Aspekte einer Situation reagieren und ablenkende Reize nicht beachten oder uns alternative Handlungsmöglichkeiten nicht in den Sinn kommen [68]. Aber auch die Interpretation von Ereignissen kann durch bestimmte „emotionale Dispositionen", wie einem Hang zum Grübeln, verändert werden [69]. So lenken ängstliche Personen ihre Aufmerksamkeit stärker auf Bedrohungen in der Umwelt und sind leichter ablenkbar als weniger ängstliche Personen. Bei ängstlichen Individuen wird das Arbeitsgedächtnis durch emotional bedrohliche, aber für die jeweilige Aufgabe irrelevante Reize (bei einer Prüfung zum Beispiel ängstliche Gesichter anderer Prüflinge) beeinflusst, sodass die Aufmerksamkeit nicht mehr auf die wichtige Information, die im Arbeitsgedächtnis zur Weiterverarbeitung bereitgehalten werden muss, gerichtet werden kann. Diese emotionalen Prozesse nehmen die Kapazität des Arbeitsgedächtnisses in Anspruch, die dann für weitere kognitive Prozesse fehlt [69].

Wie verarbeiten Menschen, die nicht unter Ängsten leiden, emotionale Bilder in einer kognitiven Aufgabe? Dieser Frage gingen Tannert und Rothermund in einer Studie zur Verarbeitung emotionaler Bilder in einer Inhibitionsaufgabe nach [70]. Die Fähigkeit zur Inhibition, also das Vermögen, auf Relevantes zu reagieren und Irrelevantes zu ignorieren, gehört zu den Exekutiven Funktionen. Die in dieser Aufgabe dargebotenen Bilder von emotionalen Gesichtern wurden per se nicht anders verarbeitet als neutrale Gesichter. Die Aufmerksamkeit scheint nur dann durch emotionale Gesichter abgezogen zu werden, wenn die dargestellte Emotion für das Lösen der Aufgabe von Bedeutung ist. Generell lässt dies den Schluss zu, dass die Bedeutung der Emotion für die Kognition kontextabhängig ist. Dieser Kontext wiederum kann sich hinsichtlich zahlreicher Attribute, wie beispielsweise Risiken, Erwartungen, Bekanntheitsgrad oder physikalischen Eigenschaften unterscheiden [70]. Wir können festhalten, dass die Wahrnehmung nicht jeder Emotion unsere Kognition beeinflusst, die Emotion muss in irgendeiner Art und Weise eine gewisse Relevanz besitzen.

Aber nicht nur die Emotion kann die Kognition beeinflussen, sondern die Kognition kann auch unseren Umgang mit Emotionen beeinflussen. So können wir gezielt Strategien einsetzen, um unsere Emotionen mithilfe der Kognition zu kontrollieren [71]. Eine mögliche kognitive Strategie, um Angst zu reduzieren, ist die Vermeidung: Spinnen-Phobiker vermeiden Bilder von Spinnen. Eine andere aktive Strategie ist die Umdeutung von Situationen. So kann man die Angst vor einem Vortrag reduzieren, indem man sich bewusst macht, dass der Vortrag eigentlich gar nicht wichtig ist. Solche Strategien erfordern allerdings einen „Aufwand“: Man muss ein bestimmtes Ziel – die Vermeidung oder Umdeutung – im Arbeitsgedächtnis behalten und die anderen irrelevanten Gedanken ignorieren. Mit anderen Worten: Ohne unsere Exekutiven Funktionen sind wir nicht in der Lage, diese Strategien zu verwenden und unser emotionales System zu steuern [72]. Unsere Emotionen können demnach in bestimmten Fällen, besonders dann, wenn sie von Bedeutung sind, unsere Exekutiven Funktionen beeinflussen, aber umgekehrt helfen die Exekutiven Funktionen auch, die Emotionen zu regulieren. Bedenkt man, dass mehr oder weniger alle geistigen Leistungen, die wir vollbringen, auf Aufmerksamkeitsprozessen und Exekutiven Funktionen beruhen, wird klar, dass Emotionen und Kognitionen nicht auseinanderdividiert werden können. Eine spannende Frage ist zudem, wie es sich mit der Beziehung von Emotionen und höheren kognitiven Funktionen, wie Urteilen oder Entscheidungen verhält. Vielleicht haben Sie sich ja auch schon einmal gewundert, dass die Entscheidung Ihres Partners oder Ihrer Partnerin für einen Urlaubsort weniger vorhersehbar ist, sondern von vielen Dingen und manchmal auch von der Befindlichkeit abhängig ist?

Emotionen – Wichtige Einflussfaktoren für unsere Entscheidungen und Urteile

Schon seit den 1980er-Jahren ist bekannt, dass wir die Rolle der Emotionen verstehen müssen, wollen wir eine Theorie der menschlichen Rationalität entwickeln [73]. Auch wirtschaftliche Entscheidungen lassen sich nicht ohne Emotionen treffen. Vielleicht kennen Sie folgende Situation: Eine dauernde Unzufriedenheit und Niedergeschlagenheit führt vielleicht dazu, dass Sie sich Gedanken darüber machen, ob der Job noch der richtige für Sie ist. Im Weiteren ist bekannt, dass Emotionen unsere Entscheidungen auf unterschiedliche Art und Weise beeinflussen können [74]: So können Emotionen zum Beispiel so grundlegend in unserem Wesen verankert sein, dass sie uns praktisch zu einem bestimmten Verhalten zwingen. (Jemand, der ängstlich ist, wird bei Geldangelegenheiten eher risikoarme Anlagen bevorzugen.) Emotionen können unser Verhalten auch verzerren; so bevorzugt ein Passagier mit Flugangst das Auto, obwohl die Anzahl der tödlichen Unfälle hier viel höher ist. Einige Emotionen werden von einer Situation auf die andere übertragen. Ihre Angst vor einem Vortrag mag Ihr Verhalten beim Gespräch mit Ihrem Bankberater beeinflussen, weil irgendetwas, was er gesagt hat, die Erinnerung an die Vortragsangst geweckt hat. Emotionen können zudem aufgrund der eigenen Bewertung das Verhalten beeinflussen. So haben die beiden negativen Emotionen Wut und Ärger zwar dieselbe Valenz, nämlich negativ, führen jedoch bei Wahrscheinlichkeitsurteilen zu verschiedenen Ergebnissen, was an einer unterschiedlichen Verarbeitung liegen kann [74]. Die Bewertung beeinflusst aber auch die kognitive Vorwegnahme zukünftiger Situationen: Angst impliziert eine geringe Sicherheit und einen geringeren Kontrollsinn, was dazu führt, zukünftige negative Ereignisse als unvorhersehbar und situationsabhängig einzustufen. Emotionen prägen darüber hinaus auch die Tiefe der Informationsverarbeitung, die für eine Entscheidung notwendig ist: Es konnte experimentell gezeigt werden, dass sich Menschen in einer positiven Stimmung mehr von Heuristiken, wie der Expertise, der Attraktivität oder der Bedeutung der Informationsquelle beeinflussen lassen als der inhaltlichen Qualität der Information, die für die Entscheidung relevant ist [74]. Bedeutet dies, wenn wir in einer guten Stimmung sind, dass wir nicht so genau hinschauen und die Dinge ein wenig oberflächlicher entscheiden?

Emotionen können auch über den Kommunikationsprozess das Entscheidungsverhalten beeinflussen: Drückt man Dankbarkeit aus, führt dies dazu, dass die Generosität des Gegenübers geweckt wird und es sich in manchen Entscheidungsprozessen altruistischer verhält.

Manchmal ist es aber auch nötig, die eigenen Emotionen aus dem Entscheidungsprozess auszuklammern. Zum einen kann man versuchen, die Heftigkeit der emotionalen Antwort zu reduzieren, zum anderen die Emotion von der Entscheidung trennen. Das Ausmaß der emotionalen Reaktion lässt sich dadurch reduzieren, dass man ein wenig Zeit zwischen der Emotion und der Entscheidung vergehen lässt. („Ich muss erst eine Nacht darüber schlafen.") Natürlich kann man auch die Bedeutung der Entscheidung relativieren. („Ach, es ist ja egal, ob wir nach Italien oder Spanien fahren, der Urlaub wird eh schön.") Oftmals helfen diese Tricks schon – genauso wie es manchmal sinnvoll ist, einen Schritt zurückzutreten und sich den Entscheidungsprozess selbstkritisch von außen anzuschauen. Generell können wir demnach festhalten, dass die Bedeutung von Emotionen für die Entscheidungsprozesse nicht einfach darzustellen ist. Die momentane Emotion, zufällige Ereignisse, Charakteristika der entscheidenden Person, Charakteristika der Situation (Wahrscheinlichkeiten), eine bewusste oder unbewusste Evaluation der Situation, all das beeinflusst die Entscheidung, und viele dieser Aspekte wirken rückwirkend auf die erlebte Emotion [74]. Entscheidungen sind also hochkomplex und dabei spielen Emotionen auf unterschiedlichen Ebenen eine Rolle.

Hinzu kommt ein wichtiger Aspekt, der sich auf die Charakteristika einer Person bezieht. Empfinden wir Emotionen überhaupt gleich? Oder ist es hier, wie bei der Wahrnehmung, so, dass es eigentlich gar keine objektiven Kriterien gibt?

Deine, meine, unsere Emotion?

Zunächst einmal muss man zwischen der Emotionswahrnehmung, dem Emotionsausdruck und der Regulierung der Emotion beziehungsweise dem Umgang mit ihr unterscheiden. Die Wahrnehmung der Emotion wird auch oft mit dem Begriff der Empathie in Verbindung gebracht, wobei sich dieser Zusammenhang als nur schwach erweist [75]. Dabei ist die Fähigkeit, Emotionen wahrzunehmen sowohl vom Alter als auch vom Geschlecht abhängig.

Zu dieser Fragestellung wurde 2019 eine Studie mit über 100 000 Probanden durchgeführt: Während einer Spielshow im französischen Fernsehen wurden den Zuschauern für fünf Minuten Gesichter präsentiert, bei denen die obere Hälfte eine bestimmte Emotion zeigte und die untere Hälfte eine andere. Die Fernsehzuschauer sollten die beiden Emotionen jedes Gesichtes mittels einer Rückmeldung auf ihrem Smartphone oder Tablet einschätzen. Die beste Fähigkeit, Emotionen wahrzunehmen, zeigte sich im Alter zwischen 15 und 30 Jahren. Ab dem Alter von 30 Jahren nahm die Wahrnehmungsfähigkeit ab. Bei Personen, die älter als 60 Jahre waren, lag augenscheinlich die geringste Wahrnehmungsfähigkeit vor. Generell wiesen Frauen bessere Emotionswahrnehmungsfähigkeiten auf, wobei dieser Geschlechtsunterschied für die Jugendlichen unter 15 Jahren am größten war [76].
Bezüglich des Ausdrucks von Emotionen in der Kindheit und der Adoleszenz konnte nachgewiesen werden, dass es geringe Geschlechtsunterschiede gab: Mädchen zeigten vermehrt positive und internalisierende negative Emotionen (zum Beispiel Traurigkeit), während Jungen häufiger externalisierende Emotionen (z. B. Wut) aufwiesen. Dabei waren diese sehr geringen Unterschiede jedoch auch von Faktoren wie dem Alter oder dem Aufgabentyp abhängig [77].

Trotz dieses Befundes ist das Stereotyp, dass Frauen „irgendwie emotionaler“ als Männer seien, mit Vorsicht zu genießen. Gerade bezogen auf die Emotionen, die sich auf das Selbst beziehen, wird immer wieder behauptet, dass Frauen mehr Scham, Reue und Verlegenheit, aber weniger Stolz als Männer zeigten. Dies konnte wissenschaftlich nur teilweise durch eine Meta-Analyse nachgewiesen werden: Zwar zeigt sich ein kleiner geschlechtsspezifischer Effekt bei den Emotionen Schuld und Scham zugunsten der Frauen, aber Geschlechtsneutralität bei den Emotionen

Verlegenheit und Stolz [78]. Diese Geschlechtsneutralität bezieht sich allerdings auf komplexere, zusammengesetzte Emotionen, die mit dem Selbst in Bezug gesetzt werden können. In einer anderen Arbeit konnte z.B. gezeigt werden, dass Frauen weniger und Männer häufiger machtbezogene Emotionen zeigen [79]. Dieser Befund ist in vielen Aspekten über viele Kulturen gleich. Allein bezüglich der wenig machtbezogenen Emotionen (z.B. Traurigkeit) beurteilten Männer, aber nicht Frauen, die Emotionen als weniger intensiv, wenn der Einfluss der Frauen in der Gesellschaft als hoch angesehen wird.

Neben der Wahrnehmung und dem Ausdruck der Emotionen haben Wissenschaftler die Regulationsfähigkeit untersucht. Täglich können wir beobachten, wie unterschiedlich Menschen mit Emotionen umgehen. Wir sehen eine Kollegin, die sofort aus der Haut fährt, wenn ihr etwas nicht passt, während sich ein Kollege in sein Büro zurückzieht, wenn er wütend ist, um zunächst über die Situation nachzudenken. Beide regulieren ihre Emotionen ganz unterschiedlich: Zwei vorherrschende Strategien sind hier die Unterdrückung der Emotion und die Neubewertung der Situation. So könnte die Kollegin ihre Emotion nach einer Weile einfach unterdrücken, indem sie ein Pokerface aufsetzt und sich dadurch beruhigt, der Kollege vermag die Situation leicht umzudeuten.

Die individuellen Unterschiede im Umgang mit den eigenen Emotionen haben auch Konsequenzen im Verhalten: Menschen, die ihre Emotionen durch eine Neubewertung der Situation verarbeiten, nehmen gegenüber einer stressbelasteten Situation eine positive Haltung ein und interpretieren den Sachverhalt neu, den sie als stressreich empfunden haben. Dadurch erfahren sie häufiger positive als negative Emotionen, was wiederum eine geringere Depressionsrate, einen höheren Selbstwert und eine höhere Lebenszufriedenheit zur Folge hat. Die Unterdrückung von Emotionen findet im Regulationsprozess erst spät statt. Menschen, die diese Strategie anwenden, unterdrücken beispielsweise in stressreichen Situationen ihre wahren Gefühle, wodurch sie sich selbst als nicht authentisch empfinden. Oftmals erleben sie auch weniger positive Emotionen wie Freude [80].

Wir sehen: „Emotionen“ sind ein hochkomplexes Thema, es zeigen sich Unterschiede in der Emotionswahrnehmung, -verarbeitung und -regulation – und all das steht im Zusammenhang mit unserer Kognition.

Strategien der Emotionsregulation

In einer Meta-Analyse wurde der Einfluss unterschiedlicher Emotionsregulationsstrategien auf die Stimmung, das emotionale Verhalten und die emotionale physiologische Reaktion (wie Schmerz) untersucht [71]. Die Autoren differenzieren zwischen sieben aufmerksamkeitsbasierten Strategien (zum Beispiel Konzentration, Ablenkung), vier kognitiven Veränderungsstrategien (zum Beispiel Umbewertung) und vier Strategien der Antwortmodulation (zum Beispiel Unterdrückung der Erfahrung oder des Ausdrucks der Emotion). Dabei zeigten die aufmerksamkeitsbasierten Strategien keinen, die kognitiven Veränderungsstrategien einen kleinen und die Antwortmodulationsstrategien einen kleinen bis mittleren Effekt. Beispielsweise wurden die Versuchspersonen gebeten, sich vorzustellen, dass ein negatives Ereignis einen positiven Ausgang haben kann (Umbewertung des emotionalen Reizes), oder sie wurden aufgefordert, den Reiz aus einer objektiveren Perspektive zu betrachten (Einnehmen einer neuen Perspektive). Diese beiden Strategien erwiesen sich als am effektivsten.

2.2 Das, was alle wollen: Glück

Was wünschen Sie sich am meisten? Gesundheit? Oder vielleicht Glücklichsein? Mit dieser Antwort sind Sie nicht allein. Eine Suchanfrage bei Google mit dem Begriff „Glück" ergibt in 40 Sekunden 146.000.000 Treffer. Hierzu passt die Schlagzeile in der Tageszeitung *Die Welt*: „Glück – Die Erforschung unserer größten Sehnsucht" [81]. Ist es wirklich unsere größte Sehnsucht, glücklich zu sein? Man könnte es meinen, betrachtet man den Boom an Motivationstrainern und Coaches, die versprechen, dass Glücklichsein erlernt werden könne. Doch wie wird man glücklich? Gibt es wirklich einen vielversprechenden Weg zum Glück, eine Art Königsweg?

Viele Menschen haben sich seit Jahrhunderten mit der Suche nach dem Glück beschäftigt. So beschreibt der Dalai Lama (2002) einen äußeren und inneren Weg zum Glück [82]. Der äußere Weg bezieht sich zum Beispiel auf das Streben nach Reichtum oder einen tollen Urlaub, der innere Weg auf die geistige Entwicklung. Gerade den äußeren Weg kennen viele von uns. Glauben wir nicht, durch den Bau eines Hauses oder die nächste Gehaltserhöhung glücklich oder glücklicher zu werden? Aber wie oft erleben wir, dass die Gehaltserhöhung nicht ausreicht und schnell der Wunsch nach einer weiteren entsteht? Der äußere, materielle Weg ist oft flüchtig. Der innere Weg ist der tiefere. Erleben wir in unserem Herzen Frieden, berühren uns materielle Veränderungen nicht mehr.

Anders als der Dalai Lama unterscheidet die Wissenschaft jedoch nicht zwischen einem inneren und äußeren Weg des Glücks, sondern fokussiert auf die Komponenten des Glücks, darauf, ob Glück lang- oder kurzfristig betrachtet wird oder ob ein kognitiver oder emotionaler Aspekt im Vordergrund steht.

Die wissenschaftliche Definition von Glück

Schon in der Antike wurde „Glück" entweder als hedonistisch oder eudämonistisch definiert. Während sich das hedonistische Glück auf die momentane Beurteilung des eigenen Lebens mit den zugehörigen freudigen Emotionen bezieht, versteht man unter dem eudämonistischen Glück ein glückliches Leben durch die Umsetzung von für die Person wichtigen Werten (wie Ehrlichkeit und Aufrichtigkeit), die langfristig zu einem erfüllten Leben führen [83].

In der Psychologie unterscheidet man zwischen einer emotionalen (affektiven) und kognitiven Komponente des Glücks bzw. des Wohlbefindens. Kahneman und Deaton (2010) [84] fassen unter emotionalem Wohlbefinden jene Faktoren zusammen, die sich auf die emotionale Qualität (etwa auf die Häufigkeit und Intensität von Freude, Faszination) der jetzigen Erfahrung beziehen, es handelt sich also eher um die hedonistische Auffassung. Hiervon grenzt sich der Begriff der Lebensbewertung (*life evaluation*) als eine kognitive Komponente ab, die sich auf die Gedanken bezieht, die sich eine Person über ihr Leben macht. Auch der Begriff *life satisfaction* kann als kognitive Beurteilung des eigenen Lebens aufgefasst werden [85]. Beide Begriffe bezeichnen einen überdauernden Glücksbegriff und können daher als eine eudämonistische Sichtweise des Glücks betrachtet werden. Neben der kognitiven und affektiven wird noch eine weitere Komponente des Glücks erwähnt, das sogenannte Flourishing [86]. Es ist ein Zustand des Aufblühens voller positiver Emotionen, in dem man sich sowohl sozial eingebunden als auch psychologisch aufgehoben fühlt. Hierzu steht im Gegensatz das Verkümmern, das sich durch Leere und Stagnation auszeichnet, die zu einem Leben in Hoffnungslosigkeit führen können. Flourishing kann als ein Zustand des kompletten menschlichen Wohlbefindens verstanden werden [86]. Ein Aufblühen zeigt sich dann, wenn die Person bei der Befragung in folgenden fünf Aspekten hohe Werte erreicht: 1) Glück und Lebenszufriedenheit, 2) mentale und körperliche Gesundheit, 3) Bedeutung und Ziel, 4) Charakter und Tugend, und 5) nahe soziale Beziehungen.

Die wissenschaftliche Definition des Begriffes „Glück" ist demnach komplex. Als kleinster gemeinsamer Nenner kann eine kognitive im Gegensatz zu einer affektiven, emotionalen Komponente des Glücksempfindens gelten.

Ist Glück messbar?

Wenn wir Glück wissenschaftlich definieren, müssen wir es auch messen können. Das Glücksempfinden eines Landes wird zumeist dadurch erfasst, dass vielen Einwohnern eine Frage gestellt wird. Für den Welt-Glücklichkeitsreport 2018 lautete sie: „Bitte bewerte dein Leben heute auf einer Skala von 0 bis 10, wobei 0 das am schlechtesten und 10 das am besten mögliche Leben ist." [87]. Aufgrund dieser Einschätzung wird ein Index für jedes Land berechnet, um einen Vergleich zwischen den Nationen zu ermöglichen. Auf der individuellen Ebene wird das Glück der oder des Einzelnen durch bestimmte standardisierte psychologische Testverfahren erfasst. Ein Beispiel für die Messung der kognitiven Komponente des Glücks ist die *satisfaction with life scale* [88]. Diese Skala besteht aus fünf Aussagen, die auf einer siebenstufigen Skala von „Ich stimme sehr zu" bis „Ich stimme überhaupt nicht zu" beurteilt werden sollen. Zwei Aussagen lauten beispielsweise „In der meisten Zeit ist mein Leben nahe am Ideal" oder „Wenn ich mein Leben noch einmal leben müsste, würde ich nichts verändern".

Mittlerweile gibt es auch Bestrebungen, das Glück durch digitalisierte Methoden zu erfassen. So entwickelte Ludwigs (2018) [89] den sogenannten Happiness-Analyzer, der Elemente der Messung des subjektiven Wohlbefindens, aktivitätsbasierte sowie erfahrungsbasierte Messungen enthält. Im Laufe des Tages erhalten die Teilnehmenden vier Erinnerungen gesendet, sie sollen dann aufschreiben, wie glücklich sie momentan sind, was sie machen, mit wem und wo. Mithilfe des Happiness-Analyzers kann das subjektive Wohlbefinden recht detailliert aufgezeichnet werden. Wir dürfen aber nicht vergessen, dass Glück auch ein biologischer Prozess ist, der im Körper sichtbar wird.

Gibt es „glückliche" Körperprozesse?

Glück lässt sich im Körper physiologisch messen. So konnte gezeigt werden, dass dauerhaft glücklichere Menschen eine höhere vagale (d.h. den Parasympathikus als einen Teil des vegetativen Nervensystems betreffende) Herzratenvariabilität (HRV) haben als Menschen, die weniger glücklich sind [90]. Die Herzratenvariabilität spiegelt die Schwankungen im Abstand aufeinanderfolgender Herzschläge wider und bietet einen Anhaltspunkt dafür, wie das autonome Nervensystem arbeitet [91]. Eine hohe HRV findet man bei gesunden Menschen, sie spricht für eine gute Regulationsfähigkeit des Herzens, während eine niedrige Herzratenvariabilität mit Stress, Angst, Depression und einem hohen Risiko für Herz-Kreislauf-Erkrankungen einhergeht [92]. Eine weitere physiologische Messmethode ist die Messung der Hautleitfähigkeit. Stark erregende Gefühle, wie Furcht, aber auch Glück, führen zu einer stärkeren Hautleitfähigkeit.

Neben den physiologischen Messmethoden sind es die molekularbiologischen Methoden und hier insbesondere die Bestimmung der sogenannten Neurotransmitter, die im Zusammenhang mit Glück erwähnt werden. Neurotransmitter sind chemische Substanzen, die an den Synapsen zweier Nervenzellen aktiv sind. Erhöhte Spiegel der Neurotransmitter Dopamin und Serotonin, die oft in Kombination ausgeschüttet werden, sind ein Anzeichen für ein hohes Maß an Wohlbefinden und Zufriedenheit. Bei der Frage, ob Sport glücklich machen kann, wird oftmals das Phänomen des Runner's High genannt, bei dem Läufer das Gefühl haben, wie von selbst zu laufen. Ein Flow-Erlebnis beim Laufen wird häufig durch die Ausschüttung der Endorphine und Endocannabionide, beide ebenfalls Neurotransmitter, erzeugt. Darüber hinaus wurde versucht, aus bestimmten Biomarkern, also individuellen biologischen Merkmalen, in der Kindheit eines Menschen Rückschlüsse auf das „Glücklichsein" im Erwachsenenalter zu ziehen.

Neben den molekularbiologischen Verfahren werden die neurowissenschaftlichen bildgebenden Verfahren, wie die Magnetresonanztomographie (MRT) oder die Positronen-Emissions-Tomographie (PET), die

Können Biomarker Hinweise auf das Glücksempfinden geben?

Dazu wurden in einer Studie aus Finnland die Werte von acht verschiedenen Biomarkern (aus dem Jahr 1980) mit dem Empfinden von Glück (im Jahr 2001) von knapp 2000 Menschen erfasst und ausgewertet. Die acht Biomarker umfassten Körpergröße, Körperfett, Puls, systolischer Blutdruck, diastolischer Blutdruck, Insulin, Triglyceride und Kreatinin. Allerdings konnte keiner der Biomarker verlässlich das „Glücklichsein" im Erwachsenenalter vorhersagen, auch wenn der Puls positiv und die Menge an gemessenen Triglyceriden negativ mit dem mittels eines Fragebogens erfassten Glücksempfinden verbunden waren [93].

die Aktivität des Gehirns sichtbar machen können, genutzt, um Glücksempfinden im Gehirn nachzuweisen. So sind verschiedene Areale auf der Großhirnrinde und Strukturen im tiefer liegenden Teil des Gehirns beim Erleben von „Freude" aktiviert [94], wobei es in manchen Arealen bei einem Glücksempfinden auch zu einer Deaktivierung bestimmter Areale kommen kann [95]. Glück lässt sich also im Körper nachweisen.

Doch gibt es auch Faktoren, durch die das Glücksempfinden beeinflusst werden kann?

Kognitive und emotionale Glücksfaktoren

Sowohl unser Denken als auch unsere Gefühle beeinflussen das Glückserleben. Dabei gibt es zahlreiche kognitive Einflussfaktoren: beispielsweise die Exekutiven Funktionen, die das Arbeitsgedächtnis (die kurzzeitige Speicherung von Information), die Inhibitionsfähigkeit (die Fähigkeit, auf Relevantes zu reagieren und Irrelevantes zu ignorieren) und die kognitive Flexibilität (die Fähigkeit, Dinge aus verschiedenen Blickwinkeln zu betrachten) umfassen.

Gerade die Fähigkeit zur Inhibition ermöglicht es beispielsweise, in bestimmten Situationen destruktive Impulse zu unterdrücken, um so ein erhöhtes Wohlbefinden zu ermöglichen. Auch als Erwachsene erleben wir, wie schwierig es manchmal sein kann, auf Relevantes zu reagieren und Irrelevantes zu ignorieren, obwohl wir wissen, dass es besser für uns wäre: So mag die dauerhafte Unterdrückung der Versuchung, noch einen Nachtisch zu essen, in vielen Fällen zu einem körperlichen Wohlbefinden beitragen [96]. Ein weiterer Weg zum Glücklichsein besteht darin, sich Ziele zu setzen und diese erfolgreich zu verfolgen oder sich auch von weniger erfolgversprechenden Zielen zu lösen [97]. Neben den Exekutiven Funktionen und der Zielsetzung als kognitive Faktoren spielen auch positive Emotionen bei der Entstehung des Glücks eine Rolle. So geht die *Broaden-and-Build-Theorie* davon aus, dass bestimmte positive Emotionen nicht nur den momentanen Zustand verändern, sondern dazu führen, dass flexible kognitive Denkweisen gebildet werden können. Aus ihnen entwickeln Individuen psychologische und soziale Ressourcen, die wiederum zu einem größeren Wohlbefinden führen können [98]. Zudem hat sich gezeigt, dass Optimismus, also die Fähigkeit, positiv in die Zukunft zu schauen, einen Einfluss auf das Glücksempfinden haben kann. Menschen mit positiven Erwartungen an die Zukunft können sich an schwierige Situationen und widrige Umstände besser anpassen als Menschen mit negativen Erwartungen [99]. Aber kognitive und emotionale Faktoren sind manchmal nur schwer zu beeinflussen. Habe ich mein ganzes Leben lang pessimistisch in die Welt geschaut, wird es mir schwerfallen, ein Optimist zu werden. Weil jeder weiß, wie schwer diese Veränderung ist, mag man sich fragen, ob es nicht Tätigkeiten gibt, die per se glücklich machen. Vielleicht reicht es, wenn ich anfange zu joggen oder ein Musikinstrument lerne? Scheinbar ist es so, dass viele Wege zum Glück führen.

Viele Wege führen zum Glück

Der Glücksweg des Einzelnen kann sehr unterschiedlich sein. Viele Menschen versuchen ihr Glück zu finden, indem sie Sport treiben. Jedoch gibt es dazu nur wenige wissenschaftlich aussagekräftige Studien. Einige davon haben allerdings gezeigt, dass Sport tatsächlich glücklich machen kann [100].

Sowohl das Musizieren als auch das Hören von Musik kann die Stimmung heben, doch auch hier existieren nur wenige wissenschaftliche Befunde. Betrachtet man die Studien, die in einer experimentellen Arbeit mit zufällig ausgewählten Gruppen und einer Kontrollgruppe die Auswirkung des Praktizierens von Musik auf das Glücksempfinden untersucht haben, zeigt sich kein statistisch signifikanter Effekt [101].

Ein Glücksfaktor, der ebenfalls oft genannt wird, ist das Erleben der Natur. Ein Sonnenaufgang, das Wandern in den Bergen oder der Blick auf das Meer mag das subjektive Wohlbefinden erhöhen. Dies ließ sich auch wissenschaftlich nachweisen. Aus der Verbundenheit mit der Natur können unabhängig von anderen psychologischen Variablen Rückschlüsse auf das Empfinden von Glück gezogen werden. Dabei trägt die Verbundenheit auch zu einem nachhaltigeren Umweltverhalten bei [102].

Aus wissenschaftlicher Sicht steht die Glücksforschung noch am Anfang. Es fehlen zum einen Studien mit Zufallsstichproben und Kontrollgruppen, die einer anderen vermeintlich glücksbringenden Aktivität nachgehen, zum anderen werden selten psychologische und biologische Variablen zur Messung des Glücks herangezogen.

Es gibt keine einfache Antwort auf die Frage, was glücklich macht. Kein Kochrezept kann für das Glücklichsein garantieren, und wenn ein solches angeboten wird, sollte man eher vorsichtig damit sein. Jeder Mensch muss seinen ganz eigenen Glücksweg finden.

2.3 Verbunden mit den anderen: Empathie, Mitgefühl, prosoziales Verhalten und Altruismus

Spüren Sie morgens, wenn Sie in Ihr Büro kommen, oft die Stimmung Ihrer Kollegin, ohne dass sie überhaupt einen Ton gesagt hat? Sind Sie vielleicht besonders einfühlsam oder empathisch? Oder ist Ihnen diese Frage im Zusammenhang mit der Diskussion um die sogenannten Soft Skills gekommen? Immer wieder wird betont, wie wichtig etwa Empathie für den beruflichen Erfolg sei. Aber was bedeutet es eigentlich, empathisch zu sein, und welche Konsequenzen hat das?

Ich sehe und verstehe, was du fühlst

Möchte man Empathie erklären, lässt sich zwischen einer kognitiven und emotionalen Ebene differenzieren. Die kognitive Empathie beschreibt die Fähigkeit, die Emotionen anderer zu verstehen. Dahingegen bezeichnet die emotionale Empathie die Fähigkeit, die Gefühle anderer Menschen nachzuempfinden [1]. Es scheint jedoch fast so viele Definitionen von Empathie wie Untersuchungen auf diesem Gebiet zu geben. Manche Forscher unterscheiden keine kognitive und affektive Komponente, sondern fokussieren nur auf den emotionalen bzw. affektiven Aspekt. Ein empathischer Gefühlszustand kann als „isomorph“ bezeichnet werden, das heißt, in irgendeiner Form gleicht er dem des Gegenübers [103]. Hinzu kommt, dass ein empathischer Mensch weiß, dass die Gefühle der anderen Person die Grundlage für die eigenen Gefühle sein können. Empathie bedeutet also, dass man die Gefühle des Gegenübers erkennt, aber nicht, dass man sich mit den Gefühlen des anderen verstrickt [104]. So können Sie, wie oben erwähnt, vielleicht das Leid Ihrer Kollegin spüren, ohne dass Sie selbst in eine depressive Stimmung geraten. Die Empathie grenzt sich von der Sympathie ab, diese setzt nämlich eine Ähnlichkeit im Leben und Verhalten voraus, was bei der Empathie nicht gegeben sein muss [105].

Man geht davon aus, dass Empathie auf zwei verschiedenen Wegen entsteht: Erstens handelt es sich um eine eher automatische Entwicklung in der frühen Kindheit. Haben Sie es auch schon einmal erlebt, dass Ihr kleiner Sohn oder Ihre Tochter Ihnen das Lieblingsspielzeug gebracht hat, wenn Sie traurig waren? Kleine Kinder verhalten sich also auf ihre Art empathisch. Eine Voraussetzung hierfür ist, dass sie ihr „Selbst“ erkennen, um sich von anderen unterscheiden zu können. Auf diese Art kann Empathie auch bei Tieren entstehen. Zweitens führt ein eher kontrollierter Prozess, der sich später entwickelt, zu Empathie. Dann nehmen Sie nicht nur Ihr Gegenüber als traurig wahr, sondern spüren auch Ihre Reaktion auf die Stimmung des anderen [106]. Diese Einsicht verlangt meta-kognitive Fähigkeiten, also das Vermögen, über die eigene Wahrnehmung und das eigene Denken zu reflektieren. Nehmen Sie aber nicht nur die Emotionen des anderen wahr, sondern sollten Sie darüberhinausgehend mehr spüren, ja mit dem anderen fühlen, handelt es sich um Mitgefühl.

Ich fühle mit dir mit

Die Definition des Begriffes Mitgefühl ist genauso schwierig wie die der Empathie. Mitgefühl kann die folgenden Komponenten umfassen: Erkennen des Leidens, Verstehen des universalen menschlichen Leidens, Gefühle für die leidende Person, Tolerieren von unangenehmen Gefühlen und die Motivation, das Leiden zu lindern [107]. Mitgefühl muss aber vom Mitleid unterschieden werden, denn es beschreibt vielmehr die große Kraft, mit einem Gefühl der liebenden Güte für den anderen da zu sein. Wenn wir Mitgefühl erleben, wird die Verletzlichkeit des anderen für uns deutlich und zu einem Teil von uns, man könnte es fast eine geteilte Verletzlichkeit nennen. Obwohl Mitgefühl als durchweg positiv und wünschenswert angesehen wird, gelingt es uns doch manchmal nicht, dieses Gefühl zu zeigen. Erleben wir Stress und haben keinen Zugang zu unseren liebevollen Emotionen, ist unser Mitgefühl-Netzwerk blockiert. Vielleicht fällt es uns schwer, uns in unser Gegenüber hineinzuversetzen und einzufühlen, wenn wir müde und ausgelaugt sind. Dann sind für diese Anstrengungen keine Kapazitäten vorhanden. Dies zeigt, wie wichtig es ist, gut für sich selbst zu sorgen. Dann gelingt es uns, sich der eigenen Liebe bewusst zu werden, und wir können uns mitfühlend dem anderen zuwenden.

Viele Menschen stimmen überein, dass Mitgefühl erstrebenswert sei. Doch hat der andere, derjenige, dem ich Mitgefühl entgegenbringe, etwas davon? Zeigt sich unser Mitgefühl auch in unserem Handeln? Oder anders formuliert: Führt ein hohes Mitgefühl automatisch zu einem prosozialen Verhalten?

Ich handle für dich

Das prosoziale Verhalten, das heißt freiwillige Handlungen mit dem Ziel, anderen etwas Gutes zu tun, entwickelt sich sehr früh im Krabbelalter. Dabei ist das prosoziale Verhalten in der Kindheit noch ein fragiles System: Lenkt man die Aufmerksamkeit von Kindern im Alter von 7–8 Jahren durch einfache Aufgaben auf die eigene Person, kann dies zu einer Reduktion des prosozialen Verhaltens, zum Beispiel der Fähigkeit zum Teilen und Helfen, führen [108]. Prosoziales Verhalten impliziert nicht nur einen Vorteil für den anderen, sondern kann das eigene Leben auch bedeutsamer erscheinen lassen. In Experimenten konnte gezeigt werden, dass Versuchspersonen, die sich prosozial engagierten, indem sie anderen halfen oder Geld spendeten, ihr Leben als bedeutungsvoller empfanden. Vermittelt wurde dieser Effekt wahrscheinlich über einen gesteigerten Selbstwert [109]. Der Schriftsteller Charles Dickens beschreibt in seiner Novelle *Unser gemeinsamer Freund*, dass niemand auf der Welt vergebens ist, der die Last eines anderen erleichtert [110].

Wovon ist prosoziales Verhalten darüber hinaus abhängig? Tritt es vielleicht in manchen Kontexten häufiger auf als in anderen? Welche

Rolle spielen die Kultur- und Religionszugehörigkeit? Bei einer Untersuchung in über 70 Ländern zeigte sich, dass religiöse Menschen häufiger Wohltätigkeitsorganisationen angehören, weniger zu ihrem eigenen Vorteil lügen und seltener einen Versicherungsbetrug unternehmen. Das war aber nur dann der Fall, wenn die Religiosität frei gewählt werden konnte. In Ländern, in denen tendenziell ein Zwang zum religiösen Engagement herrschte, zeigte sich kein größeres prosoziales Verhalten bei den religiösen Menschen [111].

Prosoziales Verhalten kann man als den Handlungsaspekt der Empathie auffassen, und so erstaunt es wenig, dass bereits vor mehr als 30 Jahren nachgewiesen werden konnte, dass es eine, wenn auch nur moderate, Beziehung zwischen Empathie und prosozialem beziehungsweise sozialkooperativem Verhalten gibt. Allerdings ist diese Beziehung davon abhängig, wie Empathie gemessen wurde [112].

Doch warum helfen wir eigentlich? Ist es wirklich nur für den anderen? Ist es tatsächlich für einen Menschen möglich, nur das Wohl eines anderen Menschen im Auge zu behalten, selbst wenn es über das eigene hinausgeht? Können wir alle altruistisch sein oder sind es nur ganz besondere Menschen, wie Mutter Theresa in Kalkutta oder Miep Gies, die Anne Frank und ihren Eltern half, sich vor den Nazis zu verstecken?

Ich stelle mein Wohl für das Wohl aller zurück

Altruismus kommt von dem lateinischen Wort *alter*, es bedeutet andere. Nach dem französischen Philosophen Auguste Comte bezeichnet Altruismus ein Verhalten, das die selbstbezogenen Sehnsüchte zurückzustellt und zum Wohle der anderen Menschen eingesetzt wird. So beschreibt der Psychologe Daniel Batson den Altruismus als einen motivationalen Status mit dem ultimativen Ziel, das Wohlbefinden der anderen zu steigern [113] – „authentischer Altruismus“. Dabei bedeutet Altruismus aber nicht, dass immer ein persönliches Opfer auf sich genommen werden muss.

Manche Autoren erweitern den Begriff des Altruismus: Altruistische Liebe kann als eine Facette des Altruismus angesehen werden [114]. Auch liebende Güte und das Mitgefühl sind zwei Facetten dieser Einstellung. Durch die Praxis der liebenden Güte wird allen Lebewesen Glück entgegengebracht, durch Mitgefühl soll Leiden vermindert werden. Ricard (2015) beschreibt, wie Empathie, Mitgefühl, prosoziales Verhalten und Altruismus zusammenwirken: Er definiert Empathie als die Fähigkeit, in eine affektive Resonanz mit den Gefühlen anderer zu gelangen und sich der Gefühle des anderen bewusst zu werden. Unsere Empathie ermöglicht es, die Natur und die Intensität des Leidens anderer Menschen bewusst wahrzunehmen.

Prosoziales Verhalten, wie das Teilen, kann altruistisch motiviert sein, muss es aber nicht. Es kann auch durch die Einhaltung bestimmter Normen motiviert sein, oder Menschen behaupten einfach, prosozial zu sein [115]. Das altruistische Verhalten scheint mit der Fähigkeit zusammenzuhängen, eigene Körpersignale, wie den Herzschlag, wahrzunehmen. Allerdings führte das Training der sogenannten interozeptiven Sensitivität in einem Experiment nicht dazu, dass sich verstärkt altruistisches Verhalten zeigte [116].

Als eine bestimmte Form des Altruismus kann die Generosität betrachtet werden. Als Generosität bezeichnet man Freigiebigkeit oder Großzügigkeit. Man tut einer anderen Person im Übermaß etwas Gutes, ohne etwas dafür im Gegenzug zu erwarten, daher ist sie eine spezielle Form des Altruismus. Wenn Sie einer bedürftigen Person am Straßenrand 5 Euro geben, dann handeln Sie altruistisch, generös würden Sie handeln, wenn Sie 100 Euro in den Korb werfen. Es lässt sich zwischen materieller und geistiger Generosität unterscheiden. Letztere beschreibt Liebenswürdigkeit und Authentizität im sozialen Miteinander, Freimütigkeit im Geben und Selbstlosigkeit [117]. Sie wird auch als Seelengröße bezeichnet (siehe auch [117]), da man einen Teil von sich dem anderen gibt. Generosität stellt jedoch hohe Anforderungen an die gebende Person. Sie verlangt nicht nur einen wertschätzenden Umgang mit anderen, sondern als Grundlage eben diesen Umgang mit sich selbst und steht damit in Verbindung zum Selbstmitgefühl. Zusammenfassend lässt sich sagen, dass Empathie, Mitgefühl, prosoziales und altruistisches Verhalten Eigenschaften sind, die von vielen Menschen als wünschenswert erachtet werden. Aber lassen sich diese Eigenschaften lernen und trainieren? Was hilft uns, einfühlsamer zu werden? Wollen wir das überhaupt?

Wie kann ich für dich und für das Gemeinwohl handeln?

Für den anderen da zu sein, ihm oder ihr zu helfen und etwas Gutes zu tun, wird von den meisten Menschen als wünschenswert angesehen. Daher stellt sich unweigerlich die Frage, ob sich Empathie oder prosoziales Verhalten trainieren lässt. In einer Studie [118] mit Vorschulkindern in den USA wurde der Einfluss eines 12-wöchigen achtsamkeitsbasierten Freundlichkeits-Curriculums auf die exekutiven Funktionen, die Selbstregulation und das prosoziale Verhalten untersucht. Zum Vergleich wurde eine Kontrollgruppe herangezogen, die keine Intervention erhielt. Die Kinder, die an dem achtsamkeitsbasierten Programm teilgenommen hatten, zeigten unter anderem in einem Aspekt des prosozialen Verhaltens bessere Ergebnisse als die Kinder der Kontrollgruppe, die in einer Aufgabe zum Teilen mehr „Sticker“ für sich selbst behielten. Analysiert man die Einschätzung der sozialen Kompetenz durch die jeweiligen Lehrer, profitierten die Kinder, die zu Beginn eine geringere soziale Kompetenz hatten, im Vergleich zur Kontrollgruppe am meisten.

Auch für den deutschsprachigen Bereich gibt es mittlerweile ein Curriculum zur Schulung prosozialen Verhaltens und der Aufmerksamkeit im Kindergarten [119]. Sicherlich ist so eine Intervention zur Schulung der Herzlichkeit eine vielversprechende Maßnahme, die aber leider nur wenigen Kindern zugutekommt.

Gibt es ein prosoziales Training, von dem wir alle profitieren können? Tatsächlich können die neuen Technologien genutzt werden, um Empathie und prosoziales Verhalten zu steigern. In einer Studie mit Erwachsenen wurde die Effektivität eines SMS-Empathie-Trainings untersucht [120] (siehe Kasten Seite 73).

Generell gilt: Um die Gefühle anderer Menschen verstehen zu können, ist es wesentlich, aufmerksam für das zu sein, was im jetzigen Moment geschieht. Diese Fähigkeit wird auch als Achtsamkeit bezeichnet (siehe auch Kapitel 5). Aber wird durch Achtsamkeit auch das Verstehen des anderen verbessert? In einer Meta-Analyse konnte gezeigt werden, dass Achtsamkeit sowohl als eine eher dispositionale, das heißt überdauernde Eigenschaft des Menschen als auch in einer Intervention „trainiert“ dazu führt, möglicherweise das prosoziale Verhalten zu steigern [121]. Der Einfluss der Achtsamkeit auf die Entstehung des Mitgefühls scheint jedoch anfällig zu sein: Das Mitgefühl steigerte sich durch die Achtsamkeitsintervention nur dann, wenn einer der Autoren der publizierten Studie auch

Empathietraining per Handy

Neunzig Versuchspersonen wurden zufällig auf folgende drei Bedingungen aufgeteilt: In der Experimentalgruppe erhielten sie eine empathiefördernde SMS, in einer Kontrollgruppe eine SMS, die die Empathie nur wenig förderte, und in einer zweiten Kontrollgruppe erfolgte keine Intervention. Alle Gruppen mussten sechsmal am Tag über einen Zeitraum von 14 Tagen ihre Stimmung und Gefühle über ihre Verbundenheit und sozialen Interaktionen mitteilen. Es zeigte sich, dass die Empathieförderung den größten Effekt auf das prosoziale Verhalten hatte. So antworteten Teilnehmer und Teilnehmerinnen einem Fremden, der Ihnen unfreundliche Nachrichten schickte, häufiger prosozial und zwar sogar noch sechs Monate nach der Intervention. Ein vermeintlich irritierender Effekt trat allerdings auch auf: Die Personen in der Empathiegruppe schätzten ihre eigenen empathischen Fähigkeiten als geringer ein. Erklären lässt sich der zunächst paradox anmutende Effekt dadurch, dass durch die Erinnerung an die eigenen empathischen Fähigkeiten die Selbstreflexion geschärft und das eigene Verhalten kritischer als zuvor gesehen wird.

der Achtsamkeitslehrer war und die Kontrollgruppe keine andere Art der Intervention erhielt.

Doch muss es ein bestimmtes Training sein, damit wir prosozialer handeln? Müssen wir irgendwo hin, irgendetwas einüben, damit wir uns prosozialer verhalten? Oder geht es nicht einfach auch so? Zumindest erscheint eine Veränderung erstrebenswert. Es ist umstritten, ob das folgende Zitat von Gandhi stammt [122], dennoch wollen wir es hier in diesem Zusammenhang anführen: „If we could change ourselves, the tendencies in the world would also change. As a man changes his own nature, so does the attitude of the world change towards him.“[1] Reicht es also, wenn wir uns selbst verändern? Diese Frage ist schwierig zu beantworten. Wir wissen nicht, ob eine persönliche Veränderung genug ist. Gandhi selbst war sich bewusst, wie wichtig die persönliche Haltung ist, in seinem Fall die der Gewaltlosigkeit. Er wusste aber auch, dass ein Mensch alleine nicht die Welt verändern kann und dass es oft der Ver-

1 Zu Deutsch: „Wenn wir uns ändern könnten, würden sich auch die Tendenzen in der Welt ändern. Ändert ein Mensch sein Wesen, so verändert sich auch die Haltung der Welt ihm gegenüber.“

änderung vieler einzelner Personen bedarf, um ein Resultat zu erhalten. Der erste Schritt beginnt immer bei der eigenen Person, und oftmals ist es der Schritt hin zur Selbstliebe und zum Selbstmitgefühl. Selbst eine dreiminütige Selbstaffirmation (etwa über wichtige persönliche Werte zu schreiben) steigerte das Selbstmitgefühl, was wiederum zu einem prosozialeren Verhalten führte.

In Experimenten wurde dies mit einer Spenden- und einer Hilfeaufgabe gemessen [123]. Die Intervention zeigte jedoch keinen Effekt auf das Mitgefühl gegenüber anderen. Besonders ließ sich dieser Effekt bei Menschen, die ein geringeres Ausgangsniveau an Selbstmitgefühl aufwiesen, nachweisen. Selbstmitgefühl und Mitgefühl für den anderen sind somit miteinander verbunden.

2.4 Mit Herausforderungen umgehen: Stress

Waren Sie heute schon im Stress oder fanden Sie eine Situation stressig? Mussten Sie vielleicht eine wichtige Präsentation halten, ein Gespräch mit Ihrem unnahbaren Chef führen, zum Zahnarzt gehen? Standen Sie ewig im Stau oder hatte der Bäcker Ihr Lieblingsbrot nicht im Regal?

Oder belasten Sie diese Situationen gar nicht? Dann finden Sie bestimmt eigene Beispiele.

Natürlich gibt es Situationen, die für so ziemlich jeden Menschen Stress bedeuten, wie der Tod eines nahen Angehörigen. Darüber hinaus sind „Stressoren“ aber sehr individuell. Vielleicht haben Sie auch schon die Beobachtung gemacht, dass Sie auf dieselbe Situation, je nach Verfassung sehr unterschiedlich reagieren?

Sogar schöne Erlebnisse können Stress verursachen! Denken Sie nur an eine Hochzeit, die Geburt eines Kindes, einen lang ersehnten Umzug …

Was ist Stress?

Nach Hellbrück und Kals [124] geht der Begriff Stress auf den Mediziner Hans Seyle zurück. Dabei handele es sich um eine „unspezifische Antwort des Organismus auf jegliche Art von Anforderung, die je nach Situation unangenehm oder angenehm erlebt werden kann“ (2012, S. 33). Seyle unterschied bereits in den 1930er-Jahren zwischen schlechtem und gutem Stress, die er „Disstress“ (negativer Stress) und „Eustress“ (positiver Stress) nannte. Inzwischen benutzen wir den Begriff Stress vornehmlich in seiner negativen Bedeutung [125], als einen „[...] intensiven, unangenehmen Spannungszustand, verbunden mit einer Situation, die als bedrohlich und lange andauernd erlebt wird und deren Vermeidung subjektiv wichtig ist“ (zitiert nach Hellbrück und Kals, 2012, S. 33).

Wir fühlen uns also mehr oder weniger häufig durch stressige Situationen gestresst. Was nach einer schlechten Formulierung klingt, soll verdeutlichen, dass wir Stress von zwei Seiten betrachten, als Situation und als Reaktion darauf [124]. Stress als Reaktion betrifft die genannten unangenehmen Gefühle und die körperliche Reaktion. Der Körper bereitet sich auf Kampf oder Flucht vor, er zeigt die sogenannte „Fight-or-Flight“-Reaktion [126]. Bezogen auf die ganze Evolution ist es noch nicht so lange her, dass Stressoren sehr konkret in Form eines wilden Tieres auftraten, das es zu bezwingen galt.

Sind wir nun einer Situation ausgesetzt, die eine Belastung darstellt, werden über spezifische Verbindungen im Gehirn bestimmte Hormone, unter anderem Adrenalin und Noradrenalin sowie Cortisol ausgeschüttet. Sie haben wiederum ganz konkrete Auswirkungen: Der Herzschlag wird schneller und kräftiger, der Blutdruck steigt, wir atmen schneller, die Muskeln werden mit mehr Blut versorgt, Glukose zur Versorgung der Muskeln mit Energie wird bereitgestellt [127]. Im „Ernstfall“ geht es also vor allem darum, die Leistungsfähigkeit zu erhalten, während andere Körperfunktionen, wie die Verdauung, aber auch Wachstum in diesen Momenten hinten angestellt werden und sich die Arbeit des Fortpflanzungs- und Immunsystems verlangsamt. Vor diesem Hintergrund kann man sich leicht vorstellen, dass andauernder Stress negative Auswirkungen auf die Gesundheit hat. Nicht nur führt chronischer Stress zu einer sogenannten Niederlagereaktion, bei der man sich zurückzieht, niedergeschlagen und vielleicht depressiv verstimmt ist, auch der Cortisolspiegel erhöht sich, was auf Dauer zum Beispiel zu Herz-Kreislauf-Erkrankungen oder einer Schwächung des Immunsystems führt und dadurch mit einem erhöhten Erkrankungsrisiko einhergeht [124].

Wie werde ich den Stress los?

So negativ, wie der Stress hier dargestellt wird, ist er eigentlich nicht. Denn letztlich ist es ganz vernünftig, dass der Mensch mit Stress auf Bedrohungssituationen reagiert. Dazu muss man sich allerdings vor Augen führen, dass in der evolutionären Geschichte genau diese Stressreaktionen auf Flucht oder Kampf vorbereiteten.

Im Folgenden stellen wir das bekannte Modell für den Umgang mit Stress von Lazarus vor [128]. Es funktioniert wie ein mehrfaches Wechselspiel zwischen Bewertung und Bewältigung einer stressigen Situation [129].

Copingstrategien nach Lazarus

Im Fall eines Bewerbungsgespräches überlegen Sie beispielsweise zu Beginn dieses Prozesses, ob die Situation für Sie ein positives, irrelevantes oder negatives und damit „stressiges“ Ereignis ist. Kommen Sie zu der Einschätzung, dass es stressig ist, überlegen Sie weiter: Ist dieser Stress eine Herausforderung für mich, eine Bedrohung oder ein Verlust? Hier gibt es also eine Abstufung, wie schwierig Sie die Situation einschätzen. Im nächsten Schritt überlegen Sie sich, ob Sie mit dieser Situation fertig werden können, ob also genügend Ressourcen zur Verfügung stehen (siehe unten). Sind Sie gut vorbereitet? Haben Sie in der Nacht gut geschlafen? An dieser Stelle kommen die sogenannten Copingstrategien ins Spiel, also im Grunde jede Art von sichtbarem oder nicht-sichtbarem Verhalten (oder sogar das Unterlassen von Verhalten), das in Gang gesetzt wird, um mit der jeweiligen Situation fertigzuwerden.

Konkret unterscheidet Lazarus vier Arten des Copings:

1) Bei der *Informationssuche* geht es darum, sich in der gegebenen Situation zu orientieren und, wie der Name schon sagt, Informationen zu sammeln. Sie analysieren die Situation, fragen sich, was eigentlich los ist, wie es Ihnen geht und was Sie tun können, um die Situation ggf. zu ändern.
2) Die Copingstrategie *direkte Aktion* umfasst alle Handlungen, die Sie unternehmen, um eine Situation zu bewältigen. Vielleicht haben Sie sich im Vorfeld des Gesprächs die Website des Unternehmens genau angesehen?

3) Manchmal kann es aber auch das Beste sein, einfach nichts zu tun und abzuwarten (*Aktionshemmung*). Ein Beispiel wäre, sich im Vorfeld des Bewerbungsgesprächs nicht verrückt zu machen und den Termin auf sich zukommen zu lassen. Manchmal ist es natürlich auch von Nachteil, nichts zu tun, wenn zum Beispiel ein Abgabetermin für eine Arbeit näher rückt.
4) Die vierte und letzte Strategie bezeichnet man als *intrapsychischen Modus*. Sie haben viel Zeit damit verbracht, Ihre Gefühle angesichts eines Stressors zu analysieren, ohne dass es nach außen dringt. Vielleicht haben Sie sich gut zugeredet und sich klar gemacht, dass Sie alle Voraussetzungen für die Stelle mitbringen. Bei dieser Copingstrategie geht es also darum, wie Sie in Ihrem Inneren mit dem Stress umgehen. Sie spielt vor allem dann eine Rolle, wenn Sie keine Möglichkeit haben, direkt aktiv zu werden, und auch eine weitere Informationssuche nicht mehr weiterhilft.

Es hängt von vielen Faktoren ab, welche Strategie verwendet wird. Wie schlimm ist der jeweilige Stressor? Wie viel Zeit ist vorhanden? Wie ist Ihre Persönlichkeit beschaffen? Sind Sie eher der Typ, der die Dinge in Angriff nimmt, oder warten Sie generell lieber ab? Sind Sie jemand, der Probleme eher mit sich selbst ausmacht? Wie zugänglich sind Ihnen bestimmte Informationen? Wie gut sind Sie darin, Informationen zu suchen? Können Sie es sich bei dem Problem erlauben, abzuwarten?

Wie geht es nun weiter? Sie haben eine Situation daraufhin bewertet, ob sie positiv, neutral oder stressig ist, und Sie haben den Schweregrad des Stresses eingeschätzt und Copingstrategien eingeleitet. Als Nächstes bewerten Sie die Situation nach Anwendung dieser Strategien neu. Hatten Sie Erfolg mit Ihrer Strategie? Wie bewerten Sie die Situation jetzt? Immer noch als Verlust oder nur noch als Bedrohung oder Herausforderung? Oder ist es gar schlimmer geworden? Wieder werden Sie Copingstrategien suchen, diese anwenden und das Ergebnis beurteilen. So ergibt sich ein Kreislauf aus Bewertung, Coping und Neubewertung.

Alles hängt von den Ressourcen ab

Zu Beginn dieses Unterkapitels haben wir Beispiele für Stress genannt, aber auch gezeigt, dass nicht jeder gleichermaßen von einer Situation gestresst sein muss. Wovon hängt es ab, wie gut man mit Stress umgehen kann? Entscheidend sind die Ressourcen, personale und soziale zum Beispiel. Jeder hat einen Vorrat an Möglichkeiten, auf den man in Notlagen zurückgreifen kann, wie die persönliche Eigenschaft, in unruhigen Zeiten Ruhe bewahren zu können. Die gute Freundin, die man zu jeder Tages- und Nachtzeit anrufen kann, wenn etwas im Argen liegt. Im Folgenden werden diese Ressourcen genauer betrachtet.

Soziale Ressourcen werden von Udris und Rimann [130] folgendermaßen definiert: „Das Insgesamt der einer Person zur Verfügung stehenden, von ihr genutzten oder beeinflussten gesundheitsschützenden und Gesundheit fördernden Merkmale des sozialen Handlungsraums“ (2010, S. 133). Dazu gehören die sozialen Netzwerke, in die man eingebunden ist, aber auch die Unterstützung, die aus diesen Netzen zu erwarten ist. Geht es beispielweise um den Freundeskreis, kann die Unterstützung oder die konkrete Handlung sein, dass Freunde einem beim Umzug helfen. Diese Unterstützung kann verschiedenste Anlässe haben: ganz alltägliche, wie das Babysitten oder aber in Krisensituationen, wenn sich eine Scheidung anbahnt. Die Quellen der Unterstützung können ebenfalls sehr unterschiedlich sein: Partner, Freunde, aber auch weiter entfernte Personen wie Arbeitskollegen. Ebenso kann die Hilfe verschiedene Formen annehmen: Manchmal brauchen wir ein gutes Wort und emotionalen Halt, manchmal einen praktischen Rat oder manchmal auch eine Finanzspritze [131].

Eines von mehreren Konzepten zum Thema personale Ressourcen ist das der Hardiness (engl.: Widerstandsfähigkeit, Zähigkeit, Ausdauer) [132]. Der Begriff geht auf Maddi zurück, der folgende Beobachtung machte: Manche Menschen mögen Veränderungen gerne, fühlen sich durch sie stimuliert und suchen immer wieder aktiv danach. Andere empfinden Veränderungen als Stress und schätzen es eher, wenn alles so bleibt, wie es ist. Menschen können also unterschiedlich gut mit Veränderungen umgehen beziehungsweise sie unterschiedlich gut bewältigen. Ausgangspunkt der Forschung zur Hardiness war ein Projekt einer Telefongesellschaft, die im Rahmen von Umstrukturierungen Arbeitsplätze veränderte, was unter anderem auch zu Entlassungen führte. Untersucht wurde, wie die Manager auf diesen Stress reagierten und vor allem, wie die Persönlichkeit derjenigen aussah, die gut mit der Situation klarkamen. Maddi identifizierte drei Eigenschaften: Da war zum einen das Gefühl, mit anderen Menschen, Dingen und Umständen verbunden zu sein, engagiert zu sein und sich einer Sache verpflichtet zu fühlen. Die zweite Eigenschaft war die Kontrolle. Gut klar kamen die Manager, die versuchten, Einfluss auf die Dinge zu nehmen und die sich nicht passiv verhielten und machtlos fühlten. Bei der dritten Eigenschaft ging es darum, die Veränderungen als Herausforderung zu sehen, aus der man lernen kann und die man deswegen nicht vermeiden sollte.

Maddi schaute sich nun genau an, wie die Manager aufgewachsen waren, die sich von der Veränderung nicht bedroht fühlten. Ziel war, herauszufinden, wie sie zu diesen entsprechenden Eigenschaften gekommen waren. Er fand heraus, dass sich Hardiness bei denjenigen Personen entwickelt hatte, die zahlreiche Probleme erlebt hatten, die aber auch die Erfahrung gemacht hatten, dass man ihnen die Lösung dieser Probleme zutraut und die erfolgreiche Bewältigung erwartet. Wichtig war hier, dass die Bemühungen des Einzelnen, mit einem Problem fertig zu werden, von Erfolg gekrönt waren.

Und wenn ich den Stress trotzdem nicht loswerde?

Wie schätzen Sie Ihre eigene Fähigkeit ein, mit Stress umzugehen? Wie ist Ihr soziales Umfeld? Welche Copingstrategie wenden Sie in der Regel an? Können Sie das überhaupt so allgemein sagen? Es stresst Sie kein bisschen, ein Vier-Gänge-Menü für zehn Freunde zu kochen, aber bei dem Gedanken, in einer fremden Stadt Auto zu fahren, bricht Ihnen der kalte Schweiß aus? Sie können grölende Kinder ertragen, aber der penible Kollege raubt Ihnen den Schlaf?

In welchen Situationen fühlen Sie sich gestresst, wann nicht? Seien Sie ehrlich mit sich, aber auch mit denen, die angeblich so viel besser (oder schlechter) mit Stress umgehen können. Es gibt Menschen, die so gut wie nichts aus der Ruhe bringt, und wiederum andere, die sehr schnell gestresst sind. Aber für die meisten von uns gilt wohl: Bestimmte Situationen stressen uns, während wir andere leicht bewältigen. Das eine ist nicht besser oder schlechter als das andere. Wichtig ist, die Zusammenhänge zu verstehen und die Gegebenheiten anzuerkennen, um besser mit Stress umzugehen. Wichtig ist, sich immer wieder klarzumachen, dass die Bewertung der zentrale Punkt ist. Viele Situationen sind nicht von sich aus „stressig“, sondern sie werden durch unsere Bewertung zu Stress. Es geht hier nicht darum, Probleme zu bagatellisieren, sondern Sie zu ermuntern, genauer hinzugucken und sich zu fragen, inwieweit Sie sich durch eine Umbewertung einer Situation entlasten können. Was ist wirklich wichtig, und was ist eigentlich nicht so wichtig? Wenn Sie sich diese Frage ernsthaft stellen, können Sie vielleicht einige Dinge von Ihrer To-do-Liste streichen.

2.5 Jeder ist anders: Persönlichkeit und Hochsensibilität

Erinnern Sie sich noch an die Partys, damals, als Sie noch jünger waren? Da war dieser eine Junge, der immer in der Ecke rumstand, mit kaum jemandem redete und früher als alle anderen nach Hause ging. Irgendwie schien er sich nicht zu amüsieren, auch wenn er eigentlich ganz nett und umgänglich war. Waren Sie vielleicht sogar dieser Junge? Eigentlich gar nicht unbedingt schüchtern, aber Feiern waren einfach nicht Ihr Ding?

Ein anderes Beispiel: Ihre Freundin Birgit lädt Sie ein, mit ihr ins Kino zu gehen. Sie mögen sie, der Film scheint auch ganz gut zu sein, und so sagen Sie zu. Als Birgit Ihnen einen Tag vor der Verabredung wegen einer schlimmen Erkältung absagen muss, sind Sie ... froh! Nicht, dass Ihnen Birgit nicht leidtun würde, aber Sie freuen sich einfach, einen Abend gemütlich allein zu Hause verbringen und lesen zu können. Klingt das nach Ihnen? Dann sind Sie vielleicht introvertiert.

Oder fragen Sie sich, wovon wir eigentlich reden? Gehören Sie zu denen, die, wenn Sie Ihren Akku aufladen wollen, alle Freunde zu einem geselligen Abend zusammenrufen? Die auf einer Party erst so richtig aufblühen? Dann sind Sie wahrscheinlich das Gegenteil von introvertiert, nämlich extrovertiert.

Die Definition von Persönlichkeit

Introvertiert beziehungsweise extrovertiert zu sein, sind Persönlichkeitseigenschaften, aber was genau bedeutet Persönlichkeit? Laut Duden ist die Persönlichkeit die „Gesamtheit der persönlichen (charakteristischen, individuellen) Eigenschaften eines Menschen“. Ein bisschen wissenschaftlicher formuliert Guilford die Definition so: „Die Persönlichkeit eines Individuums ist seine einzigartige Struktur von Persönlichkeitszügen (Traits) ... Ein Trait ist jeder abstrahierbare und relativ konstante Persönlichkeitszug, hinsichtlich dessen eine Person von anderen Personen unterscheidbar ist." (1974, S. 6) [133]

Doch lässt sich eine Person nicht nur dadurch charakterisieren, dass sie introvertiert oder extrovertiert ist. Hinzu kommen Merkmale wie Zuverlässigkeit, Offenheit, Umgänglichkeit und jeweils das Gegenteil. Ein Teilgebiet der Psychologie, die Differenzielle Psychologie, befasst sich mit diesen individuell unterschiedlichen Eigenschaften und ihrer Messung mithilfe von Fragebögen [134].

Ein weit verbreitetes Persönlichkeitsmodell ist das Fünf-Faktoren-Modell („Big Five") [134]. Es geht von fünf überdauernden Persönlichkeitsmerkmalen oder Dimensionen aus, die beispielsweise mittels des NEO-Fünf-Faktoren-Inventar von Borkenau und Ostendorf (1993) erhoben werden können [57]. Diese sind: Neurotizismus, Extraversion, Offenheit für Erfahrungen, Verträglichkeit und Gewissenhaftigkeit. Ihnen untergeordnet sind einzelne „Facetten", die die jeweilige Eigenschaft näher beschreiben. Die Dimensionen und ausgewählte Facetten werden in folgender Liste eingehender dargestellt:

- Über Extraversion (und ihr Gegenteil Introvertiertheit) haben wir eingangs schon gesprochen. Fragen, die dieses Merkmal erfassen, lauten zum Beispiel [135]: „Ich bin als eine herzliche und freundliche Person bekannt" (Facette Herzlichkeit), „Ich habe gerne viele Leute um mich herum" (Facette Geselligkeit) oder „Ich bin dominant, selbstsicher und durchsetzungsfähig" (Facette Durchsetzungsfähigkeit).
- Der Neurotizismus umfasst unter anderem den Aspekt Ängstlichkeit: „Ich empfinde selten Furcht oder Angst", Reizbarkeit: „Ich ärgere mich oft darüber, wie andere Leute mich behandeln", aber auch Depression: „Manchmal erscheint mir alles ziemlich düster und hoffnungslos".
- Die Offenheit für Erfahrungen kann sich auf Fantasie, Ästhetik oder Gefühle beziehen: „Ich versuche, mit meinen Gedanken bei der Realität zu bleiben und vermeide Ausflüge ins Reich der Fantasie" (Fantasie), „Es langweilt mich, einem Ballett oder modernem Tanz zuzuschauen" (Ästhetik), „Ungewöhnliche Dinge, wie bestimmte Gerüche oder die Namen ferner Länder, können starke Stimmungen in mir hervorrufen" (Gefühle).

- Bei der Verträglichkeit geht es darum, wie umgänglich jemand ist. Dieses Merkmal umfasst zum Beispiel die Facette Vertrauen: „Ich glaube, dass man von den meisten Leuten ausgenutzt wird, wenn man es zulässt", Freimütigkeit: „Ich könnte niemanden betrügen, selbst wenn ich es wollte" und Altruismus: „Ich versuche, zu jedem, dem ich begegne, freundlich zu sein".
- Unter Gewissenhaftigkeit kann sich wahrscheinlich jeder etwas vorstellen. Sie umfasst unter anderem die Facetten Kompetenz: „Ich bin eine in vielem kompetente Person", Ordnungsliebe: „Ich werde wohl niemals fähig sein, Ordnung in mein Leben zu bringen" und Pflichtbewusstsein: „Wenn ich eine Verpflichtung eingehe, so kann man sich auf mich bestimmt verlassen".

Bei dieser Art Fragebogen sind die Fragen unterschiedlich „gepolt". Um also zum Beispiel als sehr gewissenhaft eingestuft zu werden, muss man manche Fragen bestätigen und andere ablehnen.

Das Unbewusste, die Situation und das Wachstum

Das ist ja super, werden diejenigen unter Ihnen denken, die immer schon ein bisschen Schwierigkeiten hatten, sich selbst zu beschreiben. Mit einem beantworteten Fragebogen liegt die eigene Persönlichkeit schwarz auf weiß vor einem. So einfach ist es leider nun auch wieder nicht. Unsere Persönlichkeit, wie wir sie bewusst wahrnehmen und beschreiben, ist nämlich nicht das ganze Bild. Unser Unbewusstes spielt ebenfalls eine große Rolle und beeinflusst unser Verhalten (vgl. Kapitel 4.1 zur Intuition). Darüber hinaus bestimmt auch ein Teil unserer Persönlichkeit, der Fragebögen nicht zugänglich ist, mit, wie zufrieden wir sind. Genauer gesagt ist es die Übereinstimmung zwischen unserem „Fragebogen-Ich" und dem Unbewussten.

Kehr führte im Jahr 2004 eine Studie mit Managern durch und untersuchte mithilfe von Fragebögen, wie sehr sie nach Dominanz strebten, wie wichtig ihnen Leistung war und welche Rolle die Verbindung zu anderen Menschen in ihrem Leben spielte [136]. Die gleichen Motive wurden mit einem indirekten Verfahren gemessen, bei dem den Versuchspersonen Bilder vorgelegt wurden, zu denen sie aus einer Reihe von Aussagen diejenige auswählen sollten, die ihrer Meinung nach am besten dazu passte.

Aus den gewählten Zuordnungen konnte man ableiten, wie wichtig den Teilnehmern die drei Bereiche Dominanz, Leistung und Beziehung auf einer unbewussten Ebene sind. Erfasst wurde schließlich auch, wie gut sich die Manager fühlten, wie oft sie also in positiver oder negativer Stimmung waren. Es zeigte sich, dass die Laune umso schlechter war, je stärker die Ergebnisse der beiden Testformen – Fragebogen und Bildertest – auseinanderlagen. Je weniger die bewussten und unbewussten Motive also übereinstimmten, umso schlechter war die Laune und umgekehrt.

Wie erwähnt, liegt bei der Definition und Messung von Persönlichkeitseigenschaften die Annahme zugrunde, dass diese Eigenschaften über die Zeit stabil sind. Manchmal treffen wir auch Entscheidungen, die von dieser Voraussetzung ausgehen, man denke nur an die Berufs- oder Partnerwahl. Differenzielle Psychologen haben in aufwendigen Längsschnittstudien, also in Studien, in denen dieselben Teilnehmer über einen längeren Zeitraum mehrfach untersucht werden, gezeigt, dass Persönlichkeitseigenschaften relativ stabil sind, dennoch finden immer auch Wachstums- und Reifeprozesse statt. Sind Sie heute noch so aufbrausend wie vor zwanzig Jahren? Oder haben Sie mit der Zeit gelernt, ruhiger zu sein? Mussten Sie Krisen meistern und hatten das Gefühl, daraus als neuer Mensch hervorgegangen zu sein? Aber waren Sie wirklich komplett erneuert? Oder sind nicht viele grundlegende Verhaltenstendenzen trotz Krisen gleichgeblieben?

Was das persönliche Wachstum über die Jahre hinweg im Großen ist, ist die Stabilität des Verhaltens über bestimmte Situationen hinweg im Kleinen. Man nimmt an, dass sich ein freundlicher Mensch meistens, das heißt in vielen verschiedenen Situationen, freundlich verhält. Aus der Formulierung geht schon hervor, dass dieser Zusammenhang nicht eins zu eins zu verstehen ist. Ein freundlicher Mensch ist nicht immer freundlich, aber die Wahrscheinlichkeit, dass er sich tendenziell freundlich verhält, ist größer als bei einem Menschen, dessen Freundlichkeit geringer ausgeprägt ist. Die Situation interessiert Differenzielle Psychologen und Psychologinnen aber weniger als zum Beispiel Vertreter der Allgemeinen Psychologie, die herausfinden möchten, welche Verhaltensregeln für alle Menschen gelten. Allgemeine Psychologen gehen eher davon aus, dass die Situation einen Einfluss auf das Verhalten hat, dass es also den freundlichen Menschen an sich gar nicht gibt, sondern das Verhalten auch immer davon abhängt, was in der Situation sonst noch passiert, wie freundlich beispielsweise das Gegenüber ist [137].

Der Allgemeinen Psychologie wird von der Differenziellen Psychologie vorgeworfen, sie verwende in ihren Experimenten Situationen, die dem Alltag nicht wirklich nahekommen (also nicht „ökologisch valide" sind), was dazu führe, dass der Einfluss der Situation auf das Verhalten überschätzt wird. Dazu kommt, dass Menschen sich normalerweise bestimmte Situationen „auswählen": In welche Situationen sie geraten, mit welchen sie sich auseinandersetzen müssen, ist durch die Persönlichkeit (mit-)bestimmt. Eine Situation an sich übt des Weiteren auch keinen direkten Einfluss aus, sondern eher, wie wir sie wahrnehmen und interpretieren. Das ist aber wiederum abhängig von unserer Persönlichkeit [137]. Wie so oft, liegt die Wahrheit wohl irgendwo in der Mitte: Hossiep und Kollegen resümieren [137]: „Bezüglich des Zusammenwirkens von Person und Situation haben sich die Eigenschaftstheoretiker und Situationisten mehr und mehr angenähert. Die Ersteren haben akzeptiert, daß [sic] die Situation eine bedeutsamere Verhaltensdeterminante ist, als dies in der Blütezeit der eigenschaftstheoretischen Persönlichkeitsforschung suggeriert worden war. Die Situationisten haben in einer Reihe von Bereichen Persönlichkeitseigenschaften als angemessene Kategoriensysteme für Verhaltenstendenzen aufgenommen." (2000, S. 28)

Sei doch nicht immer so empfindlich!

Müssen Sie sich diesen Spruch oft anhören? Oder werfen Sie sich ihn selbst gern in bestimmten Situationen an den Kopf? Reagieren Sie einfach sensibler als andere und sind Sie schneller „überreizt"? Wenn dies auf Sie zutrifft, sind Sie vielleicht hochsensibel. Aron hat als Erste darauf hingewiesen, dass es Menschen gibt, die ein empfindsameres Nervensystem haben als andere, also schneller und stärker mit einer neuronalen Aktivität auf Reize reagieren [138]. Dieses intuitiv einleuchtende Konzept, mit dem sich viele Menschen identifizieren können, ist in der Wissenschaft umstritten. Die Kritik begründet sich unter anderem darauf, dass es sich nicht ausreichend von anderen etablierten Konzepten, wie dem Burn-out oder affektiven Störungen, abgrenzen ließe und unnötig sei [139].

Hochsensible Menschen nehmen Feinheiten in ihrer Umgebung umfassender wahr und fühlen sich leichter überfordert. Sie sind schnell „ausgelaugt", sind sie längere Zeit starken Reizen wie bestimmten Geräuschen oder visuellen Eindrücken ausgesetzt. Das liegt nicht daran, dass die Sinnesorgane der Hochsensiblen besser sind, sondern beruht auf Unterschieden in nachgeschalteten Strukturen, also irgendwo zwischen Nerven und Gehirn oder im Gehirn selbst.

Die meisten Menschen fühlen sich am wohlsten, wenn sie auf einem mittleren Niveau angeregt werden, das heißt weder gelangweilt noch überlastet sind. Dieselben Reize und Situationen führen bei unterschiedlich sensiblen Menschen aber zu sehr unterschiedlichen Erregungen des Nervensystems. Bei dem einen ist sie noch im mittleren Bereich, bei Hochsensiblen aber schon unangenehm hoch, was zu Stress, Überreiztheit, einem Gefühl der Überforderung und langfristig zu Gefühlen der Hoffnungs- und Wertlosigkeit führt.

Sind Sie hochsensibel?

Aron führt in ihrem Buch *Sind Sie hochsensibel?* [138] einen Fragebogen auf, mit dessen Hilfe Hochsensibilität erfasst werden kann. Beispielsweise sollen folgende Fragen mit „trifft zu/trifft nicht" zu beantwortet werden:
„Ich neige zu Schmerzempfindlichkeit."
„Koffein wirkt sich besonders stark auf mich aus."
„Ich habe ein reiches, komplexes Innenleben."
„Ich erschrecke leicht."
„Wenn viel um mich herum los ist, reagiere ich schnell gereizt."
„Ich bemerke und genieße feine und angenehme Gerüche, Geschmacksrichtungen, Musik und Kunstgegenstände."
„Es zählt zu meinen absoluten Prioritäten, mein tägliches Leben so einzurichten, dass ich aufregenden Situationen oder solchen, die mich überfordern, aus dem Weg gehe."

Je öfter Sie diese Fragen bejahen, umso wahrscheinlicher sind Sie hochsensibel.

Eine erhöhte Reizempfindlichkeit kommt laut Aron bei allen höheren Tierarten vor und ist ein vererbtes Merkmal, das bei 15–20 Prozent der Bevölkerung auftritt [138]. Sie geht davon aus, dass es in der Entwicklung des Menschen immer auch einen Selektionsvorteil hatte, wenn einige Mitglieder der Gruppe schneller in der Lage waren, Gefahren zu erkennen – genauso, wie man Menschen brauchte, die furchtlos vorpreschten. Apropos Furcht: Hochsensibilität ist nicht mit Ängstlichkeit gleichzusetzen. Aron zufolge ist sie am ehestens mit Introvertiertheit verwandt, auch wenn die beiden Konzepte nicht gleichzusetzen sind.

Vielleicht haben Sie am Anfang des Abschnittes gedacht: „Ja, ich bin auch so eine Heulsuse!“ Wenn man sich selbst (oder andere) mit diesen und ähnlichen Begriffen tituliert, wird schnell klar, wie eine erhöhte Sensibilität in unserer Gesellschaft bewertet wird: Sie gilt als Nachteil. Kinder, die sehr sensibel sind, werden oft ermuntert, diesen Wesenszug zu „überwinden“ [138]. Man muss sich aber vor Augen führen, dass diese Einschätzung kulturell bedingt und nicht universell gültig ist. Bei chinesischen Kindern sind beispielsweise Schüchternheit und Sensibilität unter Freunden und Spielkameraden hoch angesehen, nicht aber in Kanada [140]. Denken Sie daran, wenn Ihnen das nächste Mal wieder das Label „Heulsuse“ aufgedrückt wird!

2.6 Zusammenfassung: Unser Herz

Das zweite Kapitel des Buches befasst sich mit unserem Herzen, wobei wir eingangs auf das Thema Emotionen eingehen. Zunächst zeigen wir, dass sich dabei drei Ebenen unterscheiden lassen – das Gefühl, die physiologische Reaktion und das Verhalten – und dass man sich hinsichtlich der Frage uneins ist, von wie vielen Grundemotionen man auszugehen hat. Es existieren verschiedene Theorien, wie Emotionen entstehen; sie unterscheiden sich hinsichtlich der Frage, an welcher Stelle die Bewertung ins Spiel kommt. Geht sie der physiologischen Erregung und dem Verhalten voraus oder folgt sie ihr? Interagieren die Faktoren etwa?

Stimmungen haben im Gegensatz zu Emotionen keinen konkreten Grund und dauern länger an; der Begriff des Gefühls bezieht sich vor allem auf den Erlebensaspekt der Emotion. Emotionen beeinflussen Kognitionen und hier vor allem unsere Aufmerksamkeit. Das kann von außen („bottom-up“) und von innen („top-down“) geschehen. Unsere Kognitionen beeinflussen umgekehrt aber auch unsere Emotionen, so vor allem die Exekutiven Funktionen. Strategien wie Vermeidung (zum Beispiel bei einer Spinnenphobie) oder Umdeutung funktionieren je nach Situation mehr oder weniger gut. Emotionen sind weiterhin die Triebfeder für Entscheidungen im Leben. Sie können unser Verhalten auf irrationale Weise verzerren und von einer Situation ungewollt auf eine andere übertragen werden. Sie beeinflussen aber auch die Tiefe der Verarbeitung von Informationen, die für eine Entscheidung wichtig sind. Die Wahrnehmung und der Ausdruck von Emotionen sind schließlich abhängig von Alter und Geschlecht. Individuelle Unterschiede im Umgang mit den eigenen Emotionen haben auch Konsequenzen im Verhalten: Menschen, die ihre Emotionen durch eine Neubewertung der Situation gut verarbeiten können, nehmen gegenüber einer stressvollen Situation eine positive Haltung ein.

Das Kapitel 2.2 dieses Teils befasst sich mit unserer Sehnsucht nach dem Glück. Auf der Suche nach dem Glück kann man einen äußeren, materiellen oder einen inneren, geistigen Weg beschreiten. Aus wissenschaftlicher Sicht wird das hedonistische und das eudämonistische Glück unterschieden, ersteres bezieht sich auf die aktuelle Bewertung unseres Glücks, während es bei zweitem um die Frage eines langfristig erfüllten Lebens geht, das sich an bestimmten Werten orientiert. Davon abgesehen kann man – als kleinsten gemeinsamen Nenner – eine affektive und eine kognitive Komponente des Glücks (emotionales Wohlbefinden vs. Lebensbewertung) unterscheiden. Im Bestreben, dem Glück ein wenig näherzukommen, werden Messverfahren eingesetzt, die individuelles Glück, aber auch das „Glücklichsein" ganzer Länder erfassen. Glück lässt sich auch im Körper physiologisch messen, zum Beispiel anhand der Herzratenvariabilität, des Spiegels bestimmter Neurotransmitter wie Dopamin oder Serotonin oder der (De-)Aktivierung bestimmter Hirnareale. Schließlich beeinflussen unser Denken und unsere Gefühle auch unser Glücksempfinden. Hier ist beispielsweise die Fähigkeit zu nennen, unerwünschte Verhaltensweisen zu unterdrücken, um späteres Wohlbefinden zu erlangen. Es scheint so, als führten viele Wege zum Glück, aber belastbare Befunde zu den Effekten von Sport, Musik oder Naturerlebnissen auf das Glücksempfinden sind rar.

Im Kapitel 2.3 geht es um Empathie, also die Fähigkeit, Emotionen anderer zu verstehen (kognitiver Aspekt) und die Gefühle anderer nachzuvollziehen (emotionaler Aspekt). Dabei gehört zur Empathie aber auch, sich nicht in die Gefühle anderer zu verstricken. Empathie entwickelt sich schon sehr früh in der Kindheit, sobald das Kind sein Selbst von dem der anderen unterscheiden kann. Als kontrollierter Prozess äußert sich die Empathie allerdings erst später und erfordert die Fähigkeit, über die eigene Wahrnehmung und das eigene Denken reflektieren zu können.

Das Mitgefühl geht über die Empathie hinaus. Es fällt uns manchmal schwer, Mitgefühl zu entwickeln, wenn wir selbst gestresst sind. Prosoziales Verhalten bedeutet, freiwillig für andere etwas Gutes zu tun. Auch dieses Verhalten zeigt sich früh im Leben, ist dann aber noch sehr fragil. Prosoziales Verhalten – eigentlich der Handlungsaspekt der Empathie – erhöht darüber hinaus die wahrgenommene Bedeutung des eigenen Lebens. Es kann gestärkt werden, indem man Achtsamkeit trainiert und sich in Selbstliebe und Selbstmitgefühl übt. Altruismus ist ein motivationaler Status mit dem Ziel, das Wohlbefinden des anderen zu steigern (authentischer Altruismus). Materielle oder geistige Generosität ist eine Form davon.

Das Kapitel 2.4 befasst sich mit dem allgegenwärtigen Stress. Wir zeigen, dass bestimmte Situationen als „stressig“ empfunden werden und dass diese Einschätzung zwischen Personen, aber auch beim Individuum variieren kann. Definiert wird Stress als ein unangenehmer Spannungszustand bei einer länger dauernden, unangenehmen Situation, die man lieber vermeiden würde. Die Stressreaktion ist ursprünglich eine Kampf- und Fluchtreaktion, also entwicklungsgeschichtlich sinnvoll, doch in der Gegenwart oft unangemessen. Darüber hinaus gefährdet chronischer Stress die Gesundheit. Ein Modell zum Umgang mit Stress ist das transaktionale Modell von Lazarus, das einen Kreislauf aus Bewertung, Coping und Neubewertung beschreibt. Beim Coping kann man laut Lazarus auf vier verschiedene Strategien zurückgreifen: Informationssuche, direkte Aktion, Aktionshemmung und intrapsychische Aktivitäten. Wie erfolgreich unser Copingverhalten ist, hängt auch von unseren Ressourcen ab. Sie können finanzieller oder sozialer Natur sein (soziale Netzwerke und Unterstützung), es gibt aber auch personale Ressourcen, die sich auf bestimmte Persönlichkeitseigenschaften beziehen. Das Konzept Hardiness beschreibt im Wesentlichen die Fähigkeit, mit Veränderungen konstruktiv umzugehen.

Persönlichkeit ist das Thema des Kapitel 2.5, also unsere einzigartige Kombination von Persönlichkeitszügen, die uns von anderen Menschen unterscheidet. Ein bekanntes Persönlichkeitsmodell ist das Fünf-Faktoren-Modell, das Neurotizismus, Extraversion sowie Offenheit für Erfahrungen, Verträglichkeit und Gewissenhaftigkeit umfasst.

Doch unsere Persönlichkeit, wie wir sie bewusst wahrnehmen und in Persönlichkeitstests dokumentieren, ergibt kein vollständiges Bild. Auch unser Unbewusstes bestimmt unser Verhalten und wie wohl wir uns fühlen. Letzteres hängt vor allem damit zusammen, wie sehr bewusste und unbewusste Persönlichkeitsmerkmale übereinstimmen. Zwar wird die Persönlichkeit eines Menschen als recht stabil angesehen, doch führen

Reifungsprozesse, aber auch Situationseffekte dazu, dass das Verhalten nicht immer korrekt anhand der Persönlichkeit vorhergesagt werden kann. Am Ende dieses Kapitels wird schließlich die Hochsensibilität thematisiert, ein (wissenschaftlich umstrittenes) Konzept, nach dem manche Menschen Feinheiten in der Umgebung eher wahrnehmen und sich leichter von Reizen überfordert fühlen.

3 Unser Körper

3.1 Wie wir unseren Körper sehen und wie er sich erinnert: Körperbild und Körpergedächtnis

In den vorangegangenen Kapiteln haben Sie etwas über Ihren Verstand und Ihre Gefühle erfahren. Gedanken und Gefühle können jedoch gar nicht ohne den Körper existieren. Er ist eine Art Container für alle kognitiven und emotionalen Zustände, die wir erleben. Ohne ihn würde es uns nicht geben. Obwohl uns dies bewusst ist, behandeln wir ihn manchmal schlecht, als sei er uns lästig oder wir konzentrieren uns dermaßen auf ihn, dass wir alles andere vergessen. Was wir für ein Bild von unserem Körper haben und wie wir mit ihm umgehen, variiert und ist komplex.

Vielleicht kennen Sie diese Tage, an denen Sie vor dem Spiegel stehen und denken „Oh je, diese Augenringe!“ An manch anderen Tagen hingegen finden Sie gerade Ihre Augenpartie schön. Und natürlich schwankt das Körperbild individuell, so gibt es diejenigen, die mit ihrem Körperbild viel zufriedener sind als andere.

Das schwierig zu erfassende Bild unseres Körpers

Diese Komplexität spiegelt sich auch in der wissenschaftlichen Untersuchung dieses Themas wider. Forscher kritisieren, dass der Begriff Körperbild inflationär gebraucht wird [141]. So kann das Körperbild von dem Körperschema (beide Begriffe werden als zwei Facetten der Körperrepräsentation betrachtet), dem Körperempfinden, dem Körper-Selbst, dem Körper-Bewusstsein und dem Körperausdruck abgegrenzt werden. Der Begriff Körperbild beinhaltet das Wissen um den Körper und die Fantasien, Gedanken und Einstellungen dem Körper gegenüber. Das Körperbild kann auch als ein Teil des Körpererlebens gesehen werden, das sich eher auf eine kognitive Verarbeitung des eigenen Körpers bezieht, ohne dass explizit eine Wertung erfolgt. Interessiert man sich für die beurteilende affektive Komponente, zum Beispiel für die Zufriedenheit mit dem eigenen Körper oder für körperbezogenen Ängste, spricht man von der Körper-Kathexis.

Mithilfe verschiedener Testverfahren werden diese und andere Komponenten erfasst, ein Beispiel ist der Fragebogen zum Körperbild [142]. Er umfasst 20 Fragen, die sich auf das körperliche Empfinden und die Einstellung zum eigenen Körper beziehen. Die Antworten auf die Fragen lassen sich dann in die beiden Kategorien „ablehnende Körperhaltung" und „vitale Körperdynamik" unterteilen. Bei der ersten Kategorie geht es um das Wohlbefinden mit dem eigenen Körper, bei der zweiten stehen die körperliche Kraft und Fitness im Mittelpunkt. Daneben existieren sogenannte konfigurale oder perzeptive Methoden, bei denen die Probanden Zeichnungen oder Fotografien eines Körpers dargeboten bekommen. Daraus sollen sie das Bild wählen, das zu der Wahrnehmung des eigenen Körpers am besten passt. Erweitert werden kann dies beispielsweise durch ein Videoverzerrverfahren, Adjustable Body Distorting Television Monitor. Hierbei werden die Probanden mit dem Bild ihres Körpers, das vorher mit einer Videokamera aufgenommen wurde, konfrontiert. Die Versuchspersonen können nun die Proportionen verzerren und solange verändern, bis sie meinen, dass dieses Bild dem eigenen Körper entspricht. Können Sie sich vorstellen, wie erschreckend es wirken kann, die visuelle Verzerrung Ihres Körpers zu sehen? Kann bereits diese unangenehme Verzerrung den Test beeinflussen, wie wir den eigenen Körper wahrnehmen? Bei der Analyse des individuellen Körperbilds mithilfe verschiedener Verfahren sollten bereits zu Beginn die unterschiedlichen Aspekte formuliert werden, die untersucht werden sollen [143]. Dennoch: Auch wenn das Körperbild schwierig zu erfassen ist, stimmen die Forscher darin überein, dass der Körper eine Art Container für unser Innenleben, unsere Gedanken und Gefühle, ist. Und so ist es nicht verwunderlich, dass sich zum Beispiel emotionale Störungen auch in einer Störung des Körperbildes ausdrücken.

Das verzerrte Körperbild

Ab wann spricht man von einer Störung oder einer Verzerrung des Körperbildes? Im Kapitel 1.1 zur Wahrnehmung haben wir schon darauf hingewiesen, dass diese subjektiv ist und jeder etwas „durch seine oder ihre Brille“ wahrnimmt. Daher kann das Körperbild auch nicht objektiv sein. Wann spricht man von einem verzerrten Körperbild, das möglicherweise schon krankhaft ist? Was grenzt ein „normales“ von einem verzerrten Körperbild ab?

Eine klare Definition gibt es hier nicht; wir wissen aber, dass bestimmte Krankheiten mit einer Körperbild- oder Körperschematastörung [144] einhergehen. Hier ist das bekannteste Beispiel die Magersucht, Anorexia nervosa. Bei dieser Krankheit verzichten die Frauen und Männer absichtlich auf Nahrung, weil sie an der zwanghaften Angst leiden, zu dick zu werden. Die Krankheit tritt zehnmal häufiger bei Frauen als bei Männern auf und am häufigsten im Alter zwischen 16 und 18 Jahren. Häufig wird die Nahrungsverweigerung durch exzessives Sporttreiben, Erbrechen nach der Nahrungsaufnahme oder durch die Einnahme von Medikamenten zur Gewichtsreduktion begleitet [145]. Es kann zu somatischen Störungen kommen, wie einer Veränderung des Hormonhaushaltes und einem Ausbleiben der Periode, einer blassen Haut oder sogar zu Herz- und Nierenschäden. Sechs Prozent der Erkrankten sterben an den Folgen einer Magersucht. Daneben können auch psychische Symptome wie Depression oder Ängste auftreten [42]. Die Ursachen für die Magersucht sind multifaktoriell, es gibt für ihre Entstehung mehr als einen Grund. Neben einer genetischen Komponente, die sich zum Beispiel in Unterschieden bei den Neurotransmittern zeigt, können auch systemische Bedingungen, wie eine erschwerte Eltern-Kind-Beziehung, zur Entstehung beitragen. Zu der Erkrankung gehört auch ein gestörtes Körperbild. Aufgrund eben dieser Verknüpfung zwischen der psychischen und einer Körperbildstörung wird erforscht, ob die Erkrankung möglicherweise über eine Therapie des Körperbildes geheilt werden kann. Vielleicht kommt Ihnen diese Frage seltsam vor, aber haben Sie schon einmal erlebt, wie die Veränderung Ihrer Körperhaltung auch Ihr psychisches Empfinden verändern kann? Mit diesem Phänomen bei gesunden Menschen beschäftigt sich die Embodiment-Forschung (siehe Kapitel 3.3). Vielleicht kann man diesen Zusammenhang auch bei erkrankten Menschen therapeutisch nutzen? Dieser Frage gingen Ziser und Kollegen in einer zusammenfassenden Arbeit nach [146]. Insgesamt gab es jedoch nur elf Arbeiten, die wissenschaftlichen Standards entsprachen. Die Arbeiten nutzten unterschiedliche Therapieformen (z.B. eine Spiegeltherapie, eine Videokonfrontationstherapie oder eine virtuelle Realitätstherapie). Bei der Spiegeltherapie sehen sich die Patienten im Spiegel und berichten über ihre Wahrnehmung. Bei der Videokonfrontation sehen die Patienten ein Video von sich mit der Aufforderung, ihre Reaktionen darauf zu verbalisieren. Dies kann ganz schön belastend sein – gerade für jemanden, der sich immer für nicht „richtig", im Fall der Magersucht für zu dick, hält. Von diesen beiden Methoden unterscheidet sich die Therapie in virtuellen Umgebungen, die wiederum sehr verschieden sein kann: Eine Möglichkeit ist die Darstellung der Veränderung des Körper von Avataren oder die virtuelle Konfrontation mit angstauslösenden Reizen, wie bestimmten Nahrungsmitteln. Die Ergebnisse der 11 Studien zeigen einen Einfluss der Körperbildtherapie auf das Körperbild, jedoch fehlen Studien für eine differenziertere Bewertung. Ebenso bleibt offen, ob die klassischen psychotherapeutischen Methoden durch die Körperbildtherapien einen Mehrwert erfahren. Doch der Einsatz virtueller Realitäten scheint hier vielversprechend zu sein. Sie erlauben den Erkrankten, sich mit einem erstrebenswerten Körperbild vertraut zu machen.

Es sind jedoch nicht nur die jungen Mädchen, die hungern. Haben Sie einen Sohn in der Pubertät? Und gehört er vielleicht zu der Gruppe von Jungen, für die der Fitnessstudio-Besuch heilig ist und die dafür sogar auf das Anschauen der Lieblingsserie verzichten? Auch Jungen und junge Männer streben ein bestimmtes Körperbild an, etwa durch exzessiven Fitnessstudio-Besuch. In einer 2007 publizierten Studie unter anderem mit Studenten aus den USA konnte gezeigt werden, dass 71 Prozent der Befragten mit ihrem Körperbild unzufrieden waren und 90 Prozent den Aufbau ihrer Muskelmasse fördern wollten. Viele Männer glaubten, dass der Aufbau von Muskelmasse mit einer stärkeren Dominanz und einer größeren Attraktivität bei Frauen einhergehe [147]. Dabei ist die physiologische Reaktion auf ihr eigenes Körperbild von der sozialen Bewertungssituation abhängig: Wird in einem Experiment eine sozial belastende Situation (Kraftübungen mit freiem Oberkörper unter Aufsicht und mit einer Videoaufzeichnung) hervorgerufen, führt dies zu einer höheren Scham über das eigene Körperbild und zu einer höheren Ausschüttung des Hormons Cortisol – die Männer erlebten demnach Stress, wenn sie das Gefühl hatten, dass ihr Körper beurteilt wurde. Verglichen wurde dies mit einer anderen Gruppe, bei der Männer die Übungen in einem T-Shirt und ohne Beobachtung ausführen konnten [148].

Die Einflussfaktoren auf das Körperbild

Ob bei jungen Frauen oder bei jungen Männern – die Gefahr eines negativen Körperbildes ist in der Adoleszenz besonders stark ausgeprägt. In dieser Umbruchphase suchen die jungen Menschen nach ihrer Identität, vieles stellen sie infrage und Freunde haben manchmal einen unvorhergesehenen Einfluss. Mit dem Übergang in das Erwachsenenalter verändert sich aber oft auch das Körperbild [149]. Begünstigt wird dies durch den Wechsel des sozialen Kontextes: Die jungen Menschen haben ihre Schullaufbahn beendet und müssen sich in einem neuen Lebensumfeld orientieren. Sie spüren auch eine neue Handlungsfähigkeit und wenden bewusst kognitive Strategien an, um das Körperbild zu verbessern. Junge Frauen berichten öfter, dass sie kontinuierlich trainieren müssen, um ein positives Körperbild aufrechterhalten zu können. Häufig werden sie Reizen ausgesetzt, die es ihnen schwer machen, ein positives Körperbild zu erhalten, wie zum Beispiel die Präsentation super schlanker Models in der Werbung. Einige junge Frauen erwähnen auch, dass es ihnen hilft, ein positives Körperbild zu kreieren, wenn sie bewusst eine weibliche Identität annehmen. Junge Männer hingegen legen Wert darauf, ihrer körperlichen Erscheinung vermehrt Aufmerksamkeit zukommen zu lassen, indem sie sich beispielsweise Vorbilder suchen oder (verstärkt) körperlich trainieren [149].

Gerade bei jungen Menschen nehmen die sozialen Medien einen Einfluss auf das Körperbild, wie wir nicht nur vermuten können, sondern auch experimentell nachgewiesen wurde:

Einfluss von Social Media

110 junge Studentinnen nahmen an einem Experiment teil, in dem sie zufällig drei verschiedenen Gruppen zugewiesen wurden. Die Teilnehmerinnen der ersten Gruppe sollten mit einem I-Pad ein Selfie von sich machen und es in ihrem Social-Media-Profil hochladen, die Teilnehmerinnen der zweiten Gruppe wurden ebenfalls aufgefordert, ein Selfie zu machen. Danach hatten sie aber Zeit, es so lange zu bearbeiten, bis es ihnen gefiel. Erst

dann sollten sie es in ihrem Profil hochladen. Die Studentinnen, die der dritten Gruppe, der Kontrollgruppe, zufällig zugeordnet worden waren, sollten nur einen Social-Media-Artikel lesen. Vorher und nachher wurde sowohl die Stimmung als auch das Körperbild aller Teilnehmerinnen mittels standardisierter Testverfahren gemessen. Die Ergebnisse zeigten, dass sich bei den Studentinnen in den beiden Selfie-Gruppen sowohl die Stimmung als auch das Körperbild verschlechterte. Selbst in der Gruppe, in der die Studentinnen die Möglichkeit hatten, ihr Bild zu verschönern, trat dieser Effekt auf. Ein Grund hierfür könnte vielleicht sein, dass sie bei der Bearbeitung ihres Fotos mit ihren eigenen vermeintlichen Unzulänglichkeiten konfrontiert wurden [150].

Die Auswirkung des Postings in der Social-Media-Welt ist ernst zu nehmen, wenn man bedenkt, dass junge Frauen im Alter zwischen 16 und 25 Jahren bis zu fünf Stunden wöchentlich damit verbringen, Selfies zu machen und sie in ihrem Profil hochzuladen [151]. Wir können jedoch die sozialen Medien nicht wegdenken, sie gehören zu dem Leben der jungen Menschen dazu. Eine wichtige Frage ist also, ob präventive Strategien zur Entwicklung und Erhaltung eines positiven Körperbildes existieren. Tatsächlich hat sich gezeigt, dass ein starkes Selbstmitgefühl mit einem besseren Körperbild einhergeht [152]. Selbstmitgefühl (siehe Kap. 7.2) besteht aus den Komponenten Selbstfreundlichkeit, gemeinsames Menschsein (Verbundenheit) und Achtsamkeit. Trotz dieser und weiterer positiver Studien über den Zusammenhang zwischen Selbstmitgefühl und Körperbild [153] müssen die Wirkmechanismen weiterhin untersucht werden. In einer Studie führte eine kurze 15-minütige Schreibübung, die Elemente des Selbstmitgefühls integrierte, zu einer erhöhten Zufriedenheit mit dem Körper [154]. Direkt nach der Schreibübung zeigte diese Intervention auch einen größeren Einfluss auf die Wertschätzung des Körpers als eine Intervention, die nur Elemente der Steigerung des Selbstwertes enthielt.

Wir haben also gesehen, dass die Wahrnehmung des eigenen Körpers und die Stimmung zusammenhängen können. Gedanken und Gefühle sind in unserem Körper verankert. Es handelt sich dabei um eine relativ kurzlebige Form der Repräsentation unseres Körpers. Sie wissen sicherlich nur zu gut, dass die freudige Stimmung am nächsten Tag mit einem Blick in den Spiegel verblassen kann. Doch wie beständig ist unser Körperbild? Gibt es eine überdauernde Repräsentationsform des Körpers – vielleicht ein Körpergedächtnis?

Hat unser Körper ein Gedächtnis?

Fragt man Gedächtnisforscherinnen und -forscher, werden diese verlegen nach einer Definition für das Körpergedächtnis suchen. Für die meisten Gedächtnispsychologen ist das Gedächtnis etwas, das sich im Kopf abspielt und wenig mit dem Körper zu tun hat. Dennoch gibt es auch Ansätze, die ein Körpergedächtnis proklamieren und es differenziert betrachten. Diese übernehmen entweder eine phänomenologische oder neurowissenschaftliche Sichtweise. So wird bei der phänomenologischen Sichtweise zwischen einem prozeduralen, situationalen, intercorporealen, incorporativen, Schmerz- und Trauma-Gedächtnis unterschieden [155]. Bei dem prozeduralen Gedächtnis handelt es sich um die Speicherung von wohlvertrauten Bewegungen, wie das Wissen um die richtige Bewegung beim Fahrradfahren. Das situationale Körpergedächtnis bezieht sich auf die Speicherung einer Situation in unserem Körper. So können wir mit einer entspannten Körperhaltung reagieren, wenn wir uns an bestimmte freudige Situationen erinnern. Das implizite Wissen über den Umgang mit anderen Menschen kann als incorporeales Körpergedächtnis bezeichnet werden. Von klein auf erfährt das Kind zum Beispiel Verhaltensmuster für die Interaktion mit den beiden Elternteilen, wie das Muster „Papa spielt mit mir". Dieses unterscheidet sich von dem sogenannten incorporativen Gedächtnis, das die Entwicklung körperlicher Eigenschaften durch Einstellungen und Rollen, die wir von anderen übernommen haben, bezeichnet. Das Schmerz-Körpergedächtnis zeigt sich beispielsweise dann, wenn wir schnell anfangen zu atmen oder sich in uns alles verkrampft, weil wir an eine Situation erinnert werden, in der wir uns bedroht gefühlt haben. Auch traumatische Erinnerungen, wie ein Unfall oder ein Überfall, können im Körper gespeichert werden, man spricht dann von einem Trauma-Körpergedächtnis. Ein plötzliches Geräusch oder eine Berührung kann die Erinnerung durch den Körper wieder auffrischen [155]. Die Spuren traumatischer Erlebnisse lassen sich im Gehirn und im Körper nachweisen. Und tatsächlich muss es sich dabei nicht immer um ein einmaliges Trauma wie einen schweren Unfall handeln, sondern es kann sich auch um ein Entwicklungstrauma handeln [156]. Unser Körper speichert also Erfahrung, und je nachdem, um welche Art von Erfahrung es sich handelt, gestaltet sich die Speicherung unterschiedlich.

Die dargestellte sechsstufige Differenzierung des Körpergedächtnisses ist aber nur eine Sichtweise. Ein anderer – neurowissenschaftlicher –

Ansatz geht davon aus, dass sich das Körpergedächtnis im Laufe der Entwicklung und mit der Entwicklung des Selbst einhergehend differenziert [157]: Bereits vor der Geburt entwickelt sich ein fühlendes Körpergedächtnis, das interozeptive Körpersignale integriert, gefolgt von einem räumlichen Körpergedächtnis, indem verschiedenartige Reize aufgenommen werden. Das Kind erwirbt ein Gedächtnis der Erfahrung, wo es sich im Raum befindet. Darauf folgt die Erfahrung des im Raum handelnden Körpers (aktiver Körper) und die Integration verschiedener Komponenten als eine Erfahrung der Ganzheit des eigenen Körpers. Im weiteren Verlauf entwickelt sich der objektifizierte Körper, praktisch die Repräsentation des eigenen Körpers aus der Sicht eines dritten, hinzu kommt der soziale Körper, in dem die Zufriedenheit oder Unzufriedenheit mit dem eigenen Körper in Abhängigkeit von den sozialen Normen einfließt. Diese Differenzierung betont die Rolle der Entwicklung und des sozialen Umfeldes.

Abschließend lässt sich festhalten, dass Körpergedächtnis und Körperbild zusammenhängen, sie sind demnach zwei verschiedene, aber miteinander verbundene Container unserer Gedanken und Gefühle, ohne die unser Verstand und Herz nicht existieren würden.

3.2 Was wir mit unserem Körper machen: Motorik

Sonntagnachmittag. Es regnet. Sie sitzen gebannt vor dem Fernseher. Simone Biles, die 1,42 m große US-amerikanische Turnerin, vollführt vor Ihren ungläubigen Augen Doppelsalti und -schrauben, die Sie schwindeln lassen. Kein Wunder, dass sie die erfolgreichste WM-Teilnehmerin aller Zeiten ist. Aber gut, sie ist jung, gerade mal 23 Jahre alt, das spielt ja auch eine Rolle, denken Sie. Aber ist das Alter wirklich so entscheidend für außergewöhnliche sportliche (motorische) Leistungen? Haben Sie noch ein altes Skateboard im Keller? Hat Tony Hawk, der Profi-Skateboarder aus den USA Sie vor einer halben Ewigkeit dazu motiviert, sich Helm, Knie- und Ellenbogenschützer anzulegen und die Halfpipe zu stürmen, um bei den Mädels oder Jungs Eindruck zu schinden?

Gehören Sie zu den Menschen, die nicht verstehen, wie andere nicht dem Sport verfallen sein können? Oder schütteln Sie den Kopf und denken: Was interessieren mich sportliche Höchstleistungen, Bewegung ist einfach eine Quelle der Freude, eine Möglichkeit, sich selbst und die eigene Lebendigkeit zu spüren. Oder Sie vertreten eine ganz pragmatische Haltung: „Ich habe mal gehört, dass Sport gesund ist …" Diese Beispiele machen deutlich: Sport und Bewegung haben für Menschen sehr unterschiedliche Bedeutungen.

Motorische Fähigkeiten und Fertigkeiten

Was steckt hinter sportlichen beziehungsweise motorischen Leistungen? Zunächst einmal sind es einfach nur gute motorische Fähigkeiten.

Aber was heißt das genau? Im deutschsprachigen Raum lässt sich nach Hohmann, Lames und Letzelter (2007) [158] zwischen den konditionellen und koordinativen Fähigkeiten unterscheiden. Ausdauer, Kraft, Schnelligkeit und Beweglichkeit gehören zu den konditionellen Fähigkeiten, Kraft, Schnelligkeit, Beweglichkeit und koordinative Fähigkeiten im eigentlichen Sinne – zum Beispiel die Fähigkeit, den Körper im Gleichgewicht zu halten oder einen bestimmten Rhythmus zu übernehmen – zu den koordinativen Fähigkeiten. Hier gibt es also, abgesehen von der Ausdauer und den koordinativen Fähigkeiten im eigentlichen Sinne, eine Überschneidung der Begrifflichkeit. Diese Fähigkeiten spielen bei verschiedenen Sportarten eine unterschiedliche Rolle, beim Gewichtheben sind maximale Kraft, Schnellkraft und Beweglichkeit besonders wichtig, beim Golfspiel Schnellkraft, Reaktivkraft und aerobe Ausdauer. Die Schnellkraft „wird als die Fähigkeit des neuromuskulären Systems definiert, in der zur Verfügung stehenden Zeit einen möglichst großen Impuls zu erzeugen" (Grosser, Starischka & Zimmermann 2012, S. 43) [159]. Es geht darum, wie schnell man zum Beispiel seine Arme oder Beine bewegen kann. Die Reaktivkraft ist eine Sonderform der Schnellkraft. Sie beschreibt, wie schnell sich ein Muskel dehnen und wieder zusammenziehen kann.

Wie gut der Trainingszustand eines Menschen ist, hängt von verschiedenen Faktoren ab. Etwa muss eine altersgemäße Entwicklung gegeben sein. Aber auch die genetischen Bedingungen spielen eine Rolle, bezogen auf Organe (vor allem Herz-Kreislauf-System und Stoffwechsel) und Muskulatur. Wie gut arbeiten des Weiteren Gehirn und Muskeln zusammen, wie ist die psychische Ausstattung des Sportlers (Willenskraft, Selbstvertrauen, Leistungsmotivation) und wann hat er mit dem Training begonnen? Im Gegensatz zu diesen grundlegenden Fähigkeiten stehen die sportmotorischen Fertigkeiten, also „ganz bestimmte, einmal erlernte Bewegungsabläufe, die automatisiert sind, d.h. ohne bewusste (und auch mit bewusster) Aufmerksamkeit ausgeführt werden können" (Grosser et al., 2012, S. 9) [159]. Bei außergewöhnlichen Sportlern kommt also einiges zusammen: eine reibungslose Entwicklung, eine gute genetische Ausstattung, entsprechende psychische Eigenschaften und eine Umgebung, die frühzeitiges Training gewährleistet. Darauf aufbauend können dann Fertigkeiten wie der gehockte Doppelsalto rückwärts oder ein 360 inward double heelflip gelernt werden. Doch auch wenn Sie diesen Leistungen nicht gewachsen sind, ähneln sich die Muster der motorischen Entwicklung.

Motorische Entwicklung und motorisches Lernen

Genau wie unsere beiden Beispielsportler haben auch Sie eine motorische Entwicklung durchgemacht, die es Ihnen erlaubt, zu gehen, zu greifen, Ihre Schnürsenkel zu binden und den Weihnachtsbaum zu schmücken. Pinquart, Schwarzer und Zimmermann (2011) fassen es so zusammen [160]: „Die motorische Entwicklung geschieht durch Reifungsprozesse, Erfahrung und Übung, welche auf frühe Handlungssysteme wirken." (S. 75). Vielleicht haben Sie diese ersten unkoordinierten Bewegungsversuche bei den eigenen Kindern, Nichten oder Neffen beobachtet. Und doch wurden diese „frühen Handlungssysteme" durch Übung und Erfahrung immer besser, das scheinbar ziellose Greifen, aber zum Beispiel auch die Fortbewegung wie Krabbeln waren immer öfter von Erfolg gekrönt. Neben diesen frühen Handlungssystemen kommt der Säugling aber auch mit einer Reihe von überlebenswichtigen Reflexen auf die Welt, das heißt feststehenden Reaktionen auf bestimmte Reize, wie zum Beispiel dem Saugreflex. Diese Reflexe verlieren sich im Laufe des ersten Lebensjahres; die Motorik verändert sich von einer unwillkürlichen zu einer willkürlichen Kontrolle. Das erste Lebensjahr beinhaltet insgesamt riesige Entwicklungsschritte, die den Beobachter wundern lassen: Kann der Säugling mit etwa vier Wochen sein Kinn anheben, ist er mit 34–40 Wochen schon in der Lage, mit Hilfe zu stehen. Während man noch begeistert über diese Errungenschaft ist, erarbeitet sich das Baby das Laufen ohne Hilfe (50–60 Wochen) [160]. Nach den frühen Jahren entwickeln sich die motorischen Fähigkeiten natürlich noch weiter, dabei spielen viele Faktoren eine Rolle. Die Kinder wachsen und ihre Proportionen verändern sich, ihr Gehirn entwickelt sich und die Informationsverarbeitung nimmt wie die Muskelmasse zu, hormonelle Veränderungen treten auf, das Skelettsystem und der Stoffwechsel verändern sich [158, 159].

Auch als Erwachsene, selbst wenn die motorische Entwicklung abgeschlossen ist, können motorische Fertigkeiten gelernt werden. Ein klassisches Modell des motorischen Lernens ist das Drei-Stufen-Modell von Fitts und Posner (1967) [161]:

Auf der kognitiven Stufe geht es um das Aufgabenverständnis. Sie erhalten eine Erklärung der Aufgabe – vielleicht eines Aufschlags im Volleyball – und probieren sie aktiv aus. Die Leistung wird in dieser Phase stark schwanken und sich sprunghaft verändern.

In der zweiten, der assoziativen Phase (oder Stufe) werden die gelernten Bewegungsmuster verfeinert. Ihre Bewegungen werden flüssiger und konsistenter, Sie machen weniger Fehler und wenn, dann schleichen sich typische Fehler ein, Sie werfen den Ball zum Beispiel immer zu weit.

Auf der dritten, autonomen Stufe gelingt der Aufschlag automatisch, mit hoher Geschwindigkeit, Effizienz und Präzision. Sie brauchen keinen Input des Trainers mehr, und Sie müssen auch Ihre Aufmerksamkeit nicht mehr auf die Ausführung legen [162].

Spielen Sie kein Volleyball, können Sie sich daran erinnern, wie Sie Autofahren gelernt haben. Während sie in den ersten Fahrstunden bewusst gekuppelt, geschaltet, geblinkt haben und dabei die Anweisungen des Fahrlehrers kaum wahrnahmen, konnten Sie in der letzten Fahrstunde vielleicht schon einem Witz des Fahrlehrers lauschen, ohne das Schalten zu vergessen – das Fahren war automatisiert.

Die Leistung beeinflussen

Was Biles und Hawk vor unseren Augen tun, ist eine Leistung, etwas Außergewöhnliches. Im Gegensatz zu einer beruflichen Leistung ist die sportliche Leistung unproduktiv beziehungsweise zweckfrei, bestimmten Regeln unterworfen und absichtlich schwierig gestaltet [163]. Eingangs haben wir schon gesagt, dass auch die psychische Ausstattung des Sportlers die Kondition beeinflusst. Diesen Aspekt wollen wir im Folgenden ein wenig genauer beleuchten.

Wie im Kapitel 1.3 zur Kognition dargestellt, fallen unter diesen Begriff so unterschiedliche Prozesse wie Exekutive Funktionen (also die Verhaltenssteuerung), Wahrnehmung, Aufmerksamkeit, Denken, mentale Vorstellungen oder auch Sprache. Diesen Funktionen kommen abhängig von der jeweiligen Sportart unterschiedliche Bedeutungen zu. Ein Marathonläufer braucht keine Expertise in räumlichen Fähigkeiten, ein Fußballspieler aber schon. Er muss die Lage des Balles, die Position seiner Mannschaftskollegen und die der Spieler der gegnerischen Mannschaft zueinander einschätzen.

Bei der sportlichen Leistung spielen aber auch Emotionen eine große Rolle. Oft erlebt ein Athlet vor oder in einem Wettkampf zum Beispiel Angst. In der Theorie der individuellen Zone der optimalen Funktion (IZOF) [164] geht es darum, die Qualität einer zukünftigen Leistung durch den emotionalen Zustand zu Beginn derselben vorherzusagen. Die Vertreter dieser Theorie nehmen an, dass eine optimale Leistung mit einer ganz bestimmten Intensität und Art von Emotionen korrespondiert. Um dies zu untersuchen, könnte man sowohl die emotionale Verfassung als auch die Leistung eines Probanden erfassen, etwa Angst, gemessen als Hautwiderstand der Hand sowie die Reaktionszeit bei einer Aufgabe, bei der man den Finger hin und her bewegen muss. Dann schaut man, ob es „Angst-Intensitäten" gibt, die eher mit einer guten und die eher mit einer schlechten Leistung in Zusammenhang stehen. Hier gibt es große individuelle Unterschiede [164]. Bei dem einen reicht schon ein bisschen Angst, um die Leistung zu drücken, andere bringen bei höherer Erregung des Nervensystems („Aufregung") die volle Leistung. Vielleicht haben Sie es schon einmal an sich selbst beobachtet, dass der Vortrag im Job nicht unbedingt dann besonders gut läuft, wenn man entspannt ist, sondern wenn ein gewisses Maß an Aufregung vorhanden ist. Entscheidend ist also, die eigenen Emotionen zu verstehen und mit ihnen umgehen zu können.

Auch die Motivation beeinflusst die sportliche Leistung. Nach Heckhausen und Heckhausen (2010) [165] versucht die Motivationspsychologie „die Richtung, Persistenz und Intensität von zielgerichtetem Verhalten zu erklären" (S. 3). Bei der Motivation geht es demnach um die zugrundeliegende Kraft dessen, was wir tun und wie hartnäckig und intensiv wir es durchführen. Eine bekannte Motivationstheorie ist die attributionale Theorie von Weiner [166]. Ihr zufolge suchen Menschen nach Erklärungen für Handlungen und Handlungsergebnisse, sowohl bei sich selbst als auch bei anderen. Je nachdem, wie man Handlungen erklärt, ist man mehr oder weniger geneigt, sie in Zukunft nochmals durchzuführen.

Stellen Sie sich vor, Sie lernen gerade Golfspielen und haben einen guten Abschlag hingelegt. Sie erklären sich das a) mit dem Zufall, b) Ihrem Talent, c) der tollen Anleitung des Lehrers, d) Ihrer unablässigen Übung, e) der Windstille oder f) der Einfachheit der Aufgabe. Was folgt daraus? a) Sie sind ein wenig frustriert und glauben, dass es noch ein weiter Weg ist, bis Sie Golfspielen können, b) Sie sind stolz auf sich und erwarten, dass es demnächst genauso gut klappt, c) Sie sind dankbar, hoffen aber auch, dass der Lehrer nicht krank wird, d) Sie sind stolz, üben fleißig weiter und gehen davon aus, bald die Platzreife zu erlangen, e) Sie sind frustriert und haben zumindest das Gefühl, dass das alles irgendwie nicht so richtig zu steuern ist oder f) Sie schätzen Ihre eigenen Fähigkeiten als nicht so besonders hoch ein und glauben, bei schwierigeren Aufgaben zu versagen. Mögliche Erklärungen für den Erfolg sind also eine ausgeprägte Fähigkeit, eine große Anstrengung, die Leichtigkeit der Aufgabe oder der Zufall bzw. andere Personen. Sie haben bei der Ursachenzuschreibung – wahrscheinlich ohne es zu merken – bestimmte Faktoren berücksichtigt: Liegt die Ursache in meiner eigenen Person begründet (Talent, Fleiß) oder in äußeren Umständen (Windstille, guter Lehrer)? Ist die Ursache stabil wie das eigene Talent und das des Lehrers oder variabel wie Anstrengung, Wetter und Zufall? Ist die Ursache kontrollierbar (die eigene Übung, der Lehrer) oder nicht (Talent, Wetter)? Dabei sind bestimmte Erklärungen mit bestimmten Emotionen gekoppelt (Stolz, Frustration oder Dankbarkeit). Ihr zukünftiges Verhalten wird sehr unterschiedlich ausfallen, je nachdem, wie Sie die Lage einschätzen. Wie wahrscheinlich ist es unter den gegebenen Alternativen, dass Sie mit dem Training weitermachen oder nicht [165]?

Nur wenige Studien untersuchen den Zusammenhang zwischen Persönlichkeitseigenschaften und sportlicher Leistung [167]. Die vorhandenen Untersuchungen legen den Schluss nahe, dass vor allem die Dimension Extraversion eine wichtige Rolle spielt. Leistungssportler sind extrovertierter, aber auch emotional stabiler als Freizeitsportler. Zudem sind Sportler, die risikoreiche Sportarten ausüben, extrovertierter und weniger gewissenhaft als Sportler risikoärmerer Sportarten. Der gleiche Unterschied spielt für Team- vs. Individualsportler eine Rolle. Unklar ist allerdings, ob eine vorhandene extrovertierte Neigung dazu führt, sich „gesellige“ Sportarten auszusuchen, oder ob die Ausübung dieser Sportarten zur Entwicklung dieses Persönlichkeitszuges beiträgt. Wichtig bei all dem ist aber, sich klarzumachen, dass die Persönlichkeit nicht dazu geeignet ist, die Leistung in einem einzelnen Spiel vorherzusagen, da diese auch von vielen anderen Faktoren, wie einer falschen Schiedsrichterentscheidung, beeinflusst wird. Sie kann aber wohl das Verhalten in einem Spiel vorhersagen, so zeigen zum Beispiel emotional stabilere Sportler im Wettkampf einen besseren Umgang mit Stresssituationen.

Leistung unter Druck

Samstagabend. Sie sind mit Freunden beim Bowlen. Ihre Mannschaft führt knapp, der Sieg steht und fällt mit Ihrem Wurf, der ein Strike sein muss. Die Freunde haben sich hinter Ihnen aufgereiht, rote Gesichter, die Daumen gedrückt. Sie sind einfach der beste Spieler und müssen den Sieg jetzt nach Hause holen. Kompetenz verpflichtet. Es ist natürlich nur ein Spiel, aber ... Ihre Freunde werden vielleicht trotzdem schimpfen, wenn Sie's vergeigen. Sie beruhigen sich, reden sich ein, dass Sie's schon schaffen. Sie können es! Sie bowlen nicht zum ersten Mal! Sie erinnern sich an all die erfolgreichen Games, Sie sind einfach ein guter Bowler! Aber jetzt ruhen alle Erwartungen auf Ihnen. Was, wenn es doch schiefgeht? Ihr Herz schlägt schnell, Schweiß rinnt Ihnen von der Stirn. Kurz spielen Sie mit dem Gedanken, die Kugel hinzulegen und nach Hause zu gehen. Aber nein, Sie haben einen Ruf zu verlieren, reißen sich zusammen, holen aus, werfen ... und zack – der Ball rollt an den Pins vorbei.

Das Phänomen, im entscheidenden Moment einen Fehler zu machen, nennt man Choking under pressure (Versagen unter Druck) oder schlicht Choking. Es tritt immer dann auf, wenn sich in einer Druck-Situation Angst verstärkt [168]. Ein Grund dafür kann sein, dass man zu den Menschen gehört, die genau beobachten und kontrollieren, wie sie von anderen wahrgenommen und bewertet werden und nun unter Druck stehen, diesen Ruf, ihre Identität als Sportler, zu bewahren. Neben diesem Selbstpräsentationsmodell stellen Mesagno und Beckmann (2017) [168] noch zwei weitere Erklärungsmodelle dar. Das Distraktormodell geht davon aus, dass die Aufmerksamkeit in einer Drucksituation von den Anforderungen der durchzuführenden Aufgabe beispielsweise von Ängsten weggelenkt wird und dadurch schlechter wird. Anstatt sich auf die Herausforderung zu konzentrieren, befasst man sich mit irrelevanten Dingen wie den angstauslösenden Mechanismen. Das Selbstpräsentationsmodell unterscheidet sich vom Distraktormodell durch den Schwerpunkt, der im ersten Fall auf der Erhaltung des Selbstbilds und im zweiten Fall auf der fehlenden Aufmerksamkeit auf die Aufgabe liegt. Das Selbstfokussierungsmodell besagt, dass man sich, angestachelt durch die Drucksituation, zu sehr auf die Ausführung der Bewegung konzentriert. Mesagno und Beckmann nennen das „paralysis by analysis“ (2017, S. 171), also Lähmung durch Analyse. Man fängt an, Bewegungsabläufe bewusst zu analysieren, die man eigentlich im Schlaf beherrscht. Das macht die Sache aber nicht besser, sondern stört den automatischen Ablauf der Bewegung. Ein ähnlicher Effekt ergibt sich, wenn man sich als routinierter Autofahrer plötzlich auf die Details des Schaltens konzentriert.

Eine außergewöhnliche motorische Leistung beruht, wie wir gesehen haben, auf guten motorischen Fähigkeiten, viel Übung, einer hohen Leistungsmotivation, einem guten Umgang mit Emotionen und einem entsprechenden kognitiven Vermögen und auf der Persönlichkeit. Entscheidend ist aber auch, welche Rolle Sportlichkeit für das Selbstkonzept spielt. Es besteht aus dem, was man über sich selbst weiß, welche Überzeugungen man zu der eigenen Person hat und wie man sich bewertet, mit anderen Worten, welche Einstellung man zu sich selbst hat. Das Selbstkonzept gibt also Antwort auf die Frage, wer man ist, wie positiv man dieses Bild einschätzt, aber auch, wer man in Zukunft sein möchte und welche Ziele man sich dafür setzen muss. Damit hängt letztlich aber auch zusammen, wie man die eigene Kompetenz wahrnimmt [160]. Wie sehr identifizieren Sie sich mit Sport und Bewegung? Wenn Sie neue Leute kennenlernen, wie schnell erzählen Sie davon, dass Sie gerne Sport treiben, weil es einfach zu Ihnen und Ihrem Leben gehört? Aber auch wenn Sportlichkeit nichts ist, dass Ihr „Ich“ ausmacht, kann Bewegung für Sie eine große Rolle spielen – als Quelle der Freude oder als Möglichkeit, sich selbst und die eigene Lebendigkeit zu spüren. Vielleicht gehen Sie gerne spazieren, ohne dass Sie sich selbst unbedingt als „Sportler“ definieren würden. Die Grenzen sind fließend und das eine schließt das andere nicht aus. Für einen passionierten Sportler ist seine Sportart beides, Quell der Freude und Teil des Selbstbildes.

3.3 Alles spiegelt sich im Körper: Embodiment

Wir haben viele Facetten des Körpers beschrieben, aber können wir den Körper wirklich isoliert betrachten? Unsere Gedanken und unsere Gefühle sind in ihm beheimatet und können nicht losgelöst von ihm gesehen werden. Fühlen wir uns überlastet, kann sich dies in einer Magenverstimmung niederschlagen, die Freude auf ein Wiedersehen mit einer lieben Bekannten mag einen erhöhten Puls nach sich ziehen. Manchmal ist es schwer zu unterscheiden, wann es sich um eine „alleinige" körperliche Reaktion handelt oder um einen körperlichen Ausdruck einer Emotion und Kognition. Die Psychosomatik als Teilgebiet der Medizin beschäftigt sich mit diesem Thema schon lange, aber in den letzten Jahren hat sich in der Psychologie verstärkt die Forschungsrichtung des Embodiments etabliert. Embodiment bedeutet Verkörperung – es gibt kein Denken, kein Fühlen ohne den Körper.

Bewegtes Denken

Doch wozu brauchen wir den Körper beim Denken? Für viele Erwachsene scheint das ein wenig absurd, sitzen sie an ihrem Schreibtisch doch eher festgenagelt und starren unbeweglich auf den Monitor – von Bewegung weit entfernt. Doch einige Menschen schwören darauf, wichtige Gedanken nur in der Bewegung sortieren zu können, andere hingegen empfinden die Bewegung als zusätzliche Belastung. Manche Menschen mögen keine Bewegung, während sie eine kognitive Aufgabe lösen, aber dafür Pausen mit Bewegung. Man muss also differenzieren zwischen Aufgaben, bei denen Bewegungen und Denkaufgaben gleichzeitig durchgeführt werden, und denjenigen, bei denen man sich vor dem Lösen einer kognitiven Aufgabe bewegt, um vielleicht den Kopf frei zu bekommen.

Bei den Tests zu den erstgenannten Aufgaben wird untersucht, wie sich die Leistung verändert, wenn man geht und währenddessen z. B. eine komplizierte Rechenaufgabe löst. Ändert sich denn überhaupt etwas? Ja, insbesondere dann, wenn man auf das Gehen bewusst achten muss, wenn man z. B. einen Berg besteigt, das läuft nicht automatisch ab! Ein Grund dafür, dass sich die Leistung beim Gehen oder beim Rechnen verändert, liegt darin, dass unsere Ressourcen begrenzt sind. Somit treten Motorik und Kognition in eine Art Wettstreit um diese Ressourcen. Wie das im

Detail aussieht, lässt sich nicht einfach sagen: Verschlechtert sich die Leistung beim Gehen oder die Leistung beim Rechnen oder bleibt beides gleich gut? Die Antwort hängt von vielen Faktoren ab, wie zum Beispiel dem Alter der Probanden oder ihrer Expertise: Führen sportliche Experten ihre gut erlernten motorischen Aufgaben zusammen mit einer kognitiven Aufgabe aus, erleben sie oft keine Einbußen in der motorischen Aufgabe. Für Menschen, die jedoch erst anfangen, eine Bewegung zu erlernen, ist es wichtig, sich darauf zu konzentrieren. Eine zusätzliche Mathematikaufgabe zieht Ressourcen ab und führt somit zur Verschlechterung der Bewegung [169]. Doch die Theorie des Wettkampfes um die vorhandenen Ressourcen ist nur eine von vielen. Eine andere Theorie geht davon aus, dass das Erregungslevel optimal sein muss, damit eine kognitive Aufgabe durch eine motorische nicht beeinträchtigt wird. In der Studie von Schäfer und Kollegen konnten Kinder und Erwachsene eine Denkaufgabe besser lösen, wenn sie beim gleichzeitigen Laufen auf einem Laufband die Geschwindigkeit selbst bestimmen durften [170]. Lassen sich Bewegungen auch gezielt einsetzen, um die kognitive Leistung zu steigern? Tatsächlich gelingt dies. Wenn das Erlernen mathematischer Aufgaben durch passende Gesten unterstützt wird, steigert sich die Fähigkeit zum mathematischen Lernen [171].

Daneben ging es in anderen Untersuchungen um den Einfluss einer vorangegangenen Bewegung auf die Leistung bei den kognitiven Aufgaben. Ein Gefühl, das wir kennen – wenn wir durch das Joggen den Kopf frei bekommen. Tatsächlich konnte nachgewiesen werden, dass Bewegung gerade die Exekutiven Funktionen (siehe Kap. 1.3) verbessern kann. Ob man sich jedoch 15 Minuten oder eine Stunde bewegen sollte, sich erschöpfen muss oder langsam Yoga machen kann, ist noch nicht hinreichend untersucht. Viele Studien erforschen zumeist den Effekt eines Ausdauertrainings [172] und können einen kleinen positiven Effekt nachweisen. Aber komplexe Bewegungen, wie das Badmintonspielen, scheinen diesen Effekt auch zu bewirken. Beim Badmintonspiel kann man nicht vor sich hinträumen, es verlangt schnelle Entscheidungen und Bewegungen [173]. Und selbst Yoga sollten wir nicht unterschätzen. Eine Stunde Yoga kann die Exekutiven Funktionen deutlicher verbessern als eine Fitnessstunde [174]. Der Einfluss der Bewegung auf das Denken lässt sich also – zumindest in manchen Studien – nachweisen.

Bewegung resultiert aber aus dem Körper heraus und so muss man sich die Frage stellen, ob der Körper auch ohne Bewegung für die Kognition wichtig ist. Ist das Denken gar im Körper verankert?

Das Denken im Körper

Tatsächlich hat sich gezeigt, dass auch vergangene körperliche Erfahrungen unser Denken prägen können. Erinnern Sie sich noch daran, wie Sie zählen gelernt haben? Vielleicht tauchen Bilder auf, wie Sie die Gummibärchen aus der Tüte geholt und jedes Einzelne gezählt haben, bis die Tüte leer war. Erste Anfänge des Zählenlernens zeigen sich jedoch schon viel früher. Kinder nutzen zu Anfang oft ihre Hände, um zählen zu lernen – dies ist auch bei Kindern in China so. Allerdings gibt es hier einen kleinen Unterschied. Dort nutzen die Kinder für das Erlernen der Zahlen 1–9 nur eine Hand, nur für die Zahl 10 brauchen sie beide Hände. Kinder in Deutschland erlernen die Zahlen eins bis 10, indem sie beide Hände benutzen. Domas und Kollegen führten mit deutschen und chinesischen Erwachsenen ein Experiment durch, das zeigt, wie sich die Art des „manuellen" Zählens auf die Verarbeitung von Zahlen auswirkt. Für die Deutschen, die mit beiden Händen Zählen lernen, ist es schwieriger, zwei Zahlen hinsichtlich ihrer Größe zu vergleichen, wenn eine Zahl größer und eine Zahl kleiner als 5 ist, als wenn zum Beispiel beide Zahlen unter 5 sind, wie 2 und 4. Demnach können sie schneller eine Antwort auf die Frage geben, ob die Zahl 4 größer als die Zahl 2 ist als auf die Frage, ob die Zahl 6 größer als die Zahl 4 ist. Bei den chinesischen Erwachsenen zeigte sich dieser Effekt nicht. Sie hatten schließlich beim Zählenlernen bei dem Begreifen der Zahl 5 und 6 keinen Sprung von der einen auf die andere Hand machen müssen [175].

Auch ganz allgemein lassen sich kognitive Aufgaben besser lösen, wenn die Objekte, die verarbeitet werden müssen, nicht abstrakt, sondern in Anlehnung an den Körper dargestellt werden, also „verkörpert" sind. Dies konnte bei Aufgaben zur Fähigkeit, sich Objekte gedreht vorzustellen, nachgewiesen werden, bei sogenannten mentalen Rotationsaufgaben. So führten Amorim und Kollegen [176] mit den Probanden folgendes Experiment durch: Die Teilnehmenden saßen vor einem Computermonitor und bekamen entweder Paare von abstrakten Würfelfiguren oder Paare von Würfelfiguren, die als Menschen geformt waren, zu sehen. Jeweils ein

Objekt war rotiert, es konnte zudem gespiegelt oder nicht gespiegelt sein. Die Aufgabe der Versuchspersonen war es zu entscheiden, ob die Objekte gespiegelt oder nicht gespiegelt sind. Ein Ergebnis, das in vielen Folgeexperimenten bestätigt werden konnte [177], lautete, dass die Aufgabe viel leichter gelöst werden konnte, wenn die Reize verkörpert waren. Die Verkörperung von Aufgaben erleichtert das Denken, unser Körper ist ein Container für unsere Gedanken. Wann immer wir wahrnehmen und handeln, simulieren wir sensorische und motorische Zustände.

Selbstverständlich darf man auch nicht vergessen, dass der Körper selbst wieder in die Umgebung eingebettet ist, Umgebungsreize spielen eine große Rolle [178]. Der Körper eines Menschen, der sich 20 Jahre lang in einer ländlichen Umgebung bewegt hat, entwickelt sich anders als der Körper eines Stadtmenschen. Es konnte gezeigt werden, dass Menschen, die sich mit der Natur stark verbunden fühlen, auch eine größere Vitalität und Lebenszufriedenheit zeigten [179]. Aber selbst ein Spaziergang hat einen Effekt: Probanden, die 90 Minuten einen Spaziergang durch die Natur unternahmen, machten sich weniger wiederkehrende negative Gedanken als eine Vergleichsgruppe, die einen Spaziergang durch ein städtisches Gebiet unternahm. Dieser Unterschied spiegelte sich auch in der Hirnaktivität wider [180].

Wie wir sehen, hängen die Reize aus der Umgebung, unser Körper und unsere Gedanken zusammen. Aber wie sieht es mit unseren Gefühlen aus? Sind sie im Körper verankert? Beeinflusst der sich bewegende Körper unsere Emotionen?

Bewegte Gefühle

Gefühle zeigen sich im Körper, ein glücklicher Mensch hat die Mundwinkel nach oben zu einem Lächeln gezogen. Glücklichsein führt also dazu, dass wir Muskeln in einer bestimmten Weise nutzen. Es funktioniert aber auch umgekehrt. Bittet man uns, die Mundwinkel hochzuziehen, fühlen wir uns glücklicher. Ein bestimmter Gesichtsausdruck und die damit verbundene Muskelaktivität werden an das Gehirn zurückgemeldet und regen dort dieselben Neurone an, die auch aktiviert werden, wenn wir tatsächlich glücklich sind. Paul Ekman (1993) hat dieses Phänomen schon vor mehr als 25 Jahren beobachtet und als Facial-Feedback-Hypothese formuliert [181]. In einer Zusammenfassung aller bisherigen Studien, die zu dieser Hypothese entstanden sind, zeigte sich ein kleiner signifikanter Effekt: Das Feedback der Gesichtsmuskeln beeinflusst die emotionale Erfahrung [182]. Die Zusammenfassung zeigte aber auch, dass der Effekt von vielen Faktoren abhängig ist, zum Beispiel welche Reize benutzt werden, um eine lustige Situation zu erzeugen.

Gesichtsmuskeln sind jedoch nur ein kleiner Teil von Bewegungsmöglichkeiten, durch die eine Emotion erzeugt werden kann. Wie sieht dies jedoch aus, wenn wie bei der Bewegung des ganzen Körpers große Muskelgruppen aktiviert werden? Oder man könnte sich die Frage stellen, ob es stimmt, dass Bewegung glückliche Gefühle erweckt? Beispiele dafür sind das Runner's High und der Flowzustand. Es geht um das völlige Aufgehen während eines langen Laufs, in dem man die Welt um sich herum vergisst. Viele Menschen versuchen, ihr Glück durch Sport und Bewegung zu erlangen. Dabei sind die Wege verschieden, für den einen mag es Tanzen sein, für den anderen Kampfsport oder Laufen [83]. Glücksgefühle können durch die sogenannten Glückshormone und Neurotransmitter, von denen Dopamin das bekannteste ist, ausgelöst werden (siehe auch Kapitel 2.2). Während Hormone von den Zellen des endokrinen Systems, das unter anderem die Nebennieren und Bauchspeicheldrüse umfasst, hergestellt werden, sorgen die Neurotransmitter für eine schnelle Reizüberleitung im Nervensystem. Kommt es zu einer positiven Stimmung, ist dies mit einem hohen Level an Dopamin assoziiert. Dopamin lässt sich jedoch nicht nur durch Sport steigern, sondern zum Beispiel auch durch tiefes Eintauchen in die Meditation und Hören von Musik. Selbst durch unsere Ernährung kann der Dopaminspiegel erhöht werden. Neben Dopamin spielen auch Serotonin und Oxytocin eine Rolle bei dem Empfinden von Glück.

Die beiden Neurotransmittersysteme, die jedoch gerade mit der Bewegung des Körpers, dem Sport und den positiven Emotionen in Zusammenhang gebracht werden, sind das Endorphin- und Endocannabionid(ECB)-System. Die ursprüngliche Theorie, dass Endorphine beim Sport freigesetzt werden, gilt jedoch inzwischen als nicht mehr uneingeschränkt haltbar [183].

Natürlich gibt die Interpretation dieses Experimentes ein wenig zu denken: Lassen sich Experimente mit Mäusen wirklich 1:1 auf Menschen übertragen (siehe Kasten Seite 111)?

Bereits zwei Jahre vorher haben Raichlen und Kollegen (2013) [185] zeigen können, dass die Aktivierung des ECB-Systems von der Intensität

Glückliche Mäuse

Besonders die Arbeit von Fuss [184] und seinen Kollegen mit Mäusen wies auf die Bedeutung der Endocannabionide hin: In der Studie waren Mäuse, die sich bewegen durften, besser in der Lage, unangenehme Situationen wie Dunkelheit und Hitze auszuhalten, als Mäuse, die sich nicht bewegen konnten. In einem zweiten Experiment wurde dann die Endorphin-Aktivität ausgeschaltet – ohne nennenswerte Konsequenz. Anders verhielt es sich jedoch, wenn ein bestimmter endocannabinoider Rezeptor ausgeschaltet wurde. Der Vorteil der rennenden Mäuse verschwand. Damit Mäuse eine Runner's High erleben können, brauchen sie das endocannabionide System, nicht aber die Endorphine.

des Sportes bei Menschen abhängig ist. Das System verändert sich nämlich nur bei moderater Intensität, aber weder bei sehr hoher noch sehr niedriger. Die Bedeutung des ECB-Systems für die Veränderung der Emotionen, wenn man sich bewegt, sollte also nicht unterschätzt werden. Das Phänomen kann genutzt werden: Depressive zeigen nach einem vorgeschriebenen Ergometer-Training eine Verbesserung der Stimmung und eine Erhöhung des ECB-Spiegels [186].

Im Körper verankerte Gefühle

Unser Körper wirkt also auf die Gefühle, aber wirken unsere Gefühle auch auf den Körper? Wie geht es Ihnen, wenn Sie traurig sind, merken Sie eine Veränderung in Ihrer Haltung? Und spüren Sie vielleicht nicht auch bei einem Erfolg, wie Sie sich selbst ein wenig aufrichten und zumindest für eine Weile mit stolzgeschwellter Brust umherlaufen?

Tatsächlich spiegeln sich Emotionen im Körper wider, wie eine Arbeit von Michalak und Kollegen [187] bestätigt. In ihrem ersten Experiment untersuchten sie das Gangbild von 14 depressiven Patienten und von 14 gesunden Menschen, die noch niemals vorher an einer Depression gelitten hatten. In einem zweiten Experiment wurden gesunde Studierende durch das Hören von trauriger (Barbers „Adagio for strings") und freudiger Musik (Mozarts „Eine kleine Nachtmusik") in eine traurige oder eine fröhliche Stimmung versetzt. Tatsächlich zeigten sich unterschiedliche Gangbildmuster: Traurige Stimmung und die Gefühlslage der depressiven Menschen äußerte sich zum Beispiel durch eine reduzierte Ganggeschwindigkeit, einen geringeren Armschwung und vertikale Kopfbewegungen. Das Spannende ist zudem darüber hinaus, dass die Emotionen auch für andere Menschen durch die Körperhaltung erkennbar sind [188]. So lassen sich die Gefühle Freude, Traurigkeit, Angst, Wut und Ekel klar durch typische Körperhaltungen, die innerhalb eines Gefühls variieren können, erkennen. Diese Zuordnung ist nicht immer 100-prozentig korrekt, so wird eine Haltung, die Traurigkeit ausdrücken soll, manchmal mit Angst verwechselt, dennoch ist es möglich, die Emotionen durch die Haltung auch für das Gegenüber deutlich zu machen. Dies zeigt auf eindrückliche Art und Weise, was Paul Watzlawick in seinem ersten Axiom zur menschlichen Kommunikation gesagt hat: „Man kann nicht nicht kommunizieren" [189]. Auch wenn wir nichts sagen, drücken wir unsere Gefühle aus. Körper, Denken und Fühlen sind miteinander verwoben.

3.4 Zusammenfassung: Unser Körper

Wie sehen wir unseren Körper? Welches Wissen haben wir über ihn gespeichert, welche Einstellungen und Gedanken haben wir zu ihm? Neben dem so definierten Körperbild, das am Anfang besprochen wurde, gibt es noch das Körperempfinden, Körperselbst, Körperbewusstsein und den Körperausdruck. Häufig ist das Bild, das wir uns von unserem Körper machen, mit Bewertungen und Ängsten verbunden. Unterschiedliche Testverfahren helfen uns, unser Körperbild und andere Facetten im Zusammenhang mit unserem Körper zu erfassen.

Der Körper ist zudem ein Container für unser Innenleben, hier drücken sich zum Beispiel emotionale Störungen in einer Verzerrung des Körperbildes aus. Dabei ist die Abgrenzung zwischen einem normalen und einem gestörten Körperbild schwierig. Eine bekannte Körperbild- oder Körperschemastörung ist die Magersucht, deren Ursachen vielfältig sind und bei der absichtlich und aus Angst, dick zu werden, auf Nahrung verzichtet wird. Patienten empfinden sich als zu dick, obwohl sie offensichtlich viel zu dünn sind. Basierend auf diesem Zusammenhang gibt es verschiedene Therapien, die am Körperbild ansetzen. Die Bedeutung des Körperbildes für die Selbstwahrnehmung zeigt sich zum Beispiel auch, wenn bei (jungen) Männern die Muskelmasse zu einem positiven Selbstbild beiträgt, wobei deren soziale Bewertung eine große Rolle spielt.

Gerade in der Adoleszenz, einer Umbruchphase, in der die eigene Identität gesucht wird, spielt das Körperbild eine große Rolle. Die sozialen Medien haben hier einen wesentlichen Einfluss.

Das Körperbild kann durch Selbstmitgefühl positiv beeinflusst werden und hängt mit dem Körpergedächtnis zusammen. Letzteres speichert Bewegungen und Situationen, positiv wie traumatisch, und es entwickelt und differenziert sich mit der Entwicklung des Selbst.

Im Kapitel 3.2 geht es um die Motorik. Grundlage aller (sport-)motorischen Leistungen sind die konditionellen und koordinativen Fähigkeiten, die jeweils in bestimmte Aspekte unterteilt werden können und je nach Sportart eine mehr oder weniger große Rolle spielen. Im Gegensatz zu diesen grundlegenden Fähigkeiten, die wesentlich auch durch die genetische Ausstattung bestimmt sind, stehen die motorischen Fertigkeiten – bestimmte, einmal erlernte Bewegungsabläufe. Säuglinge kommen mit Reflexen und Handlungssystemen auf die Welt. Letztere werden in der motorischen Entwicklung durch Reifung, Erfahrung und Übung immer besser. Riesige Entwicklungsschritte zeigen sich im ersten Lebensjahr, danach ist die motorische Entwicklung aber natürlich nicht abgeschlossen. Das Gehirn entwickelt sich, das Kind wächst, Informationsverarbeitung und Muskelmasse nehmen zu, Veränderungen des Hormon- und Skelettsystems und des Stoffwechsels sind zu beobachten. Motorisches Lernen ist in drei Stufen von kognitiv über assoziativ bis hin zu autonom gegliedert; entscheidend ist hierbei die Frage, wie viel „Bewusstheit“ die Bewegung erfordert.

Psychische Eigenschaften sind beim Sport wesentlich, diese reichen von der Kognition (zum Beispiel räumliches Sehen) über die Emotion (wie viel Aufregung braucht oder verträgt eine Bewegung?) bis hin zur Motivation (wie erklären wir uns unsere Erfolge und Misserfolge und wie sieht unser zukünftiges Verhalten aus?). Darüber hinaus wird beobachtet, dass die Persönlichkeit des Sportlers eher extrovertiert ist. Beim Versagen unter Druck geht es vor allem um die Frage, wie sehr wir uns damit identifizieren, wie andere Menschen uns wahrnehmen oder bewerten. Manchmal denken wir aber auch zu sehr über Abläufe nach, die eigentlich automatisch funktionieren oder die Gefühle lenken uns von der Bewegung ab. Schließlich ist aber auch das Selbstkonzept entscheidend: Wie sehr gehört der Aspekt „Sportlichkeit“ zu dem Bild dazu, das wir von uns selbst haben?

Das Kapitel 3.3 befasst sich mit dem sogenannten Embodiment. Bewegung und Denken können im Wettstreit miteinander liegen, wenn sie beide begrenzte Ressourcen beanspruchen. Hier spielen das Alter der Person und die Fertigkeit, eine Bewegung auszuführen, eine wichtige Rolle. Ob man während einer Bewegung gut denken kann, hängt aber unter Umständen auch davon ab, wie stark das Erregungslevel ist. Denken kann sich schließlich auch nach der Bewegung verbessern: Das ist vor allem für Ausdauersportarten und für die Exekutiven Funktionen, also die Handlungskontrolle, belegt. Vergangene körperliche Erfahrungen prägen unser Denken, und das Denken fällt uns leichter, wenn es verkörpert ist (wie etwa bei der mentalen Drehung von Figuren, die die Form von Menschen haben).

Man sieht unserem Gesicht unsere Gefühle an, wenn wir beispielsweise lächeln. Umgekehrt kann eine „Lächeln-Bewegung" zu einem guten Gefühl führen. Unsere Stimmung drückt sich in unseren Bewegungen aus, und Bewegung wirkt auf unsere Stimmung, indem sie Hormone und Neurotransmitter beeinflusst.

Teil 2: Transpersonale Aspekte

4 Jenseits des Selbst

4.1 Wissen ohne Verstand: Intuition

Wie treffen Sie Entscheidungen? Nehmen wir an, Sie möchten sich etwas Schönes kaufen, ein Sofa zum Beispiel. Setzen Sie sich an Ihren Schreibtisch, nehmen ein Blatt Papier zur Hand, notieren sorgfältig Vor- und Nachteile der Sitzmöbel, die Sie sich im Internet und Möbelhaus angeguckt haben, und wählen dann das Sofa mit den meisten Pluspunkten? Gehen Sie vielleicht sogar so vor, die einzelnen aufgelisteten Punkte zu gewichten, um in einem komplizierten mathematischen Prozess das Siegersofa zu ermitteln? Oder gehören Sie zu denen, die sich nicht mit Listen belasten und Ihren Bauch entscheiden lassen? Sie nehmen das Sofa, zu dem Sie sich am meisten hingezogen fühlen, bei dem Ihr Herz „Ja!" ruft?

Intuition und Entscheidungen

Man kann Entscheidungen mit dem Verstand treffen, rational, oder aus dem Bauch heraus, mit dem Herzen oder intuitiv. Mit dem Begriff „intuitiv" beschreiben wir meist ein Verhalten, dessen Ursache wir nicht richtig fassen können, wenn wir „irgendwie" das Gefühl haben, das eine tun und das andere lassen zu sollen.

Gigerenzer, langjähriger Leiter des Max-Plank-Institutes für Bildungsforschung und einer der führenden Experten in der Entscheidungsforschung, verwendet die Begriffe Intuition, Ahnung und Bauchgefühl synonym, um ein Urteil zu kennzeichnen, „1. das rasch im Bewusstsein auftaucht, 2. dessen tiefere Gründe uns nicht ganz bewusst sind und 3. das stark genug ist, um danach zu handeln" (2008, S. 25) [190].

Aber was ist denn nun besser? Entscheidung per Intuition oder Verstand? Wilson und Kollegen haben dies im Jahre 1993 mit folgendem Experiment näher untersucht [191]: Die Versuchsleiter präsentierten den teilnehmenden Studenten fünf verschiedene Poster: ein Bild von Monet, eines von van Gogh, zwei verschiedene humorvolle Fotos einer Katze und ein Cartoon, bei dem ein Tier in einem Heißluftballon in den Himmel schwebt. Eine Hälfte der Teilnehmer wurde aufgefordert, sich Gedanken zu machen und aufzuschreiben, was sie an jedem Poster mochte und was nicht. Anschließend sollten sie sich für ein Poster entscheiden, das sie mit nach Hause nehmen durften. Die andere Hälfte sollte spontan ein Lieblingsposter auswählen. Wer war nun zufriedener mit seiner Wahl? Bei einer telefonischen Befragung am Ende des Semesters stellte sich heraus, dass es nicht die wohlüberlegten, sondern die spontanen Entscheider waren, die das Poster auch häufiger aufgehängt hatten. Es scheint also so zu sein, dass weniger Nachdenken zu Entscheidungen führt, mit denen man glücklicher ist. Zumindest bei Postern, aber auch bei Marmelade oder Seminaren an der Uni, wie eine andere Studie Wilsons zeigt [192].

Warum „scheiterten“ die wohlüberlegten Entscheider beim Poster-Experiment? Die Erklärung der Autoren lautet, dass die Teilnehmer eigentlich gar nicht so genau wussten und verbalisieren konnten, warum sie ein Poster (nicht) mochten. Wurden sie nun dazu aufgefordert, es dennoch zu tun, hielten sie sich an Argumente, die naheliegend waren und gut verbalisiert werden konnten. Diese Erklärung entsprach aber nicht unbedingt den wahren Gründen, die im Laufe der Zeit wieder in den Vordergrund traten und das spätere Urteil beeinflussten [191]. Eine weitere Erklärung betrifft die Kapazität des Verstandes. Wie viele Informationen kann er überhaupt verarbeiten? In einer anschaulichen Studie von Dijksterhuis [193] sollten Probanden unter vier verschiedenen Autos dasjenige auswählen, das sie am liebsten „mitnehmen“ würden. Es war ein Wagen darunter, der vorwiegend gute Eigenschaften hatte. Ein Auto war halb schrottreif (vorwiegend negative Eigenschaften), die anderen zwei lagen qualitativ dazwischen. Pro Fahrzeug bekamen die Teilnehmer vier Eigenschaften genannt. Anschließend wurde eine Hälfte der Teilnehmer (wie im Poster-Experiment) aufgefordert, über die Autos nachzudenken. Die andere Hälfte wurde mit einer anderen Aufgabe, die nichts mit den Wagen zu tun hatte, abgelenkt (das ist eine Abweichung von dem Poster-Experiment) und sollten dann spontan entscheiden. Diesmal waren die wohlüberlegten Entscheider besser als die spontanen, sie wählten das „beste" Auto häufiger aus. Der Unterschied zwischen den Gruppen war allerdings gering. Entscheidend ist das Ergebnis der zweiten Bedingung des Experiments: Diesmal bekamen die Teilnehmer nicht vier Informationen pro Fahrzeug, sondern zwölf. Sie mussten also insgesamt 48 Informationen auswerten. Welche Gruppe wählte diesmal häufiger das beste Auto? Es waren diejenigen, die spontan entschieden hatten. Die wohlüberlegten Entscheider wählten häufiger einen mittelmäßigen PKW. Die Autoren der Studie interpretieren das Ergebnis so, dass die Teilnehmer mit den 48 Informationen überfordert waren – zumindest, wenn sie versuchten, diese mit dem Verstand zu analysieren. Für das Unbewusste sind 48 Informationen, so scheint es zumindest, eine Kleinigkeit.

Ein anderes Beispiel, das illustriert, wie die Intuition unser Verhalten bestimmt, ist eine Studie von Bechara und Kollegen, in der die Teilnehmer bei einem Glückspiel möglichst viel Geld verdienen sollten [194]. Die Teilnehmer, jeder hatte ein Guthaben von 2000 Dollar erhalten, saßen an einem Tisch vor vier Stapeln mit Spielkarten. Je zwei Stapel gehörten einer Kategorie an, nennen wir sie die roten und blauen Stapel (wie Bas Kast in seinem Buch *Wie der Kopf dem Bauch beim Denken hilft* (2018) [195], das sehr ausführlich auf das Thema Intuition und u. a. auch auf die hier genannten Studien eingeht). Die Teilnehmer sollten jeweils eine Karte ihrer Wahl umdrehen. Auf den Vorderseiten waren unterschiedlich hohe Dollarbeträge notiert, Gewinne von 50 Dollar oder 100 Dollar, bisweilen aber auch Verluste. Die Beträge der roten und blauen Stapel unterschieden sich auf ganz spezifische Weise, was den Teilnehmern aber im Vorfeld nicht mitgeteilt wurde: Bei den roten Karten gab es hohe Gewinne, aber auch hohe Verluste, bei den blauen Karten ging es gemäßigter zu. Zwar waren die Gewinne weniger hoch, aber Gleiches galt auch für die Verluste. Insgesamt war es für die Teilnehmer auf lange Sicht besser, die Karten vom blauen Stapel zu nehmen, um nach 100 Karten mit möglichst viel Geld dazustehen.

Während des Experimentes wurde die Hautleitfähigkeit der Teilnehmer gemessen, deren Wert kennzeichnet, wie nervös man ist [196]. Nun begannen die Teilnehmer also, Karten zu ziehen und sich über Gewinne zu freuen beziehungsweise über Verluste zu ärgern. Wie lange brauchten sie, um das Spiel zu durchschauen? Erst nach etwa 50 Karten ging allen Teilnehmern auf, dass die beiden roten Stapel risikoreicher waren als die blauen.

Das allein ist interessant. Viel interessanter ist aber die Beobachtung, dass sich schon ab der zehnten Karte der Hautwiderstand messbar veränderte. Die Teilnehmer waren aufgeregt, wenn sie kurz davor waren, eine rote Karte umzudrehen. Diese körperliche Reaktion spiegelte sich auch im Verhalten: Die Probanden mieden die roten Stapel, ohne dass es ihnen bewusst gewesen wäre. Bevor der Verstand also das Spiel durchschaut hatte, hatte das Unbewusste schon registriert, dass die roten Karten ungünstiger waren. Darüber hinaus hatte das Unbewusste dafür gesorgt, dass die Teilnehmer ihr Verhalten anpassten, ohne dass sie es selbst (zumindest nicht direkt) bemerkten.

Bei intuitiven Entscheidungen wissen Sie also möglicherweise nicht nur nicht, wie Sie zu einem Urteil gekommen sind, sondern auch nicht, dass Sie zu einem Urteil gekommen sind und sich entsprechend verhalten haben.

Ist Intuition doch nicht alles?

Bevor Sie jetzt dazu übergehen, nur noch per Intuition durchs Leben zu wandeln, schauen wir uns das Thema genauer an. Daniel Kahneman, der 2002 für die von ihm und Amos Tversky entwickelte Prospect Theory den Nobelpreis für Wirtschaftswissenschaften bekam, stellt in seinem Buch *Schnelles Denken, langsames Denken* (2016) zwei Systeme gegenüber [197]: „System 1 arbeitet automatisch und schnell, weitgehend mühelos und ohne willentliche Steuerung. System 2 lenkt die Aufmerksamkeit auf die anstrengenden mentalen Aktivitäten, die auf sie angewiesen sind, darunter auch komplexe Berechnungen. Die Operationen von System 2 gehen oftmals mit dem subjektiven Erleben von Handlungsmacht, Entscheidungsfreiheit und Konzentration einher." (S. 33). Als Beispiel für die Aktivität von System 1 nennt er die unmittelbare Interpretation eines Gesichtsausdrucks. Sie sehen zum Beispiel das Foto einer Person und wissen sofort, dass sie wütend (fröhlich, überrascht ...) ist. Diese Einschätzung kommt Ihnen genauso automatisch in den Sinn wie die Vermutung, dass die Person, stände sie Ihnen gegenüber, etwas sehr Unfreundliches sagen würde. Als Beispiel für eine Operation von System 2 nennt Kahneman eine Multiplikationsaufgabe, die über das kleine Einmaleins hinausgeht, also 16x23. Ein bisschen müssen Sie schon nachdenken, um auf die Lösung zu kommen. Das klingt sehr nach unseren beiden Kandidaten

„Verstand“ (System 2) und Intuition (System 1), auch wenn Kahneman die Systeme nicht damit gleichsetzt. Er schreibt: „System 1 generiert fortwährend Vorschläge für System 2: Eindrücke, Intuitionen, Absichten und Gefühle. Wenn Eindrücke und Intuitionen von System 2 unterstützt werden, werden sie zu Überzeugungen, und Impulse werden zu willentlich gesteuerten Handlungen.“ (2016, S. 37)

Intuitionen sind also nur eine Funktion von System 1. Mithilfe von bewusster Aufmerksamkeit und Informationen aus dem Gedächtnis versucht System 2 Antworten auf Fragen zu erhalten. System 1, das auch für die Intuition zuständig ist, versucht hingegen, unsere Vorstellung von der Welt aufrechtzuerhalten und ist dabei anfällig für Entscheidungsfehler.

Wie sehen diese Fehler aus? Nach Gigerenzer [190] funktionieren Bauchgefühle durch sogenannte Heuristiken oder Faustregeln, die sich im Laufe der Zeit verändern. Gängig ist die Verfügbarkeitsheuristik: Je leichter uns Beispiele für ein Ereignis, einen Gegenstand oder eine Assoziation in den Sinn kommen, umso wahrscheinlicher schätzen wir das Ereignis (den Gegenstand, die Assoziation) ein. Kurz gesagt: Das, was uns schnell in den Sinn kommt, halten wir für das Wahrscheinlichste.

Diese Faustregel ist in vielen Fällen hilfreich, aber eben nicht immer. Manchmal sind Ereignisse auch dann in unserem Denken präsent, wenn sie selten vorkommen [197]. Dazu gehören beispielsweise Flugzeugabstürze, die unser Denken, wenn auch vielleicht nur für eine gewisse Zeit nach einem Absturz, beherrschen. Ein Ereignis, das dramatisch ist oder aus einem anderen Grund aus unserem Alltag „hervorsticht“, ist also auch leicht verfügbar. Gleiches gilt für persönliche Erfahrungen im Vergleich zu Erfahrungen anderer. So kann man zu dem Schluss kommen, dass ein Ereignis häufiger vorkommt, als es tatsächlich der Fall ist, nur weil man von der Verfügbarkeit von Beispielen für das Ereignis im Denken fälschlicherweise auf dessen Häufigkeit schließt.

Kahneman listet weitere typische Fehler auf, etwa die Urteils- oder Repräsentativitätsheuristik und den Ankereffekt. Bei der Repräsentativitätsheuristik gehen wir davon aus, dass Ereignisse umso wahrscheinlicher sind, je mehr sie einem bestimmten Prototyp entsprechen.

Kahnemans „Linda-Problem"

Im „Linda-Problem", das Kahneman in seinem Buch beschreibt, wurde den Probanden die Beschreibung einer Frau gleichen Namens vorgelegt, ohne auf ihren Beruf und eine mögliche feministische Aktivität einzugehen. Im Anschluss wurden die Probanden gefragt, wie wahrscheinlich es aufgrund der Beschreibung ist, dass Linda Bankkassiererin bzw. Bankkassiererin *und* Feministin sei. „Alle sind sich einig", so Kahneman (2016, S. 196), „dass Linda eher der Vorstellung einer ‚feministischen Bankkassiererin' als dem Stereotyp einer Bankkassiererin entspricht." Tatsächlich ist es aber so, dass die Wahrscheinlichkeit, eine „feministische Bankkassiererin" zu sein, geringer ist als die, „nur" Kassiererin zu sein. Die Menge der „feministischen Bankkassiererinnen" ist nämlich eine Teilmenge der Bankkassiererinnen. Je genauer man ein Ereignis beschreibt (je prototypischer es ist), umso *un*wahrscheinlicher wird es.

Beim Ankereffekt treffen wir Urteile und orientieren uns dabei an bestimmten Werten (oder „Ankern"), die es systematisch verzerren, auch wenn sie nichts mit dem Urteil zu tun haben. Kahneman bringt in seinem Buch folgendes Beispiel:

Ankereffekt

„Wenn man Sie fragt, ob Gandhi über 114 Jahre alt war, als er starb, werden Sie sein Alter bei seinem Tod viel höher schätzen, als Sie es tun würden, wenn die Ankerfrage auf einen Tod mit 35 hinweisen würde." (S. 152). Das Besondere an diesem Effekt ist aber, dass er auch funktioniert, wenn man Sie vor der *neutralen* Frage nach Gandhis Todesalter ein Glücksrad drehen lassen würde, das durch eine vorherige Manipulation mehrfach hintereinander einen bestimmten hohen oder niedrigen Wert anzeigt. Auch dann wäre die Altersschätzung in die eine oder andere Richtung verzerrt – vorausgesetzt natürlich, Sie wissen das Todesalter Gandhis nicht ohnehin und lassen sich daher nicht beeinflussen.

Intuition allein scheint also auch keine Lösung zu sein, was Skeptikern entgegenkommt. Zwar berichteten in einer Studie Versuchspersonen, die bestimmte Mathematikaufgaben eher intuitiv lösten, auch über einen stärkeren Glauben an Gott [198], eine nachfolgende Studie legte aber nahe, dass dieser Zusammenhang zwischen Intuition (beziehungsweise seinem „Gegenstück", dem analytischen Denken) und Glauben eher auf sozio-kulturellen Faktoren beruhte [199]. Es braucht umso mehr analytischen Verstand, den eigenen Glauben anderen gegenüber zu begründen, je säkulärer die Gesellschaft ist. In Gesellschaften wie den USA, in denen Religiosität verbreitet ist, muss man sich für seinen Glauben nicht „rechtfertigen", in anderen Ländern, wo das nicht der Fall ist, schon eher. So findet man in Studien je nach gesellschaftlichen Werten einen Zusammenhang zwischen Glauben und Intuition beziehungsweise analytischem Denken, in anderen dagegen nicht.

Unbewusste Heuristiken oder das „Eine Bewusstsein"?

Haben wir uns bisher auf den Pfaden der reinen Wissenschaft bewegt, möchten wir das Kapitel 4.1 mit einem Schritt in die Welt des Spirituellen abschließen. In seinem Buch *One-Mind: Alles ist mit allem verbunden* beschreibt der texanische Arzt Larry Dossey den nichtlokalen Geist oder das nichtlokale Bewusstsein [200]. Zu diesem Bewusstsein haben alle Menschen Zugang, es ist räumlich und zeitlich unbegrenzt. Jeder von uns kann nach diesem Konzept theoretisch alles wissen, egal wo und wann es passiert ist, gerade passiert oder passieren wird. Dossey listet in seinem Buch Beispiele auf, die seine These untermauen. Dazu gehören Geschichten, bei denen Menschen mit einer großen Sicherheit spüren, quasi „wissen", dass irgendwo am anderen Ende der Welt etwas Schlimmes passiert, ein Familienmitglied zum Beispiel gerade mit dem Tode ringt oder das Flugzeug, in das man steigen möchte, abstürzen wird. Handelt es sich um Hellseherei oder Spinnerei oder doch eine Form der Intuition, in der unbewusst eine Reihe von Informationen, die in eine bestimmte Richtung weisen, aufgenommen und verarbeitet wurden?

Hatte Dr. Smith einfach viele Erfahrungen gesammelt und nahm unbewusst Informationen über die Patientinnen auf, die zu seinen Entscheidungen führten? Dossey verwirft diese Erklärung und macht stattdessen das „Eine Bewusstsein" für seine Fähigkeiten verantwortlich. Intuition wird hier also noch weiter gefasst, sie ist von wie auch immer gearteten Wahrnehmungen unserer Sinnesorgane losgelöst. Dr. Smith weiß es einfach. Was für die einen verrückt klingt, lässt Menschen, die an so etwas wie den sechsten Sinn glauben, unbeeindruckt.

Der sechste Sinn

Dossey beschreibt sehr ausführlich die Geschichte eines Gynäkologen mit dem „sechsten Sinn". Dr. Smith hatte seine Schicht auf der Entbindungsstation beendet und war nach Hause gefahren. Plötzlich überkam ihn das Gefühl, dass bei der schwangeren Patientin Mary etwas nicht stimmte, obwohl bisher alles danach ausgesehen hatte, dass es bis zur Geburt noch ewig dauern würde. Getrieben von diesem Gefühl, das sich bei ihm in Schmerzen in der Brust äußerte, rief er in der Klinik an und bat eine Schwester, nach Mary zu sehen. Sie folgte der Bitte, fand die Schwangere aber guter Dinge vor. Eine Weile später, Smiths Gefühl hatte sich trotz der beruhigenden Nachricht der Schwester verstärkt, setzte er sich ins Auto und fuhr zurück in die Klinik. Er kam gerade zur rechten Zeit dort an, um bei der Geburt von Marys Tochter Olivia zu helfen. Nach einigen Jahren war Smith in der Klinik für seinen sechsten Sinn bekannt und niemand zweifelte mehr daran, dass man seine Ahnungen – die Schmerzen in der Brust – ernst nehmen sollte.

Was ist besser, Intuition oder Verstand? Wie so oft lässt sich die Frage nicht pauschal beantworten. Die „Listenmenschen" unter Ihnen können die Idee aufgreifen, dass es vielleicht gar nicht so verkehrt ist, bei der nächsten größeren Anschaffung mehr auf das Herz zu hören. Gehören Sie eher zu den „Bauchmenschen", überlegen Sie das nächste Mal, wenn Sie eine Schlagzeile in der Zeitung lesen, vielleicht zweimal, was wirklich dran ist. Zur rechten Zeit auf den Bauch hören oder den Verstand einschalten, das ist wohl die hohe Kunst.

Schließen möchten wir diesen Abschnitt mit einem Zitat, das Albert Einstein zugeschrieben wird [195, S. 26]: „Der intuitive Geist ist ein heiliges Geschenk und der rationale Geist ein treuer Diener. [...] Wir haben eine Gesellschaft erschaffen, die den Diener ehrt und das Geschenk vergessen hat."

4.2 Vertrauen in das Größere: Glauben und Spiritualität

Im vorangegangenen Kapitel 4.1 haben wir gesehen, dass Intuition die Fähigkeit beschreibt, Entscheidungen zu treffen, ohne diese rational begründen zu können. Intuition ist also etwas, was sich unserem Verstand entzieht. Für manche Menschen, vielleicht auch Sie, trifft dies auch bezogen auf „den Glauben" oder auf „die Spiritualität" zu. Man hält etwas für wahr, das man mit dem Verstand nicht fassen kann. Würden Sie sich konkret als gläubig oder spirituell bezeichnen?

Glauben – Eingebettet in etwas Höheres

Wir können das Wort „Glauben" ganz unterschiedlich auffassen, im erkenntnistheoretischen Sinne als das Fürwahrhalten zum Beispiel der eigenen Wahrnehmungen und Erkenntnisse: So glaube ich, dass aufgrund der heutigen Wetterlage morgen die Sonne scheinen wird. Oder ich glaube, dass mein Mann mich das ganze Leben lang lieben wird. (Oder sollte man lieber hoffen sagen?) Im religiösen Sinne wird „glauben" als das Überzeugtsein von etwas Höherem oder auch von der jeweiligen Lehre verstanden. Mit dem religiösen Glauben beschäftigt sich die Theologie. Uns interessiert im Rahmen dieses Buches die Frage, welchen Einfluss der Glauben auf unser Leben haben kann.

Glauben – Heilkraft für das eigene Leben?

„Glaube kann Berge versetzen", sagt der Volksmund. In der Medizin ist dieses Phänomen unter dem Begriff des Placebo-Effekts beschrieben worden. Schon allein der Glaube, dass ein Medikament einen Wirkstoff gegen Schlafstörungen enthält, kann dazu führen, dass sich der Schlaf verbessert. Aber kann der Glaube an Gott oder an etwas „Höheres" auch das Leben verbessern oder sogar verlängern? Dies legt eine Studie von Bruce und Kollegen (2017) nah [201]. Sie untersuchten über 5400 Erwachsene im Alter zwischen 40 und 65 Jahren und stellten fest, dass die Sterblichkeitsrate bei denen, die regelmäßig in die Kirche gingen, deutlich niedriger war. Dabei bedachten sie auch Faktoren wie den sozioökonomischen Status, Gesundheit nach eigener Einschätzung, bestehende Krankheiten, das Maß der sozialen Unterstützung, die Qualität der Ernährung, sportliche Aktivität und Alkoholgenuss. Ein unterschiedlicher Stresslevel der beiden Gruppen der Kirchgänger und Nicht-Kirchgänger konnte den heilsamen Effekt nur teilweise erklären. Kausalschlüsse wie „Der Glaube an Gott verlängert das Leben" lassen sich aus dieser Zusammenhangsstudie allerdings nicht ziehen.

Wenn Glauben aber wirklich heilen könnte, wie würde der heilsame Effekt zustande kommen? Levin (2009) schlägt folgende fünf Mechanismen vor: a) durch die Bestärkung eines gesunden Lebens, welches die Gesundheit des Einzelnen verbessert, b) durch die Erfahrung, dass der Einzelne durch die Gemeinschaft der Gemeinde soziale Unterstützung erhält, c) durch einen kognitiven Mechanismus, der es ermöglicht, die eigenen Selbstheilungskräfte zu aktivieren, d) durch eine affektive Handlungsaufforderung, bei welcher schädigendes stressreiches Verhalten vermieden wird und e) durch einen psychophysiologischen Zusammenhang, bei welchem Hoffnung und Optimismus gestärkt werden und der sich heilend auf physiologische Parameter auswirkt [202].

Levin schließt daraus, dass der Glaube bei der Heilung einer Erkrankung eine mächtige Kraft sein kann. Aber sicherlich müssen noch viele Studien folgen, um die von ihm genannten Mechanismen zu bestätigen.

Neben der Hypothese, dass der Glauben eine heilsame Wirkung auf die Gesundheit und damit das Leben haben könnte, stellt sich auch die Frage, inwiefern er durch die Persönlichkeit beeinflusst wird oder diese beeinflusst.

Glauben – Was ihn beeinflusst

Sind Sie gläubig? Werden Sie von anderen Menschen deshalb manchmal als naiv angesehen?

Warum glaubt ein Mensch? Und wie formt der Glauben den Menschen? In den letzten Jahren wurde diese Frage hauptsächlich in Beziehung zu den analytischen Fähigkeiten und zur sozialen Kognition, worunter Wahrnehmungen, manche Gedächtnisphänomene, moralische Vorstellungen oder Emotionen verstanden werden, die durch andere beeinflusst werden, untersucht. Dabei scheint analytisches Denken den Glauben an etwas Höheres tendenziell zu verhindern. Oftmals handelt es sich bei entsprechenden Studien um Zusammenhangsstudien, die keinen Kausalschluss zulassen, anders bei Experimenten, in denen analytisches Denken induziert wird. In einer solchen Arbeit wurde den Versuchspersonen entweder kurz ein Bild der Statue „Der Denker“ von Rodin gezeigt (hier hatte man durch Vorversuche herausgefunden, dass dies das analytische Denken aktiviert) oder ein Bild einer vergleichbaren Skulptur („Der Diskuswerfer“ von Myron). Es konnte nachgewiesen werden, dass die Präsentation der „Denkerposition“ zu einem größeren Zweifel an der Existenz eines höheren Wesens führte [203]. Analytisches Denken beeinflusst also den Glauben. Der wiederum verbessert offenbar die Fähigkeit zur sozialen Kognition. Gläubige besitzen zum Beispiel ein größeres moralisches Bewusstsein. Lesen Versuchspersonen in einem Experiment Sätze, die Wörter des Glaubens enthalten, wie Gott oder göttlich, tendieren sie dazu, mehr Geld zu spenden als Teilnehmer der Kontrollgruppe, die vorher keinen Hinweis auf etwas Göttliches bekamen [204]. Erhebt man das moralische Bewusstsein und die empathischen Fähigkeiten der einzelnen Personen mit, erweist sich interessanterweise die negative Beziehung zwischen analytischem Denken und Glauben als weniger bedeutsam als angenommen [205]. Auch wenn diese Studie wieder nur einen Zusammenhang beschreibt, weist sie doch auf eine stärkere Korrelation zwischen Empathie, Mitgefühl und moralischem Bewusstsein hin, als auf eine negative Beziehung zwischen analytischem Denken und dem Glauben an etwas Höheres. Vielleicht lehnen Sie sich jetzt beruhigt zurück und denken, dass Sie doch nicht dümmer als ihr ungläubiger Nachbar sind.

Glaube wirkt aber nicht nur auf das Verhalten anderen gegenüber, sondern kann ebenso auf Ihre eigene Entwicklung einen Einfluss haben, so kann er z. B. die Selbstregulationsfähigkeit verbessern. Sie umfasst zum einen die Fähigkeit, das Verhalten so zu steuern, dass „Lebensziele“ erreicht werden, und zum anderen die Selbstkontrolle, die verhindert, dass schädigende Impulse umgesetzt werden. Der Selbstkontrolle liegen Persönlichkeitsmerkmale wie Verträglichkeit und Gewissenhaftigkeit zugrunde – und so verwundert es nicht, dass diese Persönlichkeitseigenschaften positiv mit einer Religionszugehörigkeit oder einem Glauben zusammenhängen [206].

Vielleicht gehören Sie zu den 57 Prozent der Menschen in Deutschland, die nicht an Gott glauben, und Sie fühlen sich von diesem Abschnitt nicht angesprochen. Möglicherweise kommen Ihnen Aussagen wie „Es gibt doch mehr zwischen Himmel und Erde, als wir messen können“ oder „Es ist so komisch, was erst wie ein Rückschlag aussah, erwies sich im Nachhinein als ein Geschenk des Himmels“ dennoch bekannt vor. Oft lassen sich Gedanken über Ereignisse nicht so einfach erklären und haben etwas „Spirituelles“ an sich. Doch was bedeutet es überhaupt, spirituell zu sein? Die Assoziationen mit dem Begriff reichen von der Verbundenheit mit der Natur bis hin zu der Fähigkeit, Tische zu verrücken.

Spiritualität – Vom Geist beseelt

Der Begriff Spiritualität leitet sich vom lateinischen Begriff spiritus, Luft, Hauch, Atem oder Atmen ab. Später wurde er auch mit Seele oder Geist übersetzt. In der Antike veränderte sich der Begriff und bezog sich auf Frömmigkeit. In der westlichen Philosophiegeschichte lassen sich die folgenden drei Bedeutungen der Spiritualität unterscheiden: a) eine rechtlich-kulturelle Bedeutung in Form von kirchlichen Ämtern, Sakramenten Kultstätten etc., b) eine religiöse Spiritualität, die sich auf unterschiedliche Aspekte eines christlichen Lebens bezieht und c) eine philosophische Bedeutung der Spiritualität, die in seinen Ausführungen die Seins- und Erkenntnisweise der immateriellen Wesen bezeichnet [207].

Das spirituelle Leben ist jedoch keine Art Wellness-Programm, sondern ein Weg zur Selbsterkenntnis. Spiritualität ist somit nicht ein-, sondern mehrdimensional [208]. Sie kann aufgefasst werden als „Verbunden- und Einssein; Verbundenheit mit einem höheren Wesen; Verbundenheit mit Kosmos und Natur; Verbundenheit mit der sozialen Mitwelt; Beziehung zum Selbst und Selbsttranszendenz; Sinn; paranormale Erfahrung; Praxis“ (vgl. Bucher, 2014, S. 32–40).

Lässt sich diese Verbundenheit messen und wenn ja, wie differenziert, sodass die verschiedenen Aspekte bedacht werden? Diese Frage ist deshalb wichtig, weil Spiritualität sonst als Esoterik abgewertet wird. Tatsächlich existieren zahlreiche Messinstrumente, um Spiritualität zu erheben. Ein Fragebogen zum spirituellen Wohlbefinden [209] erfasst Aspekte des persönlichen, gemeinschaftlichen, umweltbezogenen und transzendentalen Wohlbefindens, die in eine umfassende Dimension des spirituellen Wohlbefindens zusammengefasst werden. Darüber hinaus ermittelt ein Fragebogen die spirituelle Sensitivität [210] und ein anderer die spirituelle Intelligenz [211].

So umfasst die spirituelle Intelligenz a) die Fähigkeit, kritisch über die Bedeutung übergreifender Konzepte wie Raum, Zeit, Tod und das Universum nachzudenken, b) die Erfahrung einer persönlichen Bestimmung, c) die Entwicklung eines transzendentalen Bewusstseins und als eine mögliche Folge davon d) eine Bewusstseinserweiterung.

Darüber hinaus werden auch neurowissenschaftliche Methoden angewandt: Unter der Annahme, dass Spiritualität durch das Merkmal der Selbsttranszendenz abgebildet wird, untersuchten Forscher Patienten, die eine Schädigung in bestimmten Regionen des Gehirns (in linken und rechten inferioren parietalen Regionen) aufwiesen. Diese Patienten zeigten ein gesteigertes Empfinden der Selbsttranszendenz [212].

Ein konsensfähiges Messinstrument für Spiritualität scheint es nicht zu geben, daher müssen Forschende immer begründen, warum sie sich für ein bestimmtes Messverfahren entschieden haben, um ein breites Verständnis der Spiritualität: „... deren Kern Verbundenheit ist, zum einen horizontal mit der sozialen Mitwelt, Natur, und dem Kosmos, zum anderen vertikal mit einem den Menschen übersteigenden, alles umgreifenden Letztgültigen, Geistigen, Heiligen, für viele nach wie vor Gott" (Bucher, 2012, S. 69) zu erfassen.

Wenn Sie kleine Kinder beobachten, mag Ihnen aufgefallen sein, wie eng sie mit der Natur verbunden sind und sogar unbelebte Objekte beseelen. Man könnte fast auf den Gedanken kommen, dass Kinder per se spirituell sind. Täuscht dieser Eindruck?

Spirituell – Von Anfang an?

Ob Kinder per se spirituell sind, lässt sich nicht so einfach beantworten. Wird Spiritualität eher als Selbsttranszendenz definiert, dann sind sie noch nicht spirituell, versteht man unter ihr aber eine Verbundenheit, dann kann man Kinder durchaus als spirituell bezeichnen. Zu diesen Erkenntnissen gelangt man, wenn man Kinder zum Beispiel retrospektiv nach ihrer Verbundenheit mit der Natur, der Erfahrung von Gott [213] oder auch zu Nahtoderlebnissen [214] befragt. Dabei berichteten sie ähnliche Phänomene wie Erwachsene: aus dem Körper heraustreten, in die Dunkelheit eintreten, das Erlebnis eines Tunnels und die Entscheidung, in den Körper zurückzukommen.

Ist es so verwunderlich, dass Kinder spirituell sind? Das animistische Denken – die Beseelung unbelebter Dinge – ist in der kindlichen Entwicklung ein wichtiger Schritt: Ein Beispiel ist die Aussage eines Dreijährigen, dass „die Sonne auf die Wolken ärgerlich sei und diese weggejagt hätte" (Berk, 2005, S. 297) [215]. Dies verdeutlicht die Verbundenheit des Jungen mit der Natur. Die Spiritualität ist aber auch ein Teil des Jugendalters. Es gilt psychologisch betrachtet als eine Zeit der Identitätsfindung. Gerade in dieser Phase suchen die Jugendlichen einen Sinn im Leben und sind für verschiedene Erklärungsmodelle offen. In einer umfassenden Studie zur Spiritualität bei über 6000 Mädchen und Jungen im

Alter von 12 bis 25 Jahren aus 17 Nationen konnte nachgewiesen werden, dass 63 Prozent von ihnen glaubten, alle Lebewesen seien miteinander verbunden [216]. Es zeigten sich jedoch sehr große nationale Unterschiede, von den sehr spirituellen amerikanischen Teenagern bis hin zu wenig spirituellen Jugendlichen aus der Ukraine [208]. Spiritualität im Jugendalter hat einen positiven Effekt auf die Entwicklung: Spirituelle Jugendliche lehnen häufiger Gewalt ab, und man dokumentiert bei ihnen weniger delinquentes Verhalten. Zudem führte eine tägliche spirituelle Praxis bei Jugendlichen, die suchtbedingt an einem zweimonatigen Behandlungsprogramm teilnahmen, mit größerer Wahrscheinlichkeit zur Abstinenz, zu einem gesteigerten prosozialen Verhalten und einem reduzierten abhängigen Verhalten [217].

Bei der spirituellen Praxis handelte es sich um das Zwölf-Stufen-Programm der Anonymen Alkoholiker, in dem Bezug auf ein höheres Wesen genommen wurde. Die tägliche spirituelle Beschäftigung scheint demnach eine geeignete Interventionsstrategie für abhängige Jugendliche zu sein. Weiterhin zeigten sie ein höheres moralisches Verhalten und Engagement für soziale Zwecke.

Vielleicht stutzen Sie nun einen Augenblick und fragen sich, ob Sie die spiritistischen Sitzungen Ihrer Teenager-Tochter doch nicht ganz so kritisch betrachten sollten? Die Antwort ist schwierig, denn als ein vermeintlich negativer Effekt ist Jugendsatanismus zu erwähnen. Er spielt jedoch in wissenschaftlichen Zeitschriften eine viel geringere Rolle als von den Medien suggeriert wird. Glaube und Spiritualität sind demnach zwei Facetten der transzendentalen (transpersonalen) Erfahrung, die über die Person, das „Ego", hinausgehen. Doch bedeutet dies, dass das Ego dann verschwindet? Vielleicht würden Sie sich als gläubig oder spirituell bezeichnen – aber Sie spüren trotzdem Emotionen, können manchmal ganz deutlich glücklich, traurig oder wütend sein. Sie glauben – aber Ihr Ego ist noch vorhanden! Damit sind Sie nicht alleine, denn gerade mystische Menschen, also diejenigen, die eine Gotteswirklichkeit für sich erfahren haben, besitzen ein ausgeprägtes Ego [218]. Ebenso konnte gezeigt werden, dass buddhistische Mönche, die verneinen, ein Ego zu besitzen, eine große Angst vor der Auflösung des Selbst durch den Tod haben [219]. Wie kann dies sein – wenn sie anerkennen, gar kein Ego zu besitzen und die transzendentale Seite so präsent ist, dass die Erfahrung der Auflösung des eigenen Selbst so ängstigt?

Eine Erklärung besteht darin, dass die transzendentale Bedeutung nur theoretisch beziehungsweise philosophisch bei den buddhistischen Mönchen verankert ist, sie aber nicht wirklich internalisiert wurde. Keiner der Mönche in dieser Studie war Langzeit-Meditierer, und eine spannende Forschungsfrage für die Zukunft wird sein, ob Menschen, die viele Jahre meditieren, weniger Angst vor der Auflösung des Selbst haben.

4.3 Zusammenfassung: Jenseits des Selbst

Das Kapitel 4.1 behandelt die Frage, ob wir Entscheidungen mit dem Verstand oder mit dem Bauch, das heißt der Intuition, treffen. Intuition beschreibt ein Urteil, das unvermittelt in unserem Bewusstsein auftaucht, dessen Gründe uns zwar nicht ganz bewusst sind, die dennoch so überzeugend sind, dass wir danach handeln. In manchen Situationen ist es hilfreich, auf den Bauch zu hören, denn er weiß Dinge, die die Kapazität des Verstandes überschreiten und die sich nicht verbalisieren lassen. Darüber hinaus leitet der Bauch unser Verhalten manchmal ohnehin schon, ohne dass wir es merken.

Doch die Intuition oder das „System 1" ist auch anfällig für verschiedene Arten von Entscheidungsfehlern: Kommt uns ein Beispiel leicht in den Sinn, halten wir das zugehörige Ereignis für wahrscheinlicher. Gleiches gilt für prototypische Ereignisse. Beim Urteilen beziehen wir uns zudem manchmal auf Informationen, die nichts mit dem zu beurteilenden Sachverhalt zu tun haben, was ebenfalls zu Fehlurteilen führen kann.

Am Ende fragen wir, ob Intuition nicht manchmal sogar noch weiter geht als eine unbewusste Wahrnehmung und Informationsverarbeitung. Gibt es so etwas wie einen sechsten Sinn wirklich? Letztlich kommt es darauf an, im richtigen Moment auf Verstand oder Bauch zu hören.

Im Kapitel 4.2 geht es um Glauben und Spiritualität, zwei Facetten der transzendentalen oder transpersonalen Erfahrung, die über die Person und das Selbst hinausgehen. Glaube im religiösen Sinn meint das „Überzeugtsein" von etwas Höherem oder von der Lehre einer bestimmten Religion. Spiritualität ist dagegen ein Weg zur Selbsterkenntnis, ein Verbunden- und Einssein, also das Erkennen, dass es keine Trennung zwischen dem eigenen Selbst und allen anderen Manifestationen auf der Welt, also eigentlich gar kein Selbst, gibt. Aber auch die Beziehung zum Selbst und die Selbsttranszendenz, die Frage nach dem Sinn des Lebens und paranormale Erfahrungen gehören in den Bereich der Spiritualität. Studien zeigen, dass der Glauben das Leben verlängert, basierend auf einem gesünderen Lebensstil, der Erfahrung von Gemeinschaft und Aktivierung von Selbstheilungskräften sowie Hoffnung und Optimismus. Analytisches Denken scheint auf den ersten Blick den Glauben zu verhindern. Viel stärker ist aber dessen Zusammenhang mit Empathie, Mitgefühl und dem moralischen Bewusstsein. Bereits in der Kindheit spielt die Spiritualität eine Rolle: Kinder spüren allerdings eher den Verbundenheitsaspekt als die Transzendenz. In der Pubertät ist Spiritualität im Rahmen der Identitätsfindung wichtig. Spiritualität kann einen positiven Einfluss auf die Entwicklung haben, wobei es große nationale Unterschiede gibt.

5 Achtsamkeit: Wege zur Transzendenz

5.1 Den Geist beruhigen: Meditation

Meditation ist mittlerweile auch in unserer westlichen Leistungsgesellschaft kein Fremdwort mehr. Manager großer Konzerne verbringen eine Zeit im Kloster, um in die Stille eintauchen und abschalten zu können. Ein ähnliches Bild zeigt sich im Leistungssport, wie die Fernsehzuschauer bei der Leichtathletik-WM 2019 in Doha beobachten konnten. So zog sich die spätere Weitsprung-Weltmeisterin Malaika Mihambo zwischen ihren Sprüngen in einer meditativen Haltung zurück, um sich zu fokussieren. Auch einer der weltbesten Tennisspieler, Novak Djokovic, meditiert, um einen fokussierten Bewusstseinszustand zu erreichen. Was kann die Meditation? Ist sie ein neuer Weg zur Leistungsoptimierung, ein neues mentales Wundermittel? Oder doch etwas anderes – ein Weg, den Geist zu beruhigen und innere Ruhe zu finden, unabhängig von dem Erfolg im Beruf oder in der Freizeit?

Meditation ist ein Weg der spirituellen Praxis. Im Mittelpunkt steht, die Gedanken zur Ruhe zu bringen oder in Leere einzutauchen. Es gibt zahlreiche Meditationsformen: Während für die einen das stille Sitzen und die Konzentration auf den Atem angenehm ist, bevorzugen die anderen die Konzentration auf das eigene Herz. Die verschiedenen Meditationstechniken unterscheiden sich aufgrund ihrer Herkunft und ihrer philosophischen Ausrichtung. Wissenschaftlich wird zwischen Meditationsformen unterschieden, die sich eher auf die Fokussierung (aufmerksamkeitsnahe Form) oder auf das Mitgefühl beziehen (konstruktive Form) beziehungsweise auf die Vermeidung von Prozessen, die die eigene Person schädigen (dekonstruktive Form) [220].

Der aufmerksame Geist – Aufmerksamkeitsnahe Meditation

Möchten Sie die aufmerksamkeitsbasierten Meditationsformen ausprobieren, ist für den Einstieg oftmals eine Herangehensweise geeignet, die sich auf ein bestimmtes Objekt bezieht, zum Beispiel auf den Atem. Man nennt diese Form auch die *focussed attention meditation*. Man sitzt in einer aufrechten Haltung und konzentriert sich auf das Ein- und Ausatmen. Es werden Gedanken aufkommen, die wahrgenommen und dann wieder losgelassen werden, um sich danach wieder auf den eigenen Atem zu konzentrieren. Durch diese Art der Meditation wird die Fähigkeit geübt, etwas wahrzunehmen, ohne den Fokus zu verlieren, sich aber manchmal doch von seinem Objekt (hier dem Atem) abzuwenden und dann dorthin wieder zurückzukommen [221]. Regelmäßig praktiziert, führt diese Übung dazu, dass immer weniger Anstrengung notwendig ist, den Fokus auf das ausgewählte Objekt zu richten. Vielleicht wird es Ihnen sogar nach einer Weile gelingen, die Fokussierung immer mehr zu reduzieren. Dann wenden Sie Ihren inneren Blick in die Weite. Diese Art anstrengungslose Fokussierung wählt kein Objekt aus, es ist die *open monitoring meditation* [221].

Der aufmerksame Geist wird gerade in der Zen-Meditation geübt: Geprägt ist dies durch das regelmäßige Stillsitzen (vielleicht auf einem Meditationskissen oder einer Meditationsbank) in aufrechter Haltung mit entspannten Schultern, dem Atmen durch die Nase, der Haltung der linken Hand schalenförmig in der rechten und dem entspannten, leeren, schräg nach unten gerichteten Blick. Bei einer regelmäßigen Praxis gelingt es den Meditierenden besser, Dinge wahrzunehmen, die unbewusst ablaufen, Dinge, auf die wir anspringen, ohne bewusst zu überlegen [222]. Vielleicht kennen Sie so etwas und Sie fragen sich, warum Sie in einer bestimmten Situation immer wütend reagieren? Oft liegen hier innere Muster zugrunde, die uns auf den ersten Blick gar nicht bewusst sind. Die Art der Meditation hat jedoch nicht nur einen Einfluss auf die Dinge, die wir wahrnehmen, sondern wirkt sich auch auf den Körper aus: So können ältere Menschen ihre Lebensqualität steigern und den systolischen Blutdruck verringern [223]. Dieser Faktor ist beispielsweise für die Großzahl der Menschen wichtig, die an Bluthochdruck leiden.

Stillsitzen, um sich auf ein Objekt oder den Atem zu konzentrieren, ist nicht für jeden geeignet. Vielleicht kommt es Ihnen eben irgendwie konzentriert und auch ein bisschen kühl vor und sie vermissen eine andere

Qualität in der Meditation, vielleicht eine Qualität der Wärme. Diese drückt sich in den anderen Meditationsformen aus, wir nennen sie hier mitgefühlsnahe Meditationen.

Das liebende Herz – Mitgefühlsnahe Meditation

Wenn wir uns beobachten, merken wir, wie oft wir uns über Dinge ärgern, die wir nicht ändern können: über den Stau auf dem Weg zur Arbeit, über das unfreundliche Wort des Nachbarn oder über das Wetter, das den geplanten Wochenendausflug wortwörtlich ins Wasser fallen lässt. Dass wir an den Naturgegebenheiten wenig ändern können, verstehen wir schnell, unser Verständnis für das Verhalten anderer Menschen ist oftmals nicht so groß. Die Praxis der herzzentrierten Meditationen, insbesondere die Metta-Praxis bzw. die Praxis der liebenden Güte (loving kindness) [224], hilft dabei, Erwartungen hinter uns zu lassen, und zu erkennen, dass ein jeder so gut er in der Situation kann, handelt, auch wir selbst. Mit der herzzentrierten Meditation üben wir, Liebe und Mitgefühl zu erlernen: gegenüber uns selbst, Freunden, Fremden oder einem Menschen, mit dem wir Schwierigkeiten haben.

Auch bei dieser Art der Meditation wird innere Ruhe in einer geeigneten Körperhaltung gesucht. Zunächst werden meist vier Sätze formuliert, beispielsweise: „Möge ich glücklich sein“, „Möge ich gesund und heiter sein“. Durch diese Sätze kann sich ein Gefühl der Wärme ausbreiten und ein Gefühl der Selbstliebe entwickeln. In einem zweiten Schritt werden diese Sätze auf nahestehende Menschen ausgeweitet: „Möge mein Kind glücklich sein“, „Mögen meine Eltern frei von starken Beschwerden sein“. In dieser wohlwollenden Haltung Menschen gegenüber, die dem Meditierenden lieb sind, verweilt man so lange, wie es einem guttut. In einem dritten Schritt wird eine Person bedacht, die näher bekannt ist, weil man sie vielleicht öfters auf der Straße trifft. Auch dieser Person wird von Herzen alles Liebe gewünscht, dass sie glücklich sei und keine Leiden ertragen müsse. So geschieht es, dass wir mit einer ursprünglich fremden Person eine Verbindung eingehen. Damit ist die Entwicklung einer Nähe zu allen Menschen möglich. Zum Schluss kommt der vermeintlich schwierigste Schritt, der Schritt zur liebenden Güte gegenüber Menschen, die man als schwierig einschätzt, sei es der unfreundliche Nachbar oder die cholerische Chefin. Sie kennen sicherlich alle so eine Person, man hat das

Gefühl, nicht zusammenzukommen. Eine Möglichkeit, sich dieser Person zuzuwenden, ist, sich noch einmal der Erfahrung der Kränkung bewusst zu werden. Die herzzentrierten Meditationen sollen helfen, diese durch den anderen erlebte Ungerechtigkeit zu vergeben. Wir können uns hier fragen, warum die andere Person so gehandelt hat, vielleicht hat sie einen Trauerfall in der Familie und ist nicht belastbar oder vielleicht wurde sie selbst ungerecht behandelt. Es ist demnach zum einen eine Möglichkeit, sich die inneren Konflikte der ungeliebten Person zu verdeutlichen, zum anderen aber auch, sich ihrer positiven Aspekte bewusst zu werden. Würde es gelingen, innerlich den Satz zu formulieren: „Ich verzeihe dir“, hilft dies der Vorstellung, dass dieser Mensch leidet. Man wünscht ihm, dass sich dieses Leiden verringere.

Wenn wir die Art der Meditation praktizieren, kann es vorkommen, dass dies gar nicht so einfach ist. Vielleicht stellt sich gar kein Mitgefühl ein. Das dürfen wir so annehmen, wie es im Moment ist. Die herzzentrierte Meditation muss auch nicht immer so wie geschildert ablaufen, das ist nur eine Sichtweise. Durch das Zitieren bestimmter Mantren können wir auch unser Herz öffnen. Uns ist das zum ersten Mal vor vielen Jahren in einem Yoga-Kurs begegnet, in welchem am Ende jeder Stunde das Sanskrit-Mantra „Lokah samasta sokhinu bhawantu“, was so viel heißt wie: „Mögen alle Lebewesen glücklich und frei sein“, gesprochen wurde. Ein schöner Spruch, der den Tag und Abend begleiten könnte!

Zahlreiche Studien belegen die Wirksamkeit dieser Art der Meditation. In einer Arbeit [225] konnte gezeigt werden, dass allein eine kurze solche Übung dazu führte, positive soziale Gefühle zu steigern und das Gefühl der sozialen Isolation zu verringern:

Die Hälfte der Versuchspersonen sollte sich vier Minuten lang vorstellen, dass zwei geliebte Menschen an ihrer Seite stünden. Danach sollten sie die Augen öffnen und ein Bild einer fremden Person auf einem Computermonitor betrachten und dabei durch vorgegebene Sätze der Metta-Meditation diesen Personen Aufmerksamkeit schenken. Die andere Hälfte der Versuchspersonen wurde aufgefordert, sich zunächst zwei neutrale Personen an ihrer Seite vorzustellen. Nach vier Minuten sollten sie sich ebenfalls die Fotografie eines neutralen Fremden anschauen und Details des Fremden merken. Beide Gruppen mussten dann ein Stimmungsprofil ausfüllen. Hier zeigte sich, dass eben durch diese siebenminütige Intervention die Gefühle der sozialen Verbundenheit und der positiven Einstellung einer fremden Person gegenüber nachgewiesen werden konnte.

Diese Art Meditation scheint dadurch zu wirken, dass positive Gefühle gesteigert und negative Gefühle reduziert werden [226]. Eine Meditation der liebenden Güte fördert die Aktivierung von Gehirnregionen, die bei der emotionalen Verarbeitung und dem Empfinden von Empathie involviert sind. Vergleicht man die Gehirnaktivität bei Menschen, die im Durchschnitt seit vielen Jahren die Loving-Kindness-Meditation ausübten, und bei Teilnehmern der Kontrollgruppe, die noch nie in ihrem Leben meditiert hatten, zeigte sich bei den Meditierenden eine geringere Aktivität in den Gehirnregionen, die bei selbstbezogenem Denken und bei dem Abwandern von Gedanken aktiv sind [227].

Um die eigene Person noch besser kennen und schätzen zu lernen, kann eine Form der dekonstruktiven Meditation genutzt werden. Wir wollen sie hier erfahrungsnahe Meditation nennen.

Die eigene Person schätzen lernen – Erfahrungsnahe Meditation

Verschiedene Formen dieser Art der Meditation können uns helfen, die Dynamik der Wahrnehmung, der Gefühle und des Denkens über unsere eigene Person zu verändern. Bei einer Form wird die eigene Person dadurch erfahren, dass die eigenen Wahrnehmungen näher betrachtet werden. Spüre ich zum Beispiel bei der Anwesenheit einer bestimmten Person oder bei der Vorstellung ihrer Anwesenheit, dass mein Herz schneller schlägt? Bei anderen Meditationsformen gelangt man zu Einsichten in die Natur der Gedanken und der Gefühle.

Am Beispiel der Emotion Ärger wird der Unterschied zur aufmerksamkeitsbasierten Meditation deutlich:

Stellen Sie sich vor, in Ihnen steigt Ärger auf. Mithilfe aufmerksamkeitsbezogener Meditationen können Sie dieses Gefühl wahrnehmen, annehmen und wieder ziehen lassen. Mittels dekonstruktiver Methoden können Sie dieses Gefühl aber näher betrachten: Was genau ist dieser Ärger? Was ärgert mich denn besonders in dieser Situation? Bei einer Begegnung mit einem bestimmten Menschen – ist es die Stimme, die Aussage, die Körperhaltung? Unbewusste Glaubensätze können bewusst werden und so kann ihre Gültigkeit überprüft werden [220].

Ein Beispiel für diese Gruppe der Meditation ist der Ansatz der achtsamkeitsbasierten Therapie. Die Teilnehmer lernen eine achtsame innere Haltung und den Umgang mit negativen Gefühlen. Eine geführte Meditation, die sich auf negative Emotionen bezieht, kann beispielsweise beinhalten, zu entdecken, wo die Emotion im Körper spürbar ist und wie sie sich bei liebevoller Zuwendung verändert. Wird sie stärker oder schwächer? Verändert sie sich zu einer anderen Emotion? Gelingt es überhaupt, die Emotion wahrzunehmen, oder tritt ein Widerstand auf? Woher kommt dieser Widerstand? Kann er überwunden werden? Gelingt es, wieder zum Atem zurückzukehren und eine liebevolle Haltung einzunehmen? Kann die Emotion in der Art verstanden werden, dass sie genauso wie der Atem kommt und geht? Dadurch wird ihre Bedeutung relativiert und wir können lernen, nicht in der Emotion zu verweilen.

Zu dieser Gruppe der Meditationsformen gehört auch die Vipassana-Meditation. Durch die Konzentration auf den Atem bei der Sitzmeditation oder auf das Gehen bei der Gehmeditation wird der Zusammenhang zwischen Körper und Geist erfahren. Im Gegensatz zu Meditationen aus der ersten Gruppe, in denen eine Leere angestrebt wird, sucht man hier nach dem Zusammenspiel von Körper und Geist.

Die Aufzählung der unterschiedlichen Meditationsformen ist natürlich nicht erschöpfend, und die Einteilung ist ein Versuch der Autoren [220], die unterschiedlichen Formen zu klassifizieren. In der praktischen Anwendung vermischen sich einige Elemente. Auch die wissenschaftlichen Ergebnisse sind sehr vielfältig, oftmals wird die Effektivität einer bestimmten Meditationsform im Vergleich zu einer Kontrollgruppe untersucht, bei der die Versuchspersonen eine andere Aufgabe als die der Meditation bekommen. Anders jedoch bei einer kürzlich erschienenen Studie von Nguyen und Kollegen (2019) [228]. Insgesamt 142 Versuchspersonen mittleren Alters wurden zufällig auf eine Kontrollgruppe, die keine Aufgabe erhielt, eine Gruppe, die an einer achtsamkeitsbasierten Meditation teilnahm, und eine Gruppe, die eine Meditation der liebenden Güte durchführte, aufgeteilt. Zwei Wochen vor und drei Wochen nach dem jeweils 6-wöchigen Kurs beziehungsweise der Wartezeit wurden die Telomere, die Endstücke der Chromosomen, der Versuchspersonen bestimmt. Es zeigte sich, dass die Telomere bei den Versuchspersonen aus der Meditationsgruppe der liebenden Güte im Vergleich zu den anderen beiden Gruppen weniger schrumpften. Ihr Schrumpfen spiegelt den Alterungsprozess wider. Ließe sich die Verkleinerung der Telomere verhindern, könnte vielleicht der Alterungsprozess verzögert werden. Auch wenn nur die Meditationspraxis der liebevollen Güte einen Einfluss auf den Alterungsprozess hatte, zeigten beide Meditationsformen einen Einfluss auf die Entwicklung positiver Emotionen im Alltag [229]. Hier trat ein Zusammenhang mit der Häufigkeit der täglichen Praxis auf: Diejenigen, die häufiger meditierten, berichteten auch von mehr positiven Emotionen.

Dennoch steht der wissenschaftliche Vergleich verschiedener Meditationsformen noch am Anfang. Das ReSource Project widmete sich diesem Thema. Hier wurden die Einflüsse a) eines mentalen Trainings mit einer Fokussierung auf die Aufmerksamkeit, b) eines Trainings, welches auf soziale-emotionale Prozesse fokussierte und c) eines Trainings, das unter anderem die Perspektivenübernahme trainierte, miteinander verglichen. Alle Trainings dauerten über mehrere Monate. Dabei konnten unterschiedliche Effekte auf viele Variablen, wie auf das Verhalten, die Gehirnaktivitäten und die Verbesserung der sozialen Kognition, festgestellt werden [230]. So förderte zum Beispiel die emotionale Meditation am stärksten die positiven Gedanken. Wie immer gilt es da, den eigenen Weg auch in der Meditationspraxis zu finden. Selbstverständlich kann dieser Weg ein ganz anderer sein als der der Nachbarin.

Kurze Meditationsübung

Wenn Ihnen bislang die Meditation noch nicht vertraut ist, versuchen Sie es vielleicht zu Beginn mit einer kurzen Übung aus dem Buch von Sunim [231]. Kreisen Sie die Schultern ein paarmal schnell in beide Richtungen. Strecken Sie die Arme hoch und lassen Sie sie wieder fallen. Mit geschlossenen Augen atmen Sie 6- oder 7-mal tief ein und aus. Legen Sie die rechte Hand in Herzhöhe auf die linke Brust und sprechen Sie leise vor sich hin:

Möge ich gesund sein.
Möge ich glücklich sein.
Möge ich friedlich sein.
Möge ich beschützt sein.
Möge ich geliebt sein.

5.2 Stress achtsam reduzieren: MBSR oder die Wahl des richtigen Ortes?

Eine sehr spezifische Form der Achtsamkeitspraxis ist die sogenannte *mindfulness-based stress reduction* (MBSR), die in Kursen gelehrt wird. Sie ist wohl das bekannteste Achtsamkeitsverfahren und wurde 1979 von Jon Kabat-Zinn [232] entwickelt, um Stress zu reduzieren. Im Mittelpunkt steht dabei das Erlernen der Fähigkeit, den Moment so anzunehmen, wie er ist, ohne ihn verändern zu wollen, zu hinterfragen oder zu bewerten. Das wichtigste Element des Kurses ist also die Achtsamkeit, die durch verschiedene Meditationsformen und Körperübungen erfahren wird. An dem Gruppenprogramm können sechs bis 20 Praktizierende teilnehmen, die sich regelmäßig treffen und auch zu Hause üben. Abgerundet wird dies durch ein am Ende des Kurses stattfindendes Ganztagesseminar. Das klingt natürlich erst einmal viel und so mancher wird sich fragen, wo er die Zeit hernehmen soll. Aber – es ist genauso wie mit dem Erlernen einer neuen Bewegungsform: Wenn Sie nicht regelmäßig üben, wird es Ihnen schwerfallen, die Bewegung wirklich zu verinnerlichen.

Das Programm besteht aus bestimmten formalen Übungen (Übungen aus dem Yoga, Sitz- und Gehmeditation), aber es werden auch Elemente der Fokussierung oder des Loslassens gelernt, wie z. B. eine Meditation zum Umgang mit schwierigen Gefühlen. Eine wertschätzende Haltung sich selbst gegenüber lässt sich durch diese Meditationen erlangen. Das Ziel ist ein Zustand des Gleichmutes, in dem die äußeren Umstände den Praktizierenden nicht aus der Ruhe bringen können. Dies bedeutet aber nicht nur, dass man nicht durch den Misserfolg entmutigt, sondern auch, dass man durch den Erfolg nicht ermutigt wird. Ein gleichmütiger Mensch ist voll und ganz in der Lage, ein Ereignis so zu nehmen, wie es kommt. Doch wie lässt sich dieser Zustand erreichen? Oder anders gefragt: Wie sieht ein MBSR-Kurs in der Praxis aus?

MBSR in der Praxis

Als Beispiel sei hier die erste Kursstunde dargestellt: Sie beginnt mit einer Begrüßung und Orientierungsphase, gefolgt von einer Kennenlernrunde und der Präsentation der Gruppenregeln. Dabei ist es wichtig, dass die Kursleitung präsent ist, worunter nicht nur die physische, sondern auch die emotionale Präsenz verstanden wird. Die Teilnehmer und Teilnehmerinnen müssen spüren, dass der Kurs einen sicheren Rahmen bietet, der es ihnen ermöglicht, sich mitzuteilen und zu entwickeln. Zu den Kursregeln gehört zum Beispiel die Schweigepflicht. Nach der Präsentation der Kursregeln wird eine Achtsamkeitsübung durchgeführt, die den Teilnehmenden erste praktische Erfahrungen vermittelt. Eine bekannte Achtsamkeitsübung im MBSR-Kurs ist die „Rosinenübung" [233]:

Rosinenübung

Die Teilnehmerinnen und Teilnehmer erhalten je zwei Rosinen. Sie werden nun aufgefordert, eine Rosine in die Hand zu nehmen und diese so zu betrachten, als sähen sie sie heute zum ersten Mal. Damit wird der sogenannte „Anfängergeist" geweckt. Tatsächlich ist es ja so, dass die Betrachtenden diese eine Rosine noch nicht kennen. Danach werden sie aufgefordert, die Rosine mit allen Sinnen zu erfahren, sie zum Beispiel sanft zu betasten und an ihr zu riechen, bevor sie sie ganz langsam zum Mund führen und dann beobachten, was sie spüren, wenn die Rosine zum ersten Mal die Lippen berührt. Die Teilnehmenden sollen genau beobachten, was sie wahrnehmen, wenn sie die Rosine zerbeißen und sie schlucken. Im Anschluss werden die Teilnehmer angehalten, die zweite Rosine im eigenen Tempo wahrzunehmen und zu verspeisen. Abschließend findet in der Gruppe ein Erfahrungsaustausch statt.

Die Kursleitung kann dann von dem achtsamen Essen der Rosine auf einen achtsamen Umgang mit der eigenen Person überleiten und zum Beispiel einen Body-Scan anleiten. Beim Body-Scan, der wie die Rosinenübung zu den formalen Übungen gehört und im Liegen stattfindet, handelt es sich um eine Art mentale Reise durch den Körper. Dabei wird den verschiedenen Regionen des Körpers eine wohlwollende Aufmerksamkeit entgegengebracht. Empfindungen (Schmerz etc.) werden wahrgenommen, aber sie werden nicht kommentiert oder bewertet. Häufiges Üben erlaubt es, Körpersignale und Verspannungen aufzuspüren, eine Voraussetzung dafür, diesen entgegenwirken zu können. Zum Abschluss der ersten Kursstunde wird ein Ritual eingeführt und in allen Modulen wiederholt. Beispielsweise werden die Sitzungen mit einer Minute der Stille beendet. Die Praktizierenden erhalten zudem eine Aufgabe bis zur nächsten Stunde.

Zwar hat jede einzelne Kursstunde ihren Schwerpunkt, aber die Elemente der Begrüßung, der Diskussion der Hausaufgaben, die Erfahrungen mit einer Übung und das abschließende Ritual finden sich immer wieder.

Die erste Stunde dient dazu, die Teilnehmenden gewahr werden zu lassen, dass sie dauernd Situationen, Menschen und auch die eigenen Gedanken bewerten, aber zum Beispiel auch mit der Zukunft (Was koche ich zu Mittag?) beschäftigt sind. Das bedeutet, dass sie immer wieder an ihre eigenen Grenzen geführt werden. Aber wären sie nicht auch gerne im jetzigen Moment präsent? Doch tatsächliche Präsenz ist nicht so einfach, diese Erkenntnis und sich selbst gegenüber Mitgefühl zu haben, sind die Ziele eines MBSR-Kurses [232].

Während des Kurses wird zudem der Umgang mit den eigenen Emotionen angesprochen. Emotionen begleiten uns ein ganzes Leben lang. Je älter wir werden, umso mehr lernen wir, dass sie kommen und dann auch wieder gehen. Dennoch nehmen sie uns manchmal ganz schön mit, was sich beispielsweise beim Autofahren zeigt. Kennen Sie dieses Gefühl, wenn der Fahrer vor Ihnen zu langsam fährt oder ohne zu blinken plötzlich abbiegt, sodass Sie anfangen, laut zu fluchen? Fragen Sie sich dann, woher diese plötzliche Aggressivität kommt?

Dyadische Gesprächsübung

Auch zum Thema Perspektivenübernahme bietet ein MBSR-Kurs Bausteine, wie die dyadische Gesprächsübung. Zunächst finden sich die Teilnehmer und Teilnehmerinnen zu Paaren zusammen. Nach einer kurzen Pause der Stille spricht einer der beiden Teilnehmer über ein positives oder negatives Ereignis. Von besonderem Interesse beim Erzählen ist dabei das emotionale und körperliche Erleben. Der oder die Zuhörende bleibt still und widmet sich ganz dem Zuhören, ohne zu intervenieren. Das ist nicht einfach, wie oft neigen wir doch dazu, schnell zu reagieren! Die zuhörende Person soll lernen, sich ganz der Wahrnehmung der eigenen Emotionen und der des anderen zu widmen. Es geht darum zu erfahren, wie sich ein zugewandtes Zuhören und ein Nicht-Kommentieren (und damit auch ein Nicht-Bewerten) sowohl für die Erzählenden als auch für die Zuhörenden anfühlen kann. Vielleicht entsteht ohne diese Nicht-Bewertung ein Gefühl der Verbundenheit, welches man in der Form noch nicht gespürt hat.

Manchmal hilft da die STOP-Methode (Stop – Take a breath – Observe – Proceed) [234]. Spürt man, wie sehr man in den eigenen Emotionen gefangen ist, kann man einen Moment innehalten (Stop) und einen tiefen Atemzug nehmen und die Beobachtung auf diesen Atemzug richten (Take a breath). Nun kann man beobachten, welche Dinge man wahrnimmt: Wie fühlt sich der Körper an? Welche Gedanken und welche Gefühle treten auf (Observe)? Danach macht man so weiter, wie es sich gut anfühlt (Proceed). Vielleicht kann uns die STOP-Methode helfen, die langsamen Autos vor uns mit einem Lächeln zu betrachten?

Wenn Sie hier zum ersten Mal von einem MBSR-Kurs lesen, klingt das vielleicht interessant, aber ist die Methode überhaupt wirksam? Können wir wirklich durch achtsames Gewahrsein unseren Stress vermindern?

Ist Stressreduktion durch MBSR wissenschaftlich erwiesen?

Die Wissenschaft beschäftigt sich immer eingehender mit den – positiven – Auswirkungen von Achtsamkeit. Seit 2005 haben die wissenschaftlichen Untersuchungen exponentiell zugenommen. Manchmal ist es schwer, aus der Flut der Veröffentlichungen die wesentlichen und qualitativ hochwertigen Studien herauszufiltern.

In einer Studie wurde gezeigt, dass ein MBSR-Kurs den Stress wirksam reduzierte, wobei die Reduktion besonders gut bei den Praktizierenden gelang, die vorher einen hohen Stresswert aufwiesen [235]. In einer Meta-Analyse (d.h. einer Arbeit, in der viele Studien zu einem Thema zusammengefasst und statistische Kennwerte für generelle Effekte berechnet werden) befasste man sich mit dem Einfluss einer MBSR-Intervention auf gesunde Personen. Das Stressempfinden verringerte sich stark, ebenso Angst und Depression (wenn auch weniger stark), und die Lebensqualität nahm zu [236]. Es zeigte sich auch ein positiver Effekt eines MBSR-Kurses bei chronischen Schmerzpatienten [237] und bei Patientinnen und Patienten mit einer anhaltenden depressiven Episode und einer Angststörung [238]. In einer weiteren Meta-Analyse wurde aufgezeigt, dass bei Patientinnen mit Brustkrebs ein MBSR-Kurs unter anderem zu einer Verbesserung des Immunsystems, einer Verringerung von Müdigkeit und Stress sowie zur Erhöhung des emotionalen Wohlbefindens und der Achtsamkeit beitrug [239].

Trotz dieser vielversprechenden Befunde warnen führende Wissenschaftler und Wissenschaftlerinnen davor, die Studienergebnisse unkritisch anzuwenden [240]. So muss in jeder Studie hinterfragt werden, welches Konzept der Achtsamkeit zugrunde gelegt und wie Achtsamkeit „operationalisiert", das heißt präzisiert wurde. Oft wird in klinischen Studien eine Abwandlung des „Goldstandards" eines MBSR-Kurses angewendet (weniger und kürzere Treffen, keine Hausaufgabe). Darüber hinaus werden in den Studien häufig gegenläufige Effekte nicht kontrolliert. Haben Personen etwa Traumatisches erlebt, kommen sie bei der Innenschau zu sehr mit ihren traumatischen Erlebnissen in Berührung. Darüber hinaus wird die Interpretation neurowissenschaftlicher Ergebnisse oftmals zugunsten der Verständlichkeit vereinfacht dargestellt oder es fehlt eine Kontrollgruppe, die an einer anderen Intervention teilnimmt. Eines jedoch bleibt sicher – die Achtsamkeitsforschung steht, verglichen mit anderen wissenschaftlichen Disziplinen, noch am Anfang [241]. Zwar existieren wissenschaftliche Studien, die die Wirksamkeit eines MBSR-Kurses für bestimmte Variablen nachweisen, letztendlich wird es aber darum gehen, dass jeder den für sich richtigen Weg findet, im jetzigen Moment präsent zu sein und seine Sinneseindrücke wertfrei wahrzunehmen. Achtsamkeit ist von einer Haltung der Offenheit, Akzeptanz und Neugier geprägt [242]: Offen sein für das, was kommt, die neue Situation als ein Geschenk sehen, sie annehmen und mit Neugier betrachten – dies bietet Raum dafür, wie ein Kind die Welt zu betrachten und wertfrei neue Erfahrungen zu sammeln.

Vielleicht fragen Sie sich jetzt, ob Sie dazu unbedingt einen MBSR-Kurs machen müssen oder ob es reicht, Orte des Friedens und der Ruhe aufzusuchen?

Stressreduktion durch die Wahl des richtigen Ortes

Als einen Ort des Friedens und der Ruhe empfindet man häufig Plätze in der Natur oder in einem Kloster, wo beispielsweise Achtsamkeits- und Meditationskurse stattfinden. Ein jeder, der einmal in einem Kloster war, wird die Ruhe und Getragenheit unwillkürlich gespürt haben. Dort herrscht eine andere Atmosphäre als in der geschäftigen Welt da „draußen", der sogenannten VUKA-Welt, die durch Volatilität (Ausmaß von Veränderungen in einer bestimmten Zeit), Unsicherheit, Komplexität und Ambiguität (Mehrdeutigkeit des Gegebenen) geprägt ist. All dies trifft auf das Leben im Kloster nicht zu, Veränderungen treten seltener auf, die Umgebung ist sicher, wenig komplex und eindeutig. Tatsächlich scheint zumindest die seelische Gesundheit von Mönchen besser zu sein als die einer Vergleichsgruppe von gleichaltrigen Männern. Für die körperliche Gesundheit gilt das allerdings nicht, sie war sogar schlechter als die der Vergleichsgruppe. Ein Grund hierfür könnte in der abgeschiedenen Lage des Klosters und einem begrenzten Zugang zu spezialisierten Gesundheitszentren liegen [243]. Doch man muss nicht in einem Kloster leben, um die ruhige Atmosphäre zu genießen und innezuhalten. Der Hauptgrund für einen Besuch im Kloster ist häufig eine religiöse Erfahrung, es werden aber auch persönliche Motive genannt: „Ich brauchte einfach einen Tag Auszeit – irgendwo, wo es friedlich und entspannend ist", „Den Frieden in einem Kloster, habe ich nirgendwo vorher so erlebt" [244].

Aber nicht nur im Kloster, sondern auch durch Reisen abseits des Massentourismus in der Natur kann Frieden erfahren werden. Reisende erleben in der Natur eine Trennung von den alltäglichen ablenkenden Dingen, sodass sie sich wieder besser selbst wahrnehmen können. Dabei lernen sie auch ihre eigenen Kräfte und Grenzen kennen, sie erwerben somit eine existenzielle Authentizität [245].

Doch welche sind denn die Elemente, die das Naturerlebnis heilsam werden lassen? Neben der Gestaltung der Natur (Weite oder Größe des Areals oder die Vielfalt der Pflanzen) spielt auch eine Rolle, wie häufig man sich in der Natur aufhält. Das hängt von ganz praktischen Faktoren ab, sprich von der eigenen Lebenswelt. Es ist schwieriger, zu einem Naherholungsgebiet aufzubrechen, wenn es 50 statt 5 Kilometer entfernt ist. Zudem spielt die Beschaffenheit der Umgebung eine Rolle, mancher mag einen dichten Wald bevorzugen, ein anderer ein wildes Gestrüpp.

Auch die Art der Sinneserfahrung ist wichtig. Der eine liebt das Grün des Waldes, der andere das Rascheln der Blätter und Zwitschern der Vögel, der Dritte den eigentümlichen Geruch oder die raue Beschaffenheit einer Baumrinde. Letztendlich ist immer zu fragen, welchen Effekt des Naturerlebens man betrachten will: langfristigen Stressabbau oder eine kurzfristige Verbesserung der Stimmung (um nur zwei Beispiele zu nennen) [246].

Dies macht deutlich, dass die heilsamen Wirkungen der Natur auf den Menschen noch nicht umfassend verstanden werden. Zu vielfältig ist der Begriff der Natur und das individuelle Erleben. Trotz dieses Facettenreichtums hat sie einen ruhebringenden Effekt. Berücksichtigt werden muss jedoch, dass der Rückzug in die Natur meistens auch mit einem „Time-out" gekoppelt ist, mit einem Ausbrechen aus dem Alltag, sodass sich der alleinige Effekt des Naturerlebnisses nur schlecht herausfiltern lässt. Brauchen wir aber überhaupt einen bestimmten Ort, um zu uns, zu unserer inneren Ruhe zu kommen? Oder lässt sich Seelenfrieden an jedem Ort erlangen?

Zuflucht in einem inneren Ort

Wir nehmen oft an, dass wir zur Ruhe kommen, wenn dieses oder jenes eintritt, wenn wir Urlaub haben, wenn die Kinder groß sind, wenn die Last des Alltags abnimmt. Dann stellen wir überrascht fest, dass schon wieder ein Jahr vergangen ist, und wundern uns, wo die Zeit und unser Plan, Ruhe zu finden, geblieben sind. Tatsächlich denken wir, Ruhe und inneren Frieden genießen zu können, wenn wir etwas an den äußeren Bedingungen unseres Lebens ändern. Selten wird uns klar, dass wir in unserem Inneren etwas verändern können. Ostaseski, ein Pionier der Hospizarbeit, beschreibt in seinem Buch *Die fünf Einladungen* [247], was es bedeutet, einen Ort der Ruhe im allgemeinen Chaos zu finden:

> *Dieser Ort der Ruhe steht uns immer zur Verfügung. Wir müssen uns ihm nur zuwenden. Wir erfahren ihn, wenn wir ohne jede Ablenkung dem jetzigen Augenblick, dem jetzigen Tun unsere volle Aufmerksamkeit schenken. Mit ernsthafter Übung können wir diesen Raum nach gewisser Zeit als Teil des Lebens erfahren. Er manifestiert sich als Aspekt von uns, der nie krank ist und weder geboren wird noch stirbt.*
> *(Ostaseski 2017, S. 257).*

Doch wie finden wir diese wahre innere Ruhe? Wir erreichen sie, wenn wir es schaffen, uns auf eine Sache zu konzentrieren, unsere Gedanken nicht ziellos hin und her wandern, wenn wir ganz im Moment präsent, eben achtsam, sind. Wenn wir die Ruhe in unserem eigenen inneren Ort finden, fallen Sorgen und Ängste von uns ab.

Wir brauchen uns nicht in Arbeit zu ersticken, um Schmerz und Sorge nicht mehr zu spüren, sondern wir können einfach nur im Augenblick sein. Zeiten der Geschäftigkeit und der Ruhe wechseln sich im Alltag bestenfalls ab. Jemand, der die Geschäftigkeit nicht durchbrechen kann, wird sich schnell ausgelaugt fühlen, und ab einem bestimmten Punkt werden weder Naturerlebnisse noch Time-outs mehr helfen. Es gilt daher, den

Ort der eigenen Ruhe in den Alltag zu integrieren. Ostaseski (2017) benennt drei Faktoren, die der inneren Ruhe entgegenstehen: a) die Forderung, dass uns die Gegenstände, nach denen wir verlangen (das neue Auto, der Umzug, der andere Job …), eine Befriedigung geben, b) Zerstreuung, die wir durch Ablenkungen fördern und c) Abwehr, die sich in Form von Wut, Hass oder Angst zeigen kann und uns suggeriert, dass wir von allem und jedem getrennt sind.

Erst wenn wir diese Mechanismen in unserem Verhalten wahr- und annehmen und sehen, wie sie unser Verhalten bestimmen, wird es uns gelingen, sie zu überwinden und zu einem inneren Ort der Ruhe zu gelangen. Liebende Güte und Dankbarkeit können unsere Abwehrhaltung verringern, und die Zerstreuung kann durch Weisheit, als ein Erkennen des Zusammenhangs aller Dinge, vermindert werden [247]. Was geschieht, lässt sich oft nicht beeinflussen, wir können es nur so (an-)nehmen, wie es kommt, und in unser Leben integrieren. Dadurch wird sich in uns automatisch eine tiefe Ruhe einstellen, weil wir spüren, dass wir vertrauen können, dass der aktuelle Weg der richtige ist und uns in irgendeiner Form tragen wird. Ist dieser Zustand erreicht, brauchen wir den Ort und die Zeit der Achtsamkeit nicht mehr zu suchen, weil sie in uns sind.

5.3 Zusammenfassung: Wege zur Transzendenz

Was ist Meditation, fragen wir im Kapitel 5.1. Ein Mittel zur Leistungsoptimierung? Ein mentales Wundermittel? Ein Weg, den Geist zu beruhigen und innere Ruhe zu finden? Spirituelle Praxis? Je nach Herkunft und philosophischer Ausrichtung kann man zahlreiche Meditationstechniken und -formen unterscheiden. Zum Einstieg bietet sich eine Meditation an, bei der man sich auf den Atem konzentriert. Dabei geht es darum zu lernen, alle Regungen, die aufkommen, vorbeiziehen zu lassen und immer wieder zum Atem zurückzukehren. Der Weg führt über eine anstrengungslose Fokussierung hin zum Wahrnehmen von allem, was ist. Beim Meditieren kommen aber auch unbewusste Inhalte ans Tageslicht, zum Beispiel die Glaubenssätze, nach denen wir leben, ohne es zu merken. Die Praxis der liebenden Güte beinhaltet Liebe und Mitgefühl für uns selbst und alle anderen Menschen, selbst die, die wir eigentlich nicht mögen. Das Gefühl des Getrenntseins wird aufgehoben. Diese Art der Meditation hat nachgewiesenermaßen positive Effekte auf die sozialen Gefühle, die auf Veränderungen in der Aktivität bestimmter Hirnareale beruhen. Bei einer anderen Art der Meditation geht es darum, sich selbst besser kennenzulernen und dadurch die Dynamik der eigenen Wahrnehmung, der Gefühle und des Denkens über sich selbst zu verändern.

Die *mindfulness-based stress reduction*, kurz MBSR, ist eine spezifische Form der Achtsamkeitspraxis nach Jon Kabat-Zinn und Inhalt von Kapitel 5.2. Ihr wichtigstes Element ist die Achtsamkeit, das heißt die Fähigkeit, den Moment so anzunehmen, wie er ist, ohne ihn verändern zu wollen, zu hinterfragen oder zu bewerten. MBSR wird häufig in einem mehrwöchigen Kurs mit Hausaufgaben vermittelt, der in einer Gruppe durchgeführt wird. Das Programm reduziert nachweislich Stress, Angst und Depression und erhöht die Lebensqualität. Allerdings muss man bei der Beurteilung der Effekte, die wissenschaftliche Studien aufzeigen, kritisch hinterfragen, welche Methode angewendet wurde.

Achtsamkeit lässt sich auch an bestimmten Orten, wie in der Natur, erfahren. Sie bildet einen Kontrast zur hektischen Alltagsrealität, wobei die heilsamen Wirkungsweisen der Natur noch nicht verstanden sind. Orte der Ruhe sind meist mit einer Auszeit gekoppelt, sodass positive Effekte schwer auf das eine oder andere zurückzuführen sind. Letztlich braucht man aber keine besonderen Orte, um zur Ruhe zu kommen. Sie entsteht nicht durch die äußeren Umstände, sondern kommt zu uns, wenn wir ganz im Moment präsent sind, also achtsam.

Teil 3: Das Selbst und die anderen

6 Kommunikation

6.1 Kommunikation ist gar nicht so einfach

Wie oft kommt das, was wir sagen wollen, nicht richtig bei unserem Gesprächspartner an und wir fühlen uns völlig unverstanden? Wie kann das passieren? Kann das Verstehen so stark von der Individualität des Einzelnen beeinflusst sein und von den Facetten, die wir am Anfang des Buches dargestellt haben?

Um „richtig“ zu kommunizieren, brauchen wir zunächst einmal die Fähigkeit, den anderen mit all seinen Eigenheiten zu erkennen und so zu akzeptieren, wie er ist. Wir müssen die Perspektive wechseln, uns in die Person des anderen hineinversetzen können. Dieser Gedanke ist schon in dem psychologischen Modell der Perspektivenübernahme der Kommunikation aufgegriffen worden.[2]

Die Perspektive – Wie kann ich dich verstehen?

Carl Rogers (1991) [248] war einer der ersten, der die Bedeutung der Perspektivenübernahme für die gelungene Kommunikation hervorgehoben hat. Gerade für die beratende Kommunikation sind Empathie, emotionale positive Wertschätzung (Respekt) und Echtheit (Kongruenz) notwendig. Es ist wichtig, die Gefühle des anderen zu verstehen. Nach Rogers sollte man dem anderen aber auch widerspiegeln, was man verstanden hat. Seine Herangehensweise entsprang der Humanistischen Psycholo-

2 Kapitel 6 ist in Anlehnung an das Buch von Röhner und Schütz (2016) [249] entstanden.

gie, die davon ausgeht, dass der Mensch Möglichkeiten hat, sich selbst zu verstehen und sein Verhalten zu ändern.

Neben dem Modell der Perspektivenübernahme erklären zahlreiche psychologische Modelle Kommunikation und deren Fallstricke. Sie unterscheiden sich dahingehend, dass sie einzelne Aspekte der Kommunikation betonen, wie zum Beispiel die Encoder/Decoder-, die intentionsorientierten, oder Dialog-Modelle [249, 250]. Andere versuchen unterschiedliche Aspekte der Kommunikation zu integrieren, wie in dem Modell von Hargie und Kollegen (siehe Röhner und Schütz, [249]).

Die Verschlüsselung – Oder was meinst du?

Alles, was ausgedrückt werden soll, wird durch die Sprache verschlüsselt. Damit wir diese Verschlüsselung verstehen, müssen wir die sprachliche Nachricht wieder dekodieren, also entschlüsseln. Wie funktionieren Enkodierung und Dekodierung am besten? Das Kommunikationsmodell von Schulz von Thun erklärt diesen Vorgang auf anschauliche und praxisnahe Weise [251]. Allerdings fehlt eine wissenschaftliche Evaluierung. Schulz von Thun geht davon aus, dass vier Aspekte für die Kommunikation wichtig sind, die sich zum einen auf die Nachricht, aber auch auf den Sender und den Empfänger beziehen können. So kann eine Nachricht einen Sachinhalt, eine Selbstoffenbarung, einen Appell oder eine Beziehung beinhalten, und Sender und Empfänger können auf einem dieser vier „Ohren" hören. Während die Ebene des Sachinhaltes die eigentliche Botschaft beinhaltet, zeigt die Selbstoffenbarungsebene etwas über die sprechende Person (Sender). Der Appellaspekt impliziert oftmals die Bitte um eine Handlung des Hörenden (Empfänger). Nach diesem Modell ist außerdem die Beziehungsebene bei der Formulierung der Botschaft von Bedeutung.

Diese Ebenen können auch bei dem Empfänger eine Rolle spielen. Wissen Sie, auf welchem „Ohr" Sie sehr hellhörig sind?

Ich habe, zumindest eine lange Zeit, ein Appell-Ohr besessen. Wenn wir am Frühstückstisch zusammensaßen und meine Kinder sagten: „Mama, der Käse ist alle!", stand ich auf und ging sofort zum Kühlschrank. Schließlich haben die Kinder – in meinem Appell-Ohr – gemeint, dass ich neuen Käse holen sollte. Mein Mann blieb sitzen. Auf seinem „Sach-Ohr" hatte er die objektive Botschaft gehört – Aha, der Käse ist alle – aber keine Veranlassung gesehen, aufzustehen.

Beziehungsebene in der Kommunikation

Stellen Sie sich vor, Ihre Freundin kommt zu einem lang vereinbarten Abendessen zu spät. Pflegen Sie eine sehr harmonische Freundschaft, würden Sie vielleicht sagen: „Schön, dass du da bist, macht ja nichts, dass du zu spät bist, ich warte gern." Ist Ihre Freundschaft jedoch belastet, sagen Sie vielleicht: „Es ist wirklich schwierig mit dir, immer kommst du zu spät!" Die Beziehung definiert damit die Art und Weise, wie Sie die Botschaft formulieren.

Sie werden sich vielleicht fragen, ob die Aktivierung der verschiedenen Ebenen auf irgendeine Art und Weise gefördert werden kann. Tatsächlich konnte in einer Studie durch die Applikation des Hormons Oxytocin die Appellebene aktiviert werden. In der Studie erhielten männliche Versuchspersonen entweder Oxytocin oder ein Placebo über die Nase verabreicht. Danach mussten sie den sogenannten 4-Ohren-Kommunikationsfragebogen ausfüllen [252]. Dieser Fragebogen bestand aus 16 Aussagen mit jeweils vier verschiedenen Interpretationsmöglichkeiten, die die vier Aspekte des Modells von Schulz von Thun spiegelten. Zu jeder dieser Interpretationsmöglichkeit sollten die Versuchspersonen einschätzen, wie wahrscheinlich sie ist. Tatsächlich wählten die Versuchspersonen, denen Oxytocin verabreicht wurde, häufiger die Appell-Ebene im Vergleich zu den Mitgliedern der Placebo-Gruppe. Das steht mit der Beobachtung im Einklang, dass die Verabreichung dieses Hormons das soziale Annäherungsverhalten fördert.

Andere Modelle gehen davon aus, dass neben der Ver- und Entschlüsselung auch die Absicht eine große Rolle spielt.

Die Kooperation – Keine Kommunikation ohne Kooperation?

Können Sie sich vorstellen zu kommunizieren, wenn Sie und/oder Ihr Gesprächspartner gar kein Interesse an einem Austausch haben? Grice (1975) [253] postulierte, dass eine wichtige Voraussetzung für Kommunikation eben die Bereitschaft zur Kooperation sei. Wichtig sind ihm dabei die Maxime der Quantität, der Qualität, der Relevanz und der Klarheit. Wir alle kennen jene Gegenüber, die nicht aufhören wollen zu reden, die dasselbe sagen, was der Vorredner gesagt hat und die verwirrende Nebenerzählungen eröffnen, die nicht wirklich zum Thema beitragen oder mehrdeutig sind. Möglicherweise lässt man auch selbst die Hälfte weg von dem, was man erklären will, weil einem selbst der Zusammenhang klar ist. Man vergisst, dass der Gesprächspartner kein Vorwissen hat. Nur an einem möglichen erstaunten Blick kann man erkennen, dass zumindest eine Grice'sche Maxime verletzt wurde. In diesem Fall handelte es sich um die Maxime der Quantität, weil man selbst an manchen Stellen einfach zu knapp war. Ob wirklich die Kooperationsbereitschaft eine Grundvoraussetzung für eine gelingende Kommunikation ist, wurde in einer experimentellen Untersuchung [254] durch Manipulation der Versuchsanordnung untersucht. Es konnte gezeigt werden, dass die Zuhörer von dem Sprecher erwarten, dass er bei dem bleibt, was er vorhergesagt hat – allerdings nicht aufgrund einer erwarteten Kooperationsbereitschaft, sondern weil sie erwarteten, dass der Sprecher in seinen Angaben konsistent bleibt.

Die Schwierigkeit besteht also darin, den Dialog gemeinsam zu gestalten. Das kann schon daran scheitern, dass sich die Wirklichkeiten der Gesprächspartner unterscheiden.

Der Dialog – Haben wir eine gemeinsame Sichtweise und Wirklichkeit?

Kommunikation bedeutet nicht nur, eine Nachricht zu übermitteln, sondern auch, dass es durch die übermittelte Botschaft wieder zu einer Rückwirkung kommt. Paul Watzlawick (1969) [255] entwickelte dazu das bekannteste Dialog-Modell. Fünf Aspekte sind seiner Meinung nach für eine gelingende Kommunikation wichtig:

1. Man kann nicht nicht kommunizieren.
2. Es gibt immer einen Inhalts- und Beziehungsaspekt.
3. Es existiert eine subjektive Wirklichkeit als Interpunktion von Ereignissen. (Was Ursache und Wirkung innerhalb einer Kommunikation ist, liegt oftmals in der Sichtweise des Betrachters.)
4. Es besteht immer eine digitale (z. B. miteinander sprechen) und analoge (z. B. Körpersprache) Kommunikationsform.
5. Kommunikation kann gleichwertig oder komplementär sein.

Watzlawick geht davon aus, dass selbst wenn man nicht kommuniziert, dies ein Ausdruck einer Kommunikation ist (Aspekt 1). Wenn im Wartezimmer der Sitznachbar die ganze Zeit aus dem Fenster schaut, dann weiß man sehr genau, dass er keine Kommunikation wünscht. In einer Kommunikation wird nicht nur der Inhalt, sondern auch die Beziehung vermittelt (Aspekt 2). Bei einer negativen Beziehung ist man in einer Diskussion geneigt, die Argumente des Gegenübers auf jeden Fall zu widerlegen, anstatt diese wohlwollend zu betrachten. Dabei wird der Inhalt häufig durch die Sprache (digital) vermittelt und die Beziehung non-verbal (analog Aspekt 4). Die analoge Kommunikation kann dabei mehrdeutig sein: So kann ein Lächeln Wohlwollen, aber auch Missfallen ausdrücken, dann, wenn es zum Beispiel spöttisch ist. Watzlawicks Sichtweise des Konstruktivismus wird in der Prämisse deutlich, dass wir unsere Wirklichkeit aufgrund unserer Erfahrungen konstruieren (Aspekt 3). Jeder Mensch besitzt seine eigene Wirklichkeit. Im letzten Aspekt thematisiert Watzlawick das Gleichgewicht in einer Kommunikation: Beruht die Beziehung der beiden Kommunikationspartner auf einem Gleichgewicht, dann werden sich die beiden bemühen, Ungleichheiten untereinander zu minimieren. Ist die Beziehung komplementär, ergänzen sich die Partner in ihrer Kommunikation (Aspekt 5). Dies kann sich beispielsweise dadurch ausdrücken, dass der eine sehr laut, der andere Partner wiederum sehr leise spricht.

Röhner und Schütz (2016) [249] präsentieren in ihrem Buch ein weiteres umfangreicheres Kommunikationsmodell, das Integrative Kommunikationsmodell von Hargie (1997) [256]. Zum einen integriert dieses Modell die bereits genannten Aspekte, zum anderen ergänzt es einige Faktoren, wie die Persönlichkeitsmerkmale oder die Rolle des Vorwissens.

Die Komplexität – Kommunikation ist mehr als die Übermittlung der Nachricht

Hargie und Kollegen [257] gehen davon aus, dass sich Kommunikation aus den folgenden sechs Bestandteilen zusammensetzt: der Person und der Situation, den Zielen, den vermittelnden Prozessen, dem Antwortverhalten, dem Feedback und der Wahrnehmung. Zu den Merkmalen der Person gehört die Persönlichkeit, aber auch das Vorwissen. Weiterhin spielen hier die Motive der Person eine Rolle, aber auch ihre Einstellungen sowie das Alter und das Geschlecht.

Greifen wir als Beispiel den Begriff des Motivs heraus und verstehen ihn als die innere Antwort auf Bedürfnisse [249], dann kann ein Motiv zur Kommunikation das Bedürfnis nach Kontrolle und Vorhersagbarkeit der Situation, nach Zugehörigkeit und Intimität oder nach Überlegenheit und Kompetenz sein. Die Merkmale der Situation sind zum Beispiel durch Ziele geprägt (etwa das Gegenüber zu überzeugen), welche Rolle man als Gesprächspartner eingeht (Chef oder Mitarbeiterin) und wie die Umgebung beschaffen ist (privat oder beruflich). Ziele können implizit sein (der Chef sagt nicht direkt, dass er den Mitarbeiter überzeugen will) oder explizit für jeden wahrnehmbar, sie können mit einer Absicht versehen sein oder konsumatorisch, das heißt, das Ziel wird sofort befriedigt (der Chef will den Mitarbeiter nicht zu einer Handlung animieren, sondern nur seine Macht demonstrieren). Vermittelnde Prozesse können kognitiv sein (Wie gehe ich strategisch vor, sodass ich mein Ziel erreiche?) oder gefühlsbetont (Bin ich positiv gestimmt, sehe ich den Grund für einen möglichen Kommunikationskonflikt vielleicht eher in der momentanen Situation als in meinem Gesprächspartner). Weiterhin bestimmt die Kommunikation, ob wir bei unserer Antwort das wiedergeben, was wir meinen, ob unser internes Feedback (wie Herzklopfen bei manchen Aussagen) die Kommunikation beeinflusst und ob wir alle potenziell zur Verfügung stehenden Informationen überhaupt wahrnehmen.

In den dargestellten Modellen wurden die Bedeutung und die Merkmale der Nachricht, des Senders und des Adressaten thematisiert. Sie legen ihre Schwerpunkte auf bestimmte Aspekte im Kommunikationsprozess, aber alle gehen davon aus, dass bei der Kommunikation nicht immer genau das ankommt, was der Sprechende gemeint hat.

Eine praktische Anleitung fehlt, wie denn eine „gute" Kommunikation gelingen kann. Diese Anleitung findet sich zum Beispiel in der gewaltfreien oder in der achtsamen Kommunikation.

Gewaltfrei kommunizieren – Damit Kommunikation nicht verletzt, sondern verbindet

Eine derartige Anleitung hat Marshall Rosenberg [258], ein Schüler von Carl Rogers, mit der sogenannten Gewaltfreien Kommunikation entwickelt. Rosenberg geht davon aus, dass eine positive, gewaltfreie Kommunikation dann gelingt, wenn die Situation wahrgenommen, das eigene

Gefühl oder Bedürfnis ausgedrückt und eine Strategie oder Handlung entwickelt wird, die in einer Bitte formuliert werden kann. Dabei sollte die Wahrnehmung nicht wertend und interpretierend sein, Worte wie „immer" und „nie" weisen oft schon in eine bestimmte Richtung.

Beispiel für Gewaltfreie Kommunikation

Der Mitarbeiter Herr Singer hat eine Arbeit nicht pünktlich abgegeben. Sein Chef formuliert die Feststellung so: „Du hast deine Arbeit nicht pünktlich abgegeben." Eine aggressive Formulierung würde so aussehen: „Wie immer hast du deine Arbeit zu spät abgegeben!"
Der Chef sollte im Optimalfall seine Gefühle und Bedürfnisse als „Ich-Botschaft" formulieren: „Ich fand es schade, dass du die Arbeit nicht pünktlich bei mir abgegeben hast. Ich möchte mich auf dich verlassen können." Die dazugehörige Bitte könnte so lauten: „Bitte sende mir die Arbeit übermorgen zu."

Hinter der Gewaltfreien Kommunikation steht die Prämisse, dass jeder berechtigt ist, seine Bedürfnisse auszudrücken, und dass Lösungen gefunden werden können, diese zu befriedigen, ohne andere zu verletzen [259]. Gewaltfreie Kommunikation hat sich in der Praxis bewährt, ihre wissenschaftliche Evidenz wurde jedoch bislang unseres Wissens in nur einer international veröffentlichten Studie untersucht. In dieser Publikation wurde die Wirkung eines dreitägigen Trainings in gewaltfreier Kommunikation bei Angestellten im Gesundheitswesen analysiert. Im Vergleich zu einer Kontrollgruppe, die kein Training erhielt, zeigten die Teilnehmenden der „Gewaltfreien Kommunikationsgruppe" eine Veränderung im Kommunikationsstil dahingehend, dass sie ihre Gefühle stärker ausdrückten und sich dadurch die sozialen Stressoren (Konflikte mit Vorgesetzten, schlechte Arbeitsatmosphäre) verringerten [260].

Viele Aspekte der Gewaltfreien Kommunikation ähneln dem Ansatz der Achtsamkeit, insbesondere das nicht wertende Wahrnehmen.

Achtsam kommunizieren – Freundlich aus dem jetzigen Moment heraus sprechen

Im Mittelpunkt der achtsamen Kommunikation steht die achtsame Wahrnehmung, insbesondere das achtsame Hören. Um achtsam zu hören, müssen wir unsere vorgefasste Vorstellung aufgeben, um die Sichtweise des anderen wirklich verstehen zu können. Das Prinzip der Achtsamkeit ist das Gewahrsein des Augenblickes. Deswegen ist es bei der achtsamen Kommunikation wichtig, von dieser Präsenz zu berichten: „Im Moment nehme ich eine innere Ruhe in mir wahr.“ Ein wichtiger Schritt besteht darin, auch den anderen von seiner Erfahrung berichten zu lassen, ohne dies zu kommentieren.

Daniel Rechtschaffen [261] beschreibt in seinem Buch, wie achtsame Kommunikation in der Schule derart eingeübt werden kann, dass jedem Kind die Möglichkeit gegeben wird, das zu sagen, was es gerade jetzt im Moment wahrnimmt. Bestimmte Zeiten werden im Unterricht reserviert (zum Beispiel einmal in der Woche in einer bestimmten Stunde), um jedem Kind die Möglichkeit zu geben, in einem Satz auszudrücken, was es gerade in diesem Moment wahrnimmt. Die anderen Kinder hören aufmerksam zu, ohne jedoch die Aussage zu kommentieren.

Doch achtsame Kommunikation geht über das Lernen des achtsamen Sprechens über den jetzigen Zustand hinaus. Sie beinhaltet auch, auf die Wahl der Worte zu achten. Dem Sufi-Mystiker Rumi werden die folgenden Gedanken zugeschrieben: Bevor du sprichst, lasse deine Worte durch drei Tore schreiten – Sind sie wahr? Sind sie notwendig? Sind sie freundlich?

Wir alle wissen, dass wir nicht nur durch unsere Sprache, sondern auch nonverbal kommunizieren. Am krampfhaften Wegschauen des Schülers sehen wir, dass er ein schlechtes Gewissen hat, die heruntergezogenen Schultern und der langsame Gang unseres Nachbarn zeigen uns, dass es ihm nicht gut geht, auch wenn er nicht mit uns redet. Welche Rolle spielen nonverbale Signale? Sind sie wirklich so bedeutsam, wie es oftmals in Medien plakativ behauptet wird?

Mit dem Körper reden

Zu den nonverbalen Signalen gehören Haptik (Berührung), Körpersprache (Gesten, Kopfbewegungen, Körperhaltungen, Blickkontakt), räumliche Nähe und physische Charakteristika [249]. Gezielt eingesetzt, können Berührungen im Kommunikationsprozess förderlich sein, wobei dies stark kulturell und auch vom jeweiligen Status der Gesprächspartner abhängig ist [249]. Die Körperhaltung verrät den Entspannungszustand, der etwas über den Status aussagt, statushöhere Personen wirken entspannter. Selbst die Persönlichkeit kann aus körperlichen Merkmalen vorhergesagt werden, obgleich die Forschung hier noch am Anfang steht [262]. In der Facial-Feedback-Hypothese (siehe Kapitel 3.3 über Embodiment) wurde formuliert, dass Emotionen im Gesichtsausdruck für den anderen sichtbar sind. Neben den Gesten und der Körperhaltung spielt auch die Nähe zwischen den Personen in der Kommunikation eine bedeutende Rolle. Je näher der Abstand zwischen ihnen, desto persönlicher wird die Beziehung und damit auch die Kommunikation eingeschätzt.

Dies können wir uns gut vorstellen. Aber wussten Sie auch, dass allein körperliche Merkmale ohne ihren Ausdruck in der Haltung und im Gesicht einen Einfluss auf die Kommunikation haben können? Röhner und Schütz (2016) [249] berichten, dass attraktive Menschen als freundlicher, kompetenter und intelligenter eingeschätzt werden als weniger attraktive. Auch die Körpergröße spielt eine Rolle, besonders große Männer werden als dominanter und unabhängiger wahrgenommen. Auch hier steckt die Forschung noch in den Kinderschuhen. (Ein Wochenendseminar, um durch nonverbale Faktoren die Kommunikation zu verbessern, hält sicherlich nicht das, was es verspricht.)

Kommunikation ist also schwierig – das wissen wir aus unserem Alltag, und zahlreiche psychologische Kommunikationsmodelle bestätigen dies. Selbst wenn wir in der Lage sind, eine Nachricht zu ver- und entschlüsseln, den Gesprächspartner wahrzunehmen und die Perspektive zu wechseln, bleibt manchmal ein Rest von Unverständnis! Um dieses Unverständnis aufzulösen, bleibt nur der Schritt in die Transzendenz. Diesem Ansatz widmen wir uns in den letzten Kapiteln.

6.2 Unbewusste Muster und die Angst vor dem Versagen: Unbewusste Kommunikation

Bevor wir uns im 7. Kapitel dem Miteinander widmen, wollen wir noch zwei Themen ansprechen, die die Kommunikation nachhaltig beeinflussen, aber in bestehenden Kommunikationsmodellen noch keine ausreichende Beachtung gefunden haben: Es sind zum einen die unbewussten Muster, die wir in uns tragen, die aber unser Handeln und unsere Kommunikation beeinflussen, und zum anderen ist es der Anspruch, keine Fehler zu machen. Wir haben noch nicht gelernt, unsere Fehler oder Versagen als einen Teil des Lebens anzunehmen.

Unbewusste Muster leiten uns

„Ich gerate immer an den falschen Mann. Er hält mich immer auf Distanz" – kommen Ihnen diese Sätze bekannt vor? Und können Sie sich nicht erklären, warum Sie ständig bei demselben Partnertyp ankern, obwohl dieser Ihnen augenscheinlich nicht guttut? Man könnte dieses Verhalten auf die Intuition schieben, aber weil es sich dauernd wiederholt, sprechen Psychologinnen und Psychologen von unbewussten Mustern, die immer wieder aktiviert werden. Erst wenn wir unser Verhalten über den Verstand nicht mehr erklären können, beginnen wir nach anderen Mechanismen zu suchen und entdecken vielleicht unsere unbewussten Muster. Bereits bei Plato findet man Hinweise auf das nicht gelernte, immanente und unbewusste Wissen, auch Nietzsche analysierte das Unbewusste phänomenologisch [263]. Sigmund Freud entwickelte eine erste Theorie des Unbewussten. Er ging davon aus, dass manche frühen Erfahrungen (zum Beispiel Traumata) so bedrohlich sind, dass wir es vorziehen, uns nicht an sie zu erinnern und sie im Unbewussten abspeichern [6]. Danach herrschte lange die Auffassung, das Unbewusste sei etwas Implizit-Kognitives also „vorbewusst". Es sei zwar unbewusst, aber durch die Anwendung bestimmter Methoden mehr oder weniger gut abrufbar [263]. Später äußerte LeDoux die Ansicht, dass wir Emotionen wie Angst unbewusst verarbeiten können, weil wir einen Mechanismus besitzen, der es uns ermöglicht, sofort auf bedrohliche Reize zu reagieren. Diese Annahme wird durch bildgebende Verfahren gestützt, die zeigen, dass Strukturen im Gehirn bei der Verarbeitung von

Emotionen aktiviert sind, ohne dass ein Bewusstsein für diese Emotionen besteht [263]. Dies ist ein wichtiger Befund zum Beispiel bei der Behandlung von Ängsten. Wissen wir, dass diese auch unbewusst sind, müssen wir auch nach geeigneten Behandlungsmethoden unbewusster Ängste suchen.

Unbewusst kann vieles sein: eine Emotion, ein Gedächtnisprozess, eine Einstellung und so weiter. Unbewusste Prozesse können zu unterschiedlichen Zeiten aktiv sein. Auch wenn Sie nicht zu den 0,1–0,2 Prozent der Menschen gehören, die sich an Ereignisse während einer Operation unter Narkose erinnern, nehmen Sie währenddessen dennoch Information auf. Mittels bestimmter impliziter Prüfverfahren lassen sich diese Erfahrungsnachwirkungen sogar messen. Dies hat eine praktische Bedeutung, da eine Kommunikation des OP-Teams über bestimmte Komplikationen den Patienten beeinflussen könnte [264].

Unser Verhalten wird gebahnt

Ein spannendes Phänomen ist auch das sogenannte Priming. Priming bedeutet, dass die Wahrnehmung eines Reizes durch die Vergangenheit geprägt ist, ohne dass es uns bewusst sein muss. Eine Erklärung hierfür bietet die Assoziative Netzwerktheorie, die davon ausgeht, dass Wahrnehmungseinheiten oder auch Aspekte des Wissens in einer als Knotenpunkt bezeichneten Einheit in einem Netzwerk repräsentiert sind. Wird nun ein Reiz wahrgenommen, werden automatisch die umliegenden, die z. B. zeitlich nahestehenden Reize, mitaktiviert [265]. Dies gilt auch für unsere vorgeprägten Einstellungen, die wir besitzen.

Für die Untersuchung von unbewussten Einstellungen ist auch das affektive oder evaluative Priming bekannt [265]. In einem möglichen Experiment werden den Versuchspersonen zwei Reize, die eine Wertung implizieren, hintereinander dargeboten, z. B. das Bild eines Sonnenuntergangs und das Wort „grausam". Dabei sollen die Probanden mit Tastendruck nur auf den zweiten Reiz (Target) reagieren und sagen, ob dieser positiv oder negativ ist. Den ersten Reiz (Prime) sollen die Probanden ignorieren. Ist die Bewertung der beiden Reize gleich, werden sie also beide als negativ oder positiv bewertet, erfolgt eine schnellere Reaktion, als wenn die Bewertung der beiden Reize nicht übereinstimmt, wie es in dem obigen Beispiel der Fall ist.

Beispiel: Netzwerk für den Gedanken „Schule“

Stellen Sie sich vor, Sie sollten Ihr „Netzwerk“ für den Begriff „Schule“ beschreiben. Gehören Sie vielleicht zu denjenigen, die immer gerne zur Schule gegangen sind? Dann sieht Ihr Netzwerk wahrscheinlich wie folgt aus: In der Mitte steht der Knotenpunkt „Schule“, in umliegender Nachbarschaft finden sich die Knotenpunkte „Lernen“, verschiedene Fächer und Freunde, „glückliche Zeit“ und vielleicht „Abwechslung“. Weiter außerhalb gibt es dann vielleicht solche Knotenpunkte wie „Klassenfahrt“, verschiedene Lehrer, „Gemeinschaft“.
Wenn Ihnen nun ein Foto gezeigt wird, auf dem ein Reisebus abgebildet ist, aus dem viele Jugendliche steigen, erinnern Sie sich vielleicht an eine Klassenfahrt und gleichzeitig wird zum Beispiel das Konzept „glückliche Zeit“ aktiviert. Das Bild erregt bei Ihnen eine freudige Stimmung.
Wie sieht es aber aus, wenn Sie überhaupt nicht gerne in die Schule gegangen sind? Es ist einfach, sich vorzustellen, dass das innere Netzwerk um den Knotenpunkt Schule sicherlich nicht das Konzept der „glücklichen Zeit“, sondern eher das Konzept „Stress“ enthält. In diesem Fall wird die Wahrnehmung desselben Fotos eine negative Stimmung bei Ihnen erzeugen. Es handelt sich hier um ein Priming kognitiver – mit Emotionen verknüpfter – Repräsentationen durch verknüpfte Vorerfahrungen [265].

Das Priming-Paradigma wurde eingesetzt, um Einstellungen, die gar nicht verbalisiert wurden, zu messen. So wurden Versuchspersonen in den USA bereits in einem Experiment zu Beginn der 1990er-Jahre Bilder von Personen mit heller und dunkler Hautfarbe gezeigt. Nach jedem Bild wurde ein positives oder ein negatives Wort präsentiert, dass die Teilnehmenden bewerten sollten. Das Ergebnis war, dass die hellhäutigen Versuchspersonen schneller reagierten, wenn das positive Wort einem Bild einer hellhäutigen Person folgte und das negative Wort einem Bild einer dunkelhäutigen Person. Bei den dunkelhäutigen Versuchspersonen zeigte sich das umgekehrte Muster [266]. In einem weiteren Experiment wurde festgestellt, dass die derart unbewusst gemessene Einstellung jedoch nicht mit der explizit erfassten Einstellung zusammenhing.

Dies gegeben könnte man fast meinen, dass das, was wir sagen, gar nicht das ist, was wir meinen. Woran liegt das? Zum einen richten wir uns oft danach, das zu antworten, was sozial erwünscht ist, zum anderen kommen wir gar nicht mit unseren unbewussten Einstellungen in Berührung. Was auch die Gründe sind, stellt sich doch die Frage, ob Kommunikation wirklich echt und authentisch ist, wenn unbewusste Einstellungen sie beeinflussen. Kommuniziert der Sender wirklich das, was er meint? Aber auch umgekehrt lässt sich die Frage stellen: Kann der Sender einer Nachricht den Empfänger überhaut erreichen? Dass dies nicht so einfach ist, zeigt das Bemühen eines Arztes, seine Patientinnen und Patienten zur Bewegung zu animieren.

Beweg dich doch – Wenn es nur so einfach wäre ...

Nehmen Sie sich am Jahresanfang immer wieder vor, bewusster zu essen und sich mehr zu bewegen? Erinnern Sie sich vielleicht an die Worte Ihrer Ärztin, diesmal auch wirklich dabei zu bleiben und nicht nach zwei Wochen die guten Vorsätze wieder aufzugeben?

Kommt Ihnen dies bekannt vor? Wenn es mit der Disziplin doch noch nicht so gut klappt, seien Sie nicht zu hart zu sich selbst – so wie Ihnen geht es vielen Menschen. Forscher haben nachgewiesen, dass 88 Prozent der Befragten ihre Vorsätze nicht einhielten [267].

Die Affektive-Reflektive Theorie kann dieses Verhalten erklären [268]: Die Theorie geht davon aus, dass wahrgenommene bewegungsbezogene Reize, wie beispielsweise Fotos von Sportreibenden, zu spontanen affektiven Assoziationen führen, dem Typ-1-Prozess der Beurteilung. Diese unwillkürlich auftretenden Bewertungen bilden die Grundlage für eine höhere kognitive reflektive Bewertung (Typ-2-Prozess der Beurteilung), allerdings nur dann, wenn die Fähigkeit zur Selbstregulation ausreicht. Somit gibt die spontane affektive Bewertung einen Handlungsimpuls und aus den kognitiven reflektiven Bewertungen können dann Handlungspläne entstehen. Unterscheiden sich die affektiven und reflektiven Bewertungen und fehlt die Selbstregulationsfähigkeit, wirkt sich tendenziell der affektive Typ-1-Prozess auf das Verhalten aus.

Einfluss auf die Kommunikation

Sollten Sie zu Sport im Allgemeinen ein gespaltenes Verhältnis haben, wird das Bild eines Sportlers oder die Vorstellung, dass Sie selbst Sport treiben sollten, bei Ihnen eine negative Bewertung auslösen, ohne dass Sie sich dessen bewusst sind. Fällt es Ihnen darüber hinaus schwer, Ihre Impulse zu kontrollieren (geringe Selbstregulationsfähigkeit), dann werden Sie sich schwertun, sich dem kognitivem Argument, Bewegung sei gut für Sie, zu

öffnen. Sie werden also wahrscheinlich bei der Wahl, den Sonntagnachmittag auf der Couch oder mit Joggen um den See zu verbringen, die Couch vorziehen.
Zwar hat dieses Verhalten zunächst nur mit Ihnen selbst zu tun, dennoch beeinflusst es auch die Kommunikation. Wie soll Ihre Ärztin Sie erreichen, wenn bei Ihnen ein automatischer Prozess der Abneigung in Bewegung gesetzt wird, zu dem sie keinen Zugang hat? Wahrscheinlich kann man die Kommunikation zwischen Ihnen und Ihrer Ärztin als gescheitert ansehen.

Dieses Beispiel macht deutlich, wie unbewusste Muster die Kommunikation beeinflussen können. Aber es sind nicht nur relativ einfache unbewusste Muster wie beim Sport-Beispiel, sondern auch solche, die wir schon lange mit uns tragen.

Das Verborgene – Die Macht der Kindheitsmuster

Wenn wir geboren werden, sind wir ungeschützt all dem ausgeliefert, was wir erfahren. Es bedarf einer Ko-Regulation, worunter man eine tiefe menschliche Einstimmung der Bezugsperson auf das Kind versteht. Sind die Eltern gedanklich abwesend, wütend oder traurig, können sie sich nicht auf die Bedürfnisse des Kindes einstellen. Da ein kleines Kind dies nicht erklären kann, meint es selbst der Auslöser für dieses Verhalten zu sein. Solche Muster können über Generationen hinweg weitergegeben werden: Eltern, die selbst traumatisiert sind und dies nicht aufgelöst haben, geben ihre Ängste und ihre emotionalen Verletzungen an die Kinder weiter, bei denen dies zu Verwirrung und möglicherweise zu Schuldgefühlen führt [269]. Experten sprechen auch von Entwicklungstraumata: Erfahrungen von Belastungen in der Kindheit, wie zum Beispiel körperlichen Misshandlungen, emotionaler Vernachlässigung oder Alkoholmissbrauch in der Familie scheinen viel alltäglicher zu sein als normalerweise angenommen. Sie können einen Einfluss auf das gesamte Leben der Nachkommen haben, der sich in einer höheren Anfälligkeit für Depression, Alkoholmissbrauch oder körperlicher Trägheit äußert [270].

Das Kind lernt das eigene Verhalten zu regulieren, indem es die Reaktionen der Bezugspersonen antizipiert. Dies gelingt, indem es die kognitiven und affektiven Eigenschaften der Bezugsperson verarbeitet. Dabei wird die Informationsverarbeitung des Kindes durch frühe Bindungsmuster bestimmt, also durch das emotionale Band, das zwischen der Bezugsperson und dem Kind existiert.

Es lassen sich vier Bindungstypen erkennen, eine sichere Bindung und drei Arten der unsicheren Bindung, die wir hier der Einfachheit halber zusammenfassen [42]. Bindung spielt jedoch nicht nur im Kindesalter eine Rolle. Der affektive Status, die kognitive Beurteilung von Situationen und Personen und das Verhalten in sozialen Situationen hängt von Ihrem Bindungsstil ab [271]. So konnte unter anderem gezeigt werden, dass sicher gebundene Erwachsene im Vergleich zu unsicher gebundenen ihre momentane Situation als glücklicher einschätzen und sich von anderen mehr umsorgt fühlen.

Kindheitsmuster, Bindungen und vieles mehr beeinflussen unser Leben und damit indirekt auch unsere Kommunikation, da wir als Person entweder als Sender oder Empfänger einen wesentlichen Teil im Kommunikationsprozess ausmachen. Die anfängliche Frage, warum wir zum Beispiel immer an den falschen Partner geraten, lässt sich vor diesem Hintergrund nicht einfach beantworten: Sind es eher momentane, „geprimte“ oder vielleicht doch überdauernde Kindheitsmuster oder Bindungserfahrungen, die uns immer wieder in unserer Wahl beeinflussen? Sicherlich lässt sich dies nicht pauschal klären, aber wir können davon ausgehen, dass unser Verhalten und unsere Kommunikation nur zum Teil unbewusst sind und wir auch über ein gewisses Bewusstsein verfügen. Das alles würde uns vielleicht weniger beschäftigen, wenn wir nicht davor Angst hätten, Fehler zu machen.

Bloß keine Fehler machen!

In der Gesellschaft herrscht der konstante Druck, die eigene Leistung oder das Aussehen zu verbessern, und das weckt manchmal Ängste, etwa nicht gut genug zu sein [272]. Wie oft vergessen wir, dass es menschlich ist, Fehler zu machen? Doch können wir die Fehler, die wir gemacht haben und machen, als Chancen sehen, im Leben weiter voranzugehen? Auch wenn wir diese Frage vielleicht nicht auf Anhieb beantworten können, eins ist sicher, es existieren zigmal mehr Programme, die uns lehren, erfolgreich zu sein, also solche, die uns helfen, mit Fehlern umzugehen. Schauen Sie sich nur auf dem Markt der Coaching-Angebote um: Coaching zur Klarheit, Balance, Lebensfreude, Persönlichkeitsentwicklung, Stressreduzierung, zum Abnehmen, Mut-Coaching für Gründerinnen, High-Performance-Coaching ... die Liste kann beliebig fortgesetzt werden.

Beschäftigen sich Beratungsangebote mit dem Versagen, dann eher unter dem Gesichtspunkt, wie dieses überwunden werden kann, und nicht als die Kehrseite des Erfolges, die es anzunehmen und nicht zu überwinden gilt. Deshalb ist es wichtig zu lernen, mit eigenen Fehlern und denen anderer Menschen umzugehen.

Pema Chödrön (2015) [273], eine buddhistische Nonne, drückt dies in Anlehnung an Samuel Beckett so aus: Fail, fail again, fail better – Versage, versage wieder, versage besser. Sie bekräftigt, dass wir lernen müssen, das Unwillkommene willkommen zu heißen. Doch ist dies einfacher gesagt als getan! Schnell sind wir dabei, andere Menschen oder uns selbst zu kritisieren, wenn Fehler gemacht werden. Was jedoch wirklich helfen kann, ist, die Fehler als eine Chance zu sehen, etwas Neues zu lernen. Sicherlich – Fehler fühlen sich nicht gut an, aber anstatt in ein Hadern über die Fehler zu versinken, hilft es, neugierig auf das zu sein, was (auch durch die Fehler) kommen wird.

Kehren wir zu unserem anfänglichen Beispiel zurück, bei welchem eine Frau sich immer wieder in den falschen Mann verliebt. Statt sich über ihr Verhalten zu grämen, könnte sie sich sagen: „Schon wieder bin ich in diese Situation geraten – Was sagt mir das?“ Und nun kann echte Kommunikation stattfinden, mit sich selbst, aber auch mit anderen Menschen. Unsere Beispielsfrau muss nun z. B. ihren Freundinnen gegenüber nicht mehr so tun, als würde bei ihr alles reibungslos laufen, sondern sie kann annehmen, dass auch sie hin und wieder mit dem Scheitern konfrontiert ist. Aus diesem Sich-Öffnen können dann die menschlichen Qualitäten Tapferkeit, Freundlichkeit und die Fähigkeit, wahrhaftig für den anderen zu sorgen, zutage treten [273]. Für die Frau, die immer an die falschen Männer gerät, bedeutet dies, dass eine ehrliche Kommunikation ihr hilft, die problematischen Muster, die ihr Verhalten steuern, zu verstehen, um ihr Verhalten zu ändern. Es ist anzunehmen, dass Scheitern und Erfolg nichts anderes sind als zwei Seiten einer Medaille. Sie gehören einfach zum Leben dazu. Man fragt sich oft, warum so viele Menschen Wochenende für Wochenende in ein Fußballstadion gehen – vielleicht nicht nur wegen des Sports, sondern vielmehr wegen des Spiegels, der ihnen dort vorgehalten wird: Gewinnen und Verlieren – beides gehört dazu.

Während im persönlichen Bereich Fehler noch häufig als etwas angesehen werden, das es zu vermeiden gilt, existiert in manchen Wirtschaftsunternehmen bereits eine positive Fehlerkultur. Dort wird offen mit Fehlern umgegangen, einem Fehlereingeständnis wird Respekt entgegengebracht und schnell fokussiert man sich auf die Sachebene und auf Verbesserungen für die Zukunft. Ein aktives Fehlermanagement ist in Risikobereichen wie der Luftfahrt verbreitet: Hier werden Fehler offen akzeptiert und analysiert, damit die Fehlerquellen rechtzeitig ausgeschaltet werden können [274].

Die Fehler, die uns auf unserem so ersehnten geradlinigen Weg als Hindernisse begegnen, bringen uns letztendlich jedoch weiter. Bereits der römische Kaiser Marc Aurel hatte diese Einsicht, denn er schrieb, dass das, was den Weg versperren will, helfe, diesen zu bereiten [275]. Jedoch muss aus heutiger wissenschaftlicher Sicht diese Annahme differenziert werden. So lernt der Mensch in unterschiedlichen Kontexten (unter anderem bei sozialen oder berufsbezogenen Aufgabenstellungen) besser, wenn er positives Feedback bekommt, als wenn ihm gesagt wird, er habe Fehler gemacht [276]. Feedback, bei dem das Versagen im Mittelpunkt steht, untergräbt die Lernmotivation, weil es das Ego bedroht. Fehler bewusst zum Lernen einzusetzen, ist jedoch eine ganz andere Frage als die, ob wir nicht einfach einsehen sollten, dass Fehler zum Leben dazugehören.

Kommunikation – Ein Unterfangen höchster Komplexität

Kommunikation ist nicht einfach. Nicht nur, dass sie wie bereits erwähnt von zahlreichen Faktoren abhängig ist, sie wird auch noch durch unsere unbewussten Muster und unsere Tendenz, möglichst perfekt sein zu wollen, bestimmt. Vielleicht gelingt es uns noch, wie vorher beschrieben, eine andere kognitive Perspektive einzunehmen oder gewaltfrei zu kommunizieren. Aber wie schwer ist es doch, zum einen unsere unbewussten Muster in der Kommunikation zu identifizieren und zu sehen, wie wir durch sie kommunizieren, und zum anderen unserem Drang zu widerstehen, alles richtig machen zu wollen.

Letztendlich wird uns das nur dann gelingen, wenn wir einen Schritt aus dem persönlichen Bereich herauswagen, d.h. wenn wir uns von dem, was unsere Person ausmacht, trennen. Dann stellt sich ein Zustand wundervoller Gelassenheit, eines großen Gleichmutes [277] ein, in dem alles, was kommt, seinen Platz hat. Dann lösen wir uns von alten Mustern und unseren Ansprüchen. Eine neue Sicht auf das Leben kann sich entwickeln, auch wenn diese Sicht Wandlungen unterliegt – sie bietet die Möglichkeit zur Veränderung, worum es im nächsten Kapitel geht.

6.3 Zusammenfassung: Kommunikation

In diesem Kapitel des Buches geht es um verschiedene Modelle, die die menschliche Kommunikation erklären. Dabei liegen die Schwerpunkte auf unterschiedlichen Aspekten der Kommunikation. Ihnen gemeinsam ist die Feststellung, dass nicht immer das beim Gegenüber ankommt, was wirklich gemeint ist. Für eine gelungene Kommunikation ist nach Carl Rogers ein Perspektivwechsel erforderlich. Im Kommunikationsmodell von Schulz von Thun geht es um das Enkodieren und Dekodieren einer Nachricht und darum, dass Sender, Empfänger und die Nachricht selbst durch vier Aspekte gekennzeichnet sind: den Sachinhalt, die Selbstoffenbarung, den Appell und die Beziehung. Die Bereitschaft zur Kommunikation und Kooperation ist im Modell von Grice besonders wichtig. Sie drückt sich darin aus, dass man die Maximen Quantität, Qualität, Relevanz und Klarheit berücksichtigt, um das Gespräch wirklich weiterzubringen. Paul Watzlawick befasst sich in seinem Dialogmodell mit der Interaktion von Sender und Empfänger: Wie reagiert das Gegenüber auf Kommunikationsversuche und wie wirken Sender und Empfänger zusammen? Im umfassendsten Modell, dem integrativen Kommunikationsmodell von Hargie und Kollegen, werden zahlreiche Aspekte berücksichtigt: Person, Situation, Ziele, vermittelnde Prozesse, Antwortverhalten, Feedback und Wahrnehmung. Wie kann gute Kommunikation nun gelingen? Beispiele hierfür sind die gewaltfreie und achtsame Kommunikation nach Marshall Rosenberg. Dabei geht es darum, genau zuzuhören und die Situation wahrzunehmen, weder zu werten noch zu interpretieren, die eigenen Gefühle und Bedürfnisse auszudrücken und konkrete Bitten zu formulieren.

Unbewusste Kommunikationsmuster steuern unser Verhalten, negative (Bindungs-)Erfahrungen werden im Unbewussten gespeichert und beeinflussen ohne unser Wissen das Handeln. Dabei ist es vorteilhaft, dass wir auf diese Weise schnell Emotionen verarbeiten und auf bedrohliche Reize reagieren können, ohne nachdenken zu müssen. Das zeigt sich beim Priming. Je nachdem, was wir zuvor wahrgenommen haben, interpretieren wir nachfolgende Reize unterschiedlich. Eine mögliche Erklärung lautet, dass Wissen in einer Art Netzwerkstruktur gespeichert ist. Ein aktivierter Knotenpunkt des Netzwerkes „weckt“ benachbarte Knotenpunkte. Die affektiv-reflektive Theorie beschreibt unbewusste und automatische Bewertungsprozesse, die uns mehr oder weniger zugänglich für die Kommunikationsversuche unseres Gegenübers machen. Um sich solche unbewussten Muster bewusst zu machen, ist es wichtig, sich selbst Fehler einzuräumen, um aus ihnen zu lernen.

7 Miteinander

7.1 Verbundenheit durch Liebe

Manchmal verläuft eine Kommunikation nicht so, wie wir es uns wünschen, selbst wenn wir die Fähigkeit besitzen, uns in die Perspektive des anderen hineinzuversetzen. Auch wenn wir die Botschaft en- und dekodieren können und die jeweilige Situation beachten, misslingt ein Gespräch. Selbst wenn wir den anderen verstehen, fühlen wir manchmal die Distanz zu ihm, weil er uns nicht so versteht, wie wir es uns wünschen. So ist es denkbar, dass unser Gegenüber eine andere Fähigkeit zur Perspektivenübernahme besitzt als wir selbst, denn vielleicht ist seine Entwicklung in kognitiver, emotionaler, körperlicher und transzendentaler Hinsicht anders. Aufgrund unserer Einzigartigkeit bezüglich der vier Facetten wird uns kein Gegenüber bis ins Detail verstehen können. Dies bedeutet aber auch, dass wir auf der persönlichen Ebene immer einzigartig bleiben.

Menschen, die sich gut verstehen, sind sich in ihrer Einzigartigkeit ähnlich, so stehen sie sich in vielen Facetten auf ihrem Entwicklungsweg nahe. Wie können wir nun aber ein Verständnis für diejenigen entwickeln, die ganz anders als wir selbst sind? Wie können wir uns mit dem anderen verbunden fühlen? Wir glauben, dass dies nur gelingt, wenn wir sowohl die eigene Individualität als auch die des Einzelnen schätzen und die Verbundenheit aller Menschen anerkennen. Diese Verbundenheit ist nur durch die Kraft der Liebe erfahrbar.

7.2 Der Weg der Liebe

Liebe – lesen Sie – und vielleicht denken Sie: Oje, jetzt auch noch die Liebe! Tatsächlich ist ALLES über die Liebe gesagt worden, wahrscheinlich gibt es kein Thema, das häufiger beschrieben, vertont, verfilmt und verdichtet worden ist. Künstler – Dichter, Schriftsteller, Maler, Bildhauer und Musiker – Philosophen, Theologen und Naturwissenschaftler beschäftigen sich seit Jahrtausenden damit. So setzte sich bereits Platon mit der Liebe auseinander. Er differenzierte zwischen Eros (der sinnlichen Liebe), Philia (der freundschaftlichen Liebe) und Agape (der uneigennützigen Liebe). Zwei bekannte Unterscheidungen der Liebe innerhalb der Psychologie sind die Dreieckstheorie der Liebe von Sternberg (1986) [278] und die fünf Formen der Liebe, die der Psychoanalytiker Erich Fromm (1988) [279] postulierte. In dem Buch *Die Kunst des Liebens* definiert er Liebe als eine Haltung. Sie sei eine Charakterorientierung, die bestimmt, wie der Mensch sich als Ganzes in der Welt einfügt, Liebe ist für Fromm eine Kraft der Seele. Er unterscheidet Nächstenliebe, mütterliche Liebe, erotische Liebe, Selbstliebe und die Liebe zu Gott. Leicht wird dabei Selbstliebe mit Selbstsucht verwechselt, die allerdings ihr Gegenteil darstellt. So liebt sich der Selbstsüchtige zu wenig, was letztendlich in einem Gefühl der inneren Leere mündet. Wenn wir in diesem Buch von der Liebe sprechen, unterscheiden wir eine persönliche und eine universale Dimension, zwei Bereiche, die sich letztendlich jedoch nicht voneinander trennen lassen.

Die persönliche Form der Liebe

Unter der persönlichen Dimension der Liebe wird oftmals die Liebe zwischen zwei Personen verstanden. Doch geht diese Dimension über die paarbezogene hinaus, sie beinhaltet auch die Liebe zum eigenen „Selbst“. Doch was ist eigentlich das Selbst? Eine Definition ist schwierig, unterschiedliche Aspekte beinhalten das Körperselbst, das rationale Selbst oder das Bedürfnis-Selbst. Begriffe wie Selbstschema, Selbstbild und Selbstkomplexität werden verwendet, ohne sie klar voneinander abzugrenzen.

In der Entwicklungspsychologie spielt die Stärkung des Selbstwerts eine bedeutende Rolle [42]. Während man unter dem Selbstkonzept eher eine neutrale Beschreibung der eigenen Person versteht, bezeichnet der Selbstwert die affektive, also vom Gefühl bestimmte Komponente [280]. Eine wichtige Voraussetzung für die Entstehung des Selbstkonzepts und des Selbstwerts ist die Erkenntnis, dass sich das eigene Selbst von der umgebenden Welt unterscheidet. Aber gerade die Konzeption des Selbstwerts muss mit Vorsicht betrachtet werden, da sie immer eine Wertung beinhaltet und damit den Weg zur Liebe blockieren kann. Hingegen stellt das Konzept des Selbstmitgefühls das eigentliche, wertfreie Selbst in den Mittelpunkt.

Selbstmitgefühl als eine Facette der persönlichen Form der Liebe

Nach Neff (2012) [281], einer Expertin auf dem Gebiet der wissenschaftlichen Erforschung des Selbstmitgefühls, besteht es aus den drei Kernkomponenten Selbstfreundlichkeit, gemeinsames Menschsein (oder in manchen Übersetzungen auch Verbundenheit) und Achtsamkeit. Die Selbstfreundlichkeit bezieht sich auf die Fähigkeit, sich nicht selbst zu verurteilen, das gemeinsame Menschsein auf die Erkenntnis, dass alle Menschen eine Verbindung zueinander besitzen und als Menschen gemeinsame Erfahrungen machen. Achtsamkeit ist die Fähigkeit, den derzeitigen Moment wahrzunehmen und das zu akzeptieren, was ist. Neff und Germer (2013) [282] zeigten, dass Versuchspersonen, die an einem achtsamkeitsbasierten Selbstmitgefühl-Programm teilnahmen, eine Steigerung im Selbstmitgefühl, in der Achtsamkeit und im Wohlbefinden erlangten im Vergleich zu einer Kontrollgruppe ohne spezifische Intervention. Dieser Zugewinn zeigte sich sogar eine Zeit lang, nachdem der Kurs beendet war. In einer Metaanalyse konnte darüber hinaus ein positiver Zusammenhang zwischen dem Selbstmitgefühl und dem Gesundheitsverhalten (Essverhalten, sportliche Aktivität, Schlafverhalten und Stressmanagement) nachgewiesen werden: Menschen mit einem höher ausgeprägten Selbstmitgefühl achteten mehr auf ihre Gesundheit [283]. Außerdem ist Selbstmitgefühl eine gute Ressource für positives Altern [284].

Selbstmitgefühl ist ein Weg zur Selbstliebe, zur persönlichen Dimension der Liebe. Liebe, die unabhängig von bestimmten Menschen, Bedingungen oder Situationen ist, die also einfach existiert, kann als universale Form der Liebe betrachtet werden.

Die universale Form der Liebe

Die universale Form der Liebe entspringt einer Kraft im Universum, die in allen Religionen thematisiert wird. Diese Liebe ist immer in uns, verbindet uns mit unserem eigenen Selbst und hebt die Trennung zu den Mitmenschen auf. Aus „Liebe deinen Nächsten wie dich selbst" wird „Liebe deinen Nächsten als dein Selbst" [285]. Beispiele aus verschiedenen Jahrhunderten zeigen, wie die Überwindung der Trennung zu den Mitmenschen gelingen kann.

Aufhebung der Trennung zum Mitmenschen

„Mystiker und Weise aller Jahrtausende teilen uns mit, dass in diesem Wissen das Du zum Ich wird. Der oder die andere wird Teil meiner selbst. Die Trennung ist aufgehoben. An ihre Stelle tritt das Wissen, das alles, was dem anderen geschieht, auch mir geschieht. Heilige aller Zeiten drücken dies aus, indem sie Menschen, Pflanzen und Tiere mit liebevoller Achtsamkeit begegnen. Sie erkennen in ihnen sich selbst. Der heilige Franz von Assisi sprach mit den Vögeln, Mutter Theresa sah in jedem Leidenden Christus selbst. Es gab und gibt keine Trennung mehr zwischen Ich und Du, Innen und Außen. Für uns Menschen auf dem Weg sind solche Heilige Leuchttürme, Orientierungsmarken für unsere Suche. Es sind Menschen, die sich der existentiellen Einsamkeitserfahrung so radikal gestellt haben, dass sie über die Gottsuche zum Gott-Bewußtsein gelangt sind. Mutter Theresa, Mahatma Gandhi, Martin Luther-King und andere lebten vor, dass es eine Welt der Trennungen nicht gibt. Sie sind für uns eine Aufforderung, uns jener Tiefendimension von Einsamkeit zu stellen, die uns vom Ich zum Selbst und schließlich zum Du befreit." (Meibom 2012, S. 31, [285])

Barbara Meibom drückt es prägnant aus. Durch die Verbundenheit aller miteinander kann die Anerkennung der eigenen Person, die Selbstliebe, nie wirklich unabhängig von einer Liebe zu allen anderen geschehen.

Vielleicht kommt Ihnen das, was hier geschrieben ist, fremd vor, vielleicht sind Sie aber auch mit diesen Vorstellungen vertraut. Egal, wie Sie zum Thema Transzendenz stehen, vielleicht erspüren Sie manchmal, dass bei bestimmten Menschen die universale Dimension der Liebe deutlich hervortritt. Spürt man das, ist es manchmal wie ein Sog, dem man sich nicht entziehen kann. Diese Anziehung resultiert daraus, Liebe als einen

Teil von sich selbst wahrzunehmen. In solchen Momenten spürt man die Verbindung mit dem anderen und die Verbindung aller Lebewesen untereinander, frei von allen Begehrlichkeiten und Wünschen, es ist die universale Dimension der Liebe.

Wir alle aber wissen, dass wir nicht nur solchen Menschen begegnen und auch immer wieder die Verbindung zur Liebe verlieren. Ein Ziel des eigenen Lebensweges kann es sein, so häufig wie möglich die universale Art der Liebe zu erleben. Spürt man sie, dann spürt man zum einen die Transzendenz, zum anderen hilft sie auch, das „Wahre Selbst" kennenzulernen.

Im Buddhismus wird das Wahre Selbst als das Nicht-Selbst bezeichnet. Damit ist eine Erfahrung des absoluten Eins-seins, des nicht mehr Getrenntseins gemeint. Im Sanskrit wird die Lehre des Nichtseins Anatman genannt. Sie beschreibt das Erlangen eines Zustandes tiefen Friedens, großer Ruhe und Klarheit und auch des Loslösens von dem eigenen Sein für eine Zeit. Das eigene Sein loszulassen, klingt erst einmal ein wenig fremd. Doch nichts anderes ist gemeint, als sich immer wieder der Vergänglichkeit des eigenen Seins bewusst zu werden. Oft definiert man sich selbst über äußere Dinge, wie den beruflichen Erfolg, das Aussehen oder bestimmte Eigenschaften, doch diese Dinge sind vergänglich beziehungsweise von der Situation abhängig. Wenn man sich von diesen Dingen innerlich distanziert und sich somit nicht identifiziert, sie ohne Wertung so nimmt, wie sie sind, dann wird man eine tiefe Ruhe empfinden können. Der eigene Wert und das Wohlbefinden hängen nicht von äußeren Dingen ab: Die unfreundliche Nachbarin meint es nicht persönlich, die eigene schlechte Laune kommt und geht. Gelingt es, diese vergänglichen Dinge loszulassen, stellt sich eine Klarheit ein, die es ermöglicht, wieder neu in die Welt zu treten und in Ruhe im Selbst zu leben.

Aber das sind Idealvorstellungen. Jeder, der sich auf den Weg begibt, weiß, dass es ein Weg ist, der nie zu Ende geht und der Übung bedarf, um das Wachsen in die universale Dimension der Liebe zu ermöglichen. Doch wie kann uns dies gelingen? Wie begeben wir uns auf den Weg? Die persönliche und die universale Form der Liebe lassen sich letztendlich nicht voneinander trennen, sodass auch die Wege dorthin miteinander verwoben sind.

Ein erster Schritt ist es, sich selbst und den anderen in seiner Einzigartigkeit mit Liebe anzunehmen. So wird in dem Gebot: „Du sollst deinen Nächsten lieben wie dich selbst" die Betonung auf den Nächsten gelegt, tatsächlich ist aber der Satzteil „wie dich selbst" von ebenso großer Bedeutung. Sich selbst zu lieben, bedeutet sich so zu sehen, wie man als Person ist, und dies in Dankbarkeit anzunehmen. Wenn man diese Liebe für sich spüren kann, kann es gelingen, auch einem anderen Menschen Liebe entgegenzubringen und die universale Form der Liebe zu spüren.

7.3 Liebevolle Verbundenheit in der Praxis

Wie kann liebevolle Verbundenheit in der Praxis aussehen? Sie umfasst ja nicht nur die Verbundenheit zu einem anderen, sondern auch die Verbundenheit zu sich selbst. Wir haben in den beiden ersten Teilen die Individualität des Einzelnen beschrieben und gesehen, dass wir uns in zahlreichen Aspekten voneinander unterscheiden. In diesem Kapitel geht es darum, die eigene Individualität und die des anderen lieben zu lernen. Hier stehen keine wissenschaftlichen Erkenntnisse im Mittelpunkt, sondern die Anregung, sich der eigenen Liebe und der liebevollen Verbundenheit den anderen gegenüber zu öffnen. Dabei gibt es kein Richtig oder Falsch. Denn auch unsere Anregungen sind durch unsere Brille der Psychologie, der Wissenschaft, der Achtsamkeit, des Frau- und Mutterseins gefärbt.

Die eigene liebevolle Verbundenheit

Es gibt viele Wege, eine liebevolle Verbundenheit zu sich aufzubauen und zu spüren. Man kann sich zum Beispiel selbst die „richtigen" Fragen stellen, die eigenen Empfindungen spüren, sich selbst der beste Freund oder die beste Freundin sein und sich das vergeben, was vielleicht nicht so gut gelaufen ist. Schließlich gehört es zum Menschsein dazu, Fehler zu machen.

Die richtigen Fragen stellen

Sich liebevoll zu begegnen, bedeutet, sich zu fragen, was einem selbst guttut. An welchen Orten fühle ich mich wohl? Bei welchen Menschen fühle ich mich geborgen? Welche Aktivitäten tun mir gut? Wann empfinde ich eine tiefe Ruhe in mir? Oder aus der negativen Warte heraus: Wann fühle ich mich gestresst? Was bringt mich immer wieder aus dem Gleichgewicht? Bei welchen Menschen habe ich ein irgendwie „ungutes" Gefühl, ohne genau zu wissen, woran das liegt?

Übung der richtigen Frage

Um sich diese Fragen zu beantworten, ziehen Sie sich an einen Ort zurück, an dem Sie gerne sind. Es kann sowohl eine Bank in einem Wald, aber auch Ihr Arbeitszimmer sein. Vielleicht hilft es Ihnen, einen tiefen Atemzug zu nehmen, die Augen zu schließen und eine Verbundenheit zu sich selbst zu spüren. Stellen Sie sich nun die Frage, die sie bewegt. Das kann die Frage nach dem „richtigen" Ort oder den „richtigen" Menschen sein. Stellen Sie die Frage ganz konkret: „Welcher Mensch tut mir gut?"
Eventuell taucht ein Bild vor Ihrem inneren Auge auf. Bleiben Sie bei diesem Bild. Vielleicht fangen Sie zu lächeln an, wenn Sie an einen ganz bestimmten Menschen oder an einen besonderen Ort denken oder Sie spüren ein Wohlgefühl. Möglicherweise haben Sie das Bedürfnis, sich häufiger für einen Moment zurückzuziehen, um die Augen zu schließen und sich an einen besonderen Ort oder an einen besonderen Menschen zu erinnern.

Dies kann sich zu einem Ritual entwickeln, das Sie dann intuitiv praktizieren, wann immer Sie in stresserzeugende Situationen kommen, und sei es nur der nächste Stau. Diese einfache Praxis kann dazu führen, dass Sie beginnen, Ihr Umfeld bewusster auszuwählen. Sie suchen die Menschen, die Ihnen guttun, und Sie verabreden sich nicht mehr mit den Menschen, bei denen Sie eine negative Energie spüren, die Ihnen auf irgendeine Weise Energie rauben. Dies ist im Arbeitskontext nicht immer möglich, aber Nähe und Distanz lässt sich auch in diesem Kontext variieren. Mit ungeliebten Kollegen muss man nicht regelmäßig zu Mittag essen.

Finden Sie zunächst keinen Zugang zu einer Antwort auf Ihre Frage, ist das völlig in Ordnung. Vielleicht ist diese Frage an einem anderen Tag einfacher zu beantworten.

Sich selbst spüren

Sich selbst zu spüren, hört sich zunächst einmal merkwürdig an. Schließlich spüren wir unseren Körper, zumindest immer dann, wenn wir erschöpft, gestresst oder krank sind. Aber wie ist es in einem gesunden Zustand? Können wir unsere Körperreaktionen wirklich wahrnehmen, etwa als körperliche Anspannung oder Entspannung? Eine Möglichkeit, sich selbst im Körper zu spüren, ist der Body Scan (s. Jansen, Seidl & Richter 2018, S. 169 ff., [233]).

Die Methode des Body Scan besteht aus einer aufmerksamen Reise durch den Körper, von den Füßen bis zum Kopf. Die Praktizierenden richten ihre Wahrnehmung auf das Empfinden der angesprochenen Körperteile. Die Empfindungen können dabei ganz verschieden sein – ein Kribbeln, ein Pulsieren, Wärme, Kälte, Spannung oder Entspannung, Druck, Schmerz, ein Wohlgefühl oder auch gar nichts. Sollte Schmerz aufkommen, werden die Praktizierenden aufgefordert, die Aufmerksamkeit auf eine andere Stelle im Körper zu richten. Man muss nichts spüren, was man nicht spüren möchte.

Der Body Scan ermöglicht es, den eigenen Körper wahrzunehmen und damit sich selbst zu spüren. Dies ist wichtig, da der Körper eine Art Container für all das ist, was uns als Person ausmacht. Daher dürfen wir ihn nicht ignorieren oder vernachlässigen.

Sich selbst der beste Freund oder die beste Freundin sein

Was würden Sie spontan tun, wenn ein guter Freund oder die beste Freundin zu Ihnen kommt und Ihnen den aktuellen Kummer über die Schwierigkeiten zum Beispiel mit den Kindern erzählt? Wenn im Bekanntenkreis bei der betroffenen Person ein trauriger Krankheitsfall aufgetreten ist? Wahrscheinlich würden Sie geduldig zuhören oder eine liebevolle Umarmung anbieten. Der andere fühlt sich getröstet und in seinem Kummer ernst genommen.

Doch wie ist das mit Ihnen selbst? Wie behandeln Sie sich, wenn Sie Kummer erleiden und traurig sind? Nehmen Sie sich selbst symbolisch liebevoll in den Arm? Oder reagieren Sie mit weniger Verständnis? Sätze wie: „Jetzt stell dich doch nicht so an!“, „Übertreib es nicht wieder“ oder gar „Das hast du auch nicht anders verdient“, kommen leicht in den Sinn. Solche Aussagen bedeuten eine Abwertung und schließen Verständnis für die eigene Person aus. Wie wäre es, wenn Sie so mit sich selbst umgehen, wie Sie Ihren Freund oder Ihre Freundin behandeln würden? Wenn Sie anstatt: „Das ist ja typisch, dass mir das wieder passiert“ zu sich selbst sagen würden: „Ich bin traurig, dass mir das passiert, und werde mir einen

Augenblick Zeit nehmen, um mir etwas Gutes zu tun.“ Dies wäre ein Beispiel für Selbstmitgefühl. Gerade, wenn etwas nicht so geklappt hat, wie Sie es sich vorgestellt haben, ist es gut, sich selbst wie den besten Freund oder die beste Freundin zu behandeln, ohne die Erwartung, auch darin perfekt zu sein.

Sich selbst vergeben

Trotz aller Bemühungen gelingt es uns nicht immer, uns selbst und andere so liebevoll zu behandeln, wie wir es gerne getan hätten. Das kommt vor, weil wir Menschen sind und es dazu gehört, Fehler zu machen, auch wenn wir versuchen, genau das zu vermeiden. Vielleicht können wir aber lernen zu akzeptieren, dass es so ist, und vielleicht lernen wir, uns Fehler selbst zu vergeben. Folgende Reflexion und Meditation kann helfen, sich selbst zu vergeben:[3]

Meditation Selbstvergebung

Bitte nimm dir ein paar Momente, um zur Ruhe zu kommen. Spüre in deinen Körper, wo Spannungen auftreten.
Nimm ein paar tiefe und lange Atemzüge, um im Körper anzukommen. Verbinde dich mit deinem Herzen, um es für die Liebe zu öffnen.
Dann denke an ein Ereignis, das du dir selbst ganz schlecht verzeihen kannst. Nimm ein Ereignis, das nicht zu schwer oder traumatisierend ist. Vielleicht hast du in einem bestimmten Moment eine Person verletzt, indem du zum Beispiel ihre Situation nicht respektiert hast, zu kontrollierend warst oder sie bevormundet hast.
Es kann auch eine Situation sein, in der du dir selbst geschadet hast, etwa durch Suchtverhalten, auch arbeiten kann dazugehören.
Nähere dich dieser Situation langsam und horche in dich hinein: Was genau ist es denn, was sich so schlimm an diesem Verhalten oder dem Gefühl anfühlt?
Solltest du jemanden verletzt haben, schau, warum du das getan hast. Vielleicht war es ein Versehen, aus Unsicherheit oder möglicherweise aus dem Gefühl heraus, sich machtvoll und sicher zu fühlen.

3 Diese Meditation wurde in Anlehnung an eine englischsprachige Meditation von Tara Brach formuliert; siehe auch [286].

Nichts ist schlecht und nichts ist gut, es geht nur darum, wahrzunehmen, was ist.
Vielleicht nimmst du deine eigene Verletzlichkeit oder deine eigenen Ängste wahr.
Betrachte diese Gefühle durch die Augen eines Menschen, der dich liebt, der für dich da ist und dir zur Seite steht. Fühle dich gehalten.
Wenn du dir deiner Verletzbarkeit und deiner Ängste bewusst bist, erlaube dir, sie unmittelbar in deinem Herzen und dem Körper zu spüren. Auch wenn du dein Verhalten so wenig magst, versuche, deine Verletzbarkeit, die dahinter liegt, mit Mitgefühl für dich selbst zu halten. Fühle dich geborgen.
Lege eine Hand auf den Ort der Angst und der Verletzbarkeit, und sage, wenn du magst, leise liebevoll folgende Sätze: „Ich sehe, was ich verursacht habe, dass ich selbst leide. Ich vergebe mir selbst." Oder auch nur leise: „Vergeben, vergeben."
Nimm das an, was sich im Moment zeigt, Angst vor dem Urteil durch andere, Trauer oder Schmerz. Akzeptiere diese Gefühle mit der Botschaft des Vergebens. Auch wenn du einen Widerstand dagegen verspürst, wiederhole leise (wenn du magst) das Wort „vergeben".
Vergegenwärtige dir eine Person, die voller Mitgefühl ist, und fühle, wie sich ihr Mitgefühl auf dich überträgt, dich berührt und hält. Schaue, was passiert, wenn diese bedingungslose Liebe in dein Herz oder in die Bereiche deines Körpers, die sich verletzt anfühlen, strömt.
Vielleicht fällt dir die Übung schwer oder du hast, wenn du dir selbst so nah bist, Angst, dass etwas hochkommt, das du nicht verkraften kannst? Dann nimm deine Ängste und Zweifel mit Mitgefühl an.
Sage zu dir selbst: „Ich möchte mir selbst vergeben, wann immer ich kann." Diese Intention ist der Samen für die Vergebungspraxis. Ganz langsam wird sich dein Herz öffnen und du kannst in deinem eigenen Tempo immer mehr entspannen.

Diese Beispiele illustrieren Methoden, die liebevolle Verbundenheit mit sich selbst zu stärken. Jeder hat jedoch seinen eigenen Weg, um aus der eigenen Verbundenheit zu sich selbst heraus die Verbundenheit zu anderen zu spüren.

Liebevolle Verbundenheit mit anderen

Wenn Sie gelernt haben, die liebevolle Verbundenheit mit sich selbst zu spüren, wird es Ihnen leichter fallen, diese auch anderen Menschen gegenüber zu empfinden. Ist es Ihnen vertraut, Ihre eigenen Fehler zu sehen und sich zu vergeben, gelingt es Ihnen, auch anderen ihre Fehler zu vergeben. Wir unterscheiden uns alle in der Kombination der kognitiven, emotionalen, physischen und transzendentalen Facette – mit diesem Verständnis erkennen Sie, dass Ihr Gegenüber die Welt aus einem ganz anderen Blickwinkel sieht. Sie verstehen, dass dieser nicht schlechter, sondern eben anders ist. Was können wir tun, um andere in liebevoller Verbundenheit zu sehen? Vielleicht helfen diese Anregungen: den anderen in seiner kognitiven, emotionalen, physischen und transzendentalen Entwicklung versuchen zu verstehen, seine Verletzungen sehen und ihm mit einem liebevollen Lächeln in Liebe begegnen.

Verständnis für die kognitive, emotionale, physische und transzendentale Entwicklung des anderen

Stellen Sie sich vor, Sie befinden sich in einer Diskussion mit einem Kollegen und dieser wiederholt eigentlich nur, was Sie gerade gesagt haben, und bringt in die Diskussion nichts Neues ein. Sie haben die Wahl, unterschiedlich zu reagieren – Sie können sich genervt abwenden: Will Ihr Gesprächspartner Sie ärgern? Sie können aber auch wahrnehmen, dass der andere Ihren Ausführungen kognitiv nicht so schnell nachkommt und aus diesem Grunde noch einmal alles wiederholt. Er will Sie nicht ärgern, aus seiner Perspektive ist es wichtig, die „wichtigen" Dinge, die Sie gesagt haben, zu wiederholen. Wäre er in dem Thema bewandert, sähe das Gespräch vielleicht anders aus, auch Sie würden davon profitieren.

Wie gelingt es, den anderen nicht zu beurteilen oder ihn gar abzuwerten? Zum einen ist ein Verständnis dafür wichtig, dass wir alle einzigartig sind, zum anderen ein Umfeld, in dem Sie sich selbst aufgehoben fühlen, wo auch Sie das bekommen, was Sie brauchen. In diesem Fall ein Gegenüber, das so argumentiert, dass auch Sie etwas lernen können. Immer werden wir Menschen finden, die uns in einigen Aspekten fern sind, wir brauchen aber auch Menschen, die uns „nähren", uns in einer Facette nahe sind. Von ihnen fühlen wir uns verstanden und angenommen und es gelingt uns besser, den anderen Menschen, die weiter von uns entfernt sind, offen und freundlich zu begegnen. Jeder hat den Wunsch, von anderen akzeptiert und angenommen zu werden. Dennoch werden wir niemals von einem anderen Menschen in der Tiefe auf der persönlichen Ebene verstanden werden. Diese tiefe Verbundenheit kann nur durch bedingungslose Liebe erfahren werden. Doch wie können wir dem anderen mit dieser Art der Liebe begegnen? Eine Möglichkeit ist es, hinter die Fassade zu schauen und auch seine Verletzungen zu erkennen.

Die Verletzungen des anderen sehen

Ist es Ihnen auch schon einmal passiert, dass Sie Menschen begegnet sind, die Sie ungerecht behandelt haben, die Ihnen wütend entgegengetreten sind, und Sie haben überhaupt nicht verstanden, was los ist? Dann liegt es nahe zu denken, man habe selbst etwas falsch gemacht. Es kann aber auch sein, dass die Handlung des anderen gar nichts mit Ihnen zu tun hat, sondern dass er vielleicht traurig war und Sie seine Gemütslage hat spüren lassen. Möglicherweise war es ihm gar nicht bewusst. Gelingt es Ihnen, mit sich selbst liebevoll verbunden zu sein und den anderen mit dieser Liebe zu sehen, werden Sie hinter seine Fassade schauen und seine Sehnsucht erkennen, so angenommen zu werden, wie er oder sie ist.

Der Begriff des Inneren Kindes stammt aus der Psychologie und beschreibt die Persönlichkeitsanteile, die durch unsere Kindheitserfahrungen geprägt wurden [287]. Selten wurden wir als Kinder so gesehen, wie wir wirklich waren, sondern wie unsere Eltern uns gerne gehabt hätten. Sie selbst konnten sich wiederum auch nicht so sehen, wie Sie eigentlich waren. Wir sind mit bestimmten Glaubenssätzen groß geworden, die wir nur schwer ablegen können, sie sind uns in Fleisch und Blut übergegangen. Dennoch machen sie nicht das aus, was wir eigentlich sind. Erst wenn wir zu uns selbst gefunden haben und uns in Liebe annehmen können, können wir die Verletzungen des anderen sehen und verstehen, warum er in dieser verletzenden Weise handelt.

Dem anderen mit einem Lächeln begegnen

Ein Lächeln ändert alles

Sie kennen vielleicht die Situation, wenn Sie in einen vollen Pendlerzug einsteigen und versuchen, einen Platz zu finden. Der Zug ist fast überfüllt, alle sind müde von der Arbeit und starren teilnahmslos vor sich hin. Dann kommt ein Vater mit seinem gut gelaunten Sohn an der Hand in den Zug. Das Kind schaut neugierig um sich und lächelt die Fahrgäste verschmitzt und aus vollem Herzen an. Plötzlich verändert sich etwas, die Menschen lächeln zurück, vielleicht erst zaghaft. Sie spüren, dass der Junge es ernst meint, er lächelt aus vollem Herzen. Mit der Zeit verändert sich die Stimmung, die Atmosphäre wird ruhig, fast liebevoll.

Es muss nicht das Lächeln eines Kindes sein, das einen kollektiven Stimmungsumschwung erzeugt. In vielen Situationen kann ein Lächeln etwas verändern – zum Beispiel, wenn Sie den Fahrer des Autos, der neben Ihnen im Stau steht, anlächeln oder den Fremden, der nach dem Weg fragt. Ein Lächeln aus ganzem Herzen zeigt dem anderen, dass er wahr- und ernst genommen wird, dass er einfach für uns in diesem Moment sichtbar ist. Ein echtes liebevolles Lächeln schafft Verbindung und überwindet damit zumindest für einen kurzen Augenblick die Einsamkeit jedes Einzelnen, die nur in der Liebe überwunden werden kann. Vor dem Hintergrund von Watzlawicks Grundsatz [255], dass Kommunikation immer eine Inhalts- und eine Beziehungsebene beinhaltet, wirkt das Lächeln auf der Beziehungsebene, ohne in den Inhalt einzugreifen. Dabei lässt Watzlawick die Qualität der Beziehungsebene durch die verbindende Kraft der Liebe außer Acht, die von Meibom [285] aufgreift. Sie nennt diesen Weg Communio, den Weg der Gemeinschaft, der in der allumfassenden Liebe erfahrbar ist. In der allumfassenden Liebe wird die Trennung zwischen den Individuen aufgehoben, ein Lächeln kann dabei eine Brücke bauen. Diese Brücke muss nicht zwangsläufig alle Menschen gleich erreichen, denn die Brücke selbst kann nicht beeinflussen, wer sie nutzt.

Die liebevolle Verbundenheit mit der Welt

Wir haben den Weg von der liebevollen Verbundenheit zu sich selbst zu der liebevollen Verbundenheit zu anderen aufgezeigt – für uns sind dies Bausteine einer weltumspannenden Verbundenheit. Die Liebe mag helfen, Brücken zwischen Bevölkerungsgruppen, Parteien, Andersdenkenden oder Nationen zu bauen. Das geschieht natürlich weder sofort noch in jedem Bereich. Gerade Menschen, die die liebevolle Verbundenheit nicht erfahren haben, werden diese Brücke zu Andersdenkenden nicht sehen. Aber vielleicht ist es so wie in der Physik, wo die höhere Frequenz in die niedrigere Frequenz einschwingt und sie ein wenig erhöht. Vielleicht aber können die Menschen, die wissen, was die liebevolle Verbundenheit bewegen kann, anderen, die dies noch nicht erfahren haben, den Weg der bedingungslosen Liebe eröffnen.

Die Begriffe der Diversität (Verschiedenartigkeit), Inklusion (Einschluss von bestimmten Menschen zu einer Gruppe) und Interkulturalität (Bewusstsein für die kulturelle, sprachliche und religiöse Verschiedenartigkeit) sind zentral. Die Liebe mag dafür als Basis dienen.

7.4 Zusammenfassung: Miteinander

Die vorangegangenen Abschnitte befassen sich mit der persönlichen und universalen Dimension der Liebe, die miteinander verbunden sind. Die persönliche Dimension beschreibt die Liebe zu einem anderen Menschen, aber auch zu sich selbst. Dabei beinhaltet der Begriff des „Selbst", sich als von anderen getrennt zu erleben. Leider heißt das oft auch, sich selbst zu be- und verurteilen. Eine bedingungslose Liebe zu sich selbst, fern von solchen Urteilen, wird als Selbstmitgefühl bezeichnet und ist durch Selbstfreundlichkeit, gemeinsames Menschsein und Achtsamkeit gekennzeichnet.

Die universale Dimension der Liebe findet sich auf einer religiösen oder spirituellen Ebene. Hier wird die Trennung zwischen der eigenen Person und anderen Menschen aufgehoben. Man erlebt das Wahre Selbst, das eigentlich ein Nicht-Selbst ist, weil alles auf der Welt Ausdruck desselben Bewusstseins und nicht in verschiedene Selbst zu trennen ist. Man erkennt, dass das Selbst eine Illusion und das Sein vergänglich ist, und identifiziert sich nicht mehr mit Äußerlichkeiten. Eine Liebe, die diese Form annimmt, geht einher mit einem Verständnis für das So-Sein des anderen und dafür, wie man selbst nun einmal ist. Dazu gehört auch zu akzeptieren, dass Ähnlichkeiten zwischen Menschen mehr oder weniger stark ausgeprägt sind. Das macht das Verstehen des anderen und das „Verstandenwerden" durch ihn mal mehr und mal weniger aufwendig. Man kann die liebevolle Verbundenheit zu sich selbst und zu anderen üben, und bestenfalls mündet dies in eine Verbundenheit zur ganzen Welt. Letztlich heißt diese Übung, sich selbst näherzukommen, zu wissen, was einem (nicht) guttut, wie sich der Körper anfühlt und wie man sich selbst der beste Freund sein und Fehler verzeihen kann. Nicht zuletzt heißt das aber auch, dem anderen näherzukommen und zu verstehen, wie er ist und welche Verletzungen er mit sich herumträgt. Mit einem Lächeln bauen sich solche Brücken leichter.

8 Fazit: Brillentausch – Wie uns das Miteinander gelingen kann

Am Ende dieses Buches kommen wir zu dem Schluss, dass auf der Ebene, die das Selbst beschreibt, der Perspektivwechsel noch viel komplizierter ist, als wir vermutet hätten: So kann die Wahrnehmung einfacher Farbreize davon abhängen, in welchem Land wir geboren sind, und die Entfernungsschätzung eines Weges wird durch das Gewicht, das wir mit uns herumtragen, beeinflusst. Zudem unterscheiden sich Menschen dahingehend, wie schnell sie Dinge verarbeiten, sich an Gegebenheiten erinnern oder kreativ mit neuen Situationen umgehen können. Es gibt individuelle Unterschiede, ob und wie schnell die Stimmungen anderer Menschen wahrgenommen werden oder ob man empathisch und mit Mitgefühl auf den anderen zugeht. Wenn wir all die Facetten betrachten, die wir im ersten Teil unter dem Thema „Das Selbst" dargestellt haben – und diese Liste erhebt keinen Anspruch auf Vollständigkeit, sondern sie umfasst die Dinge, die uns (mit unserer Brille) wichtig erschienen –, wird eines deutlich: Menschen unterscheiden sich in vielen Aspekten.

Ordnete man jeder Facette eine Ausprägung von 1 bis 10 zu, würde sich jeder durch seine ganz spezifische Zahlenkombination auszeichnen. Oder wenn wir uns die Ausprägungen in Wellenlängen vorstellen würden, wäre das Selbst eines jeden Menschen eine ganz spezifische Farbkombination. Was an dieser Stelle unwissenschaftlich wirkt, lässt sich durch die im ersten Teil dieses Buches dargelegten Studien wissenschaftlich fundiert darstellen: Jede Wirklichkeit ist einzigartig, jeder Mensch betrachtet nicht nur die Welt durch seine eigene Brille, sondern handelt in der Welt auch auf seine spezifische Art und Weise – in jeder Hinsicht. Das ist nicht neu, werden Sie vielleicht sagen, aber vielleicht werden Sie auch denken, dass es bemerkenswert ist, auf wie viele Teilbereiche es sich beziehen kann.

All dies beschreibt unser Selbst. Wie wir gezeigt haben, gibt es noch eine weitere, transzendentale Ebene jenseits des Selbst. Hier spielen unter anderem die Intuition, der Glaube und die Spiritualität eine wichtige Rolle. Die Fähigkeit, den jeweiligen Moment wertneutral und achtsam wahrzunehmen, kann als ein Weg zur transzendentalen Ebene gesehen werden. Die transzendentale Ebene klammern wir oft in der Beschäftigung mit unserer eigenen Person aus. Auch hier ist jede und jeder verschieden: Manche Menschen vertrauen ihrer Intuition mehr als andere. Auch dies muss berücksichtigt werden, wenn wir auf die Individualität des Einzelnen zu sprechen kommen. Bislang wurden diese Aspekte vernachlässigt, so beschäftigt sich zum Beispiel die Entwicklungspsychologie mit der motorischen, kognitiven und emotionalen Entwicklung, aber die spirituelle Entwicklung findet genauso wenig Beachtung wie die spirituelle Diversität.

Da wir gesehen haben, in wie vielen Aspekten des Selbst und jenseits des Selbst sich Menschen unterscheiden, stellt sich die Frage, wie Kommunikation gelingen kann.

Selbst wenn wir verstanden haben, dass unsere Wirklichkeit nicht die Wirklichkeit unseres Gegenübers sein muss und wir in der Lage sind, rational die Perspektive zu wechseln, müssen wir uns fragen, ob wir es tatsächlich auch aus dem Gefühl heraus können. Möglicherweise lassen wir uns in unseren Gedanken und Verhalten von unbewussten (Kindheits-) Mustern leiten.

Können wir wirklich jeder neuen Situation mit einem Anfängergeist begegnen?

Gelingt es uns wirklich anzuerkennen, dass wir uns in unseren kognitiven, emotionalen, physischen und transzendentalen Facetten unterscheiden und unseren Weg in einem unterschiedlichen Tempo und einer verschiedenartigen Qualität gehen? Gelingt es uns wirklich anzuerkennen, dass kein Weg besser, kein Weg schlechter, sondern jeder individuell ist? Können wir tatsächlich unsere Einzigartigkeit anerkennen, um so in der Lage zu sein, auch die Einzigartigkeit des anderen zu akzeptieren? Gelingt es uns, die Verbundenheit der einzelnen Menschen in ihrer Sehnsucht, in ihrer Einzigartigkeit wahrgenommen zu werden, zu sehen? Können wir wirklich den anderen in einer bedingungslosen Liebe wahr- und annehmen, weil es das ist, was einen wirklichen Brillentausch überhaupt ausmacht?

Wir können diese Fragen nicht direkt beantworten, aber wir möchten an die Zeilen des Dichters Rilke erinnern: „Leben Sie jetzt die Fragen. Vielleicht leben Sie dann allmählich, ohne es zu merken, eines fernen Tages in die Antwort hinein.“ [288]

Referenzen

1. Wirtz, M.A. (2020). *Dorsch - Lexikon der Psychologie*. Bern: Hogrefe. https://doi.org/10.1024/85914-000
2. Goldstein, B.E. (2007). *Wahrnehmungspsychologie*. Heidelberg: Springer.
3. Jäncke, L. (2008). *Macht Musik schlau?* Bern: Huber.
4. Hommel, B. & Nattkemper, D. (2011). Wahrnehmung und Handlung. In B. Hommel & D. Nattkemper (Hrsg.), *Handlungspsychologie* (S. 67–95). Heidelberg: Springer.
5. Watzlawick, P. (1997). *Wie wirklich ist die Wirklichkeit?* München: Piper.
6. Gerrig, R.J. & Zimbardo, P.G. (2008). *Psychologie*. München: Pearson.
7. Peterburs, J. & Ocklenburg, S. (2013). Die Rubber Hand Illusion und ihre möglichen klinischen Anwendungen. *Zeitschrift für Neuropsychologie, 24,* 49–55. https://doi.org/10.1024/1016-264X/a000087
8. Witt, J.K., Proffitt, D.R. & Epstein, W. (2004). Perceiving distance: A role of effort and intent. *Perception, 333*, 577–590. https://doi.org/10.1068/p5090
9. Profitt, D R., Stefanucci, J., Banton, T. & Epstein, W. (2003). The role of the effort in perceiving distance. *Psychological Science, 14*, 106–112. https://doi.org/10.1111/1467-9280.t01-1-01427
10. Jolij, J. & Meurs, M. (2011). Music alters visual perception. *PlosOne, 6*, e18861. https://doi.org/10.1371/journal.pone.0018861
11. Antinori, A., Carter, O.L. & Smillie, L.D. (2017). Seeing it both ways: Openness to experience and binocular rivalry suppression. *Journal of Research in Personality, 68*, 15–22. https://doi.org/10.1016/j.jrp.2017.03.005
12. Tsakiris, M., Tajadura-Jiménez, A. & Costantini, M. (2011). Just a heartbeat away from one's body: Interoceptive sensitivity predicts malleability of body-representations. Proceedings of the Royal Society. *Biological Sciences, 278*, 2470–2476.
13. Snyder, J.S., Schwierdzik, C.M., Davi Vitela, A. & Melloni, L. (2015). How previous experience shapes perception in different sensory modalities. *Frontiers in Human Neuroscience, 9*, 594. https://doi.org/10.3389/fnhum.2015.00594
14. Linnel, K., Bremner, A., Caparos, S., Davidoff, J. & Defickert, J. (2018). Urban experience alters lightness perception. *Journal of Experimental Psychology: Human Perception and Performance, 44*, 2–6.

15. Mitterer, H., Horschig, J.M., Müsseler, J. & Maijid, A. (2009). The influence of memory on perception: It's not what things look like, it's what you call them. *Journal of Experimental Psychology: Learning, Memory, and Cognition, 35*, 1557–1562.
16. Gray, K. & Wegner, D.M. (2008). The sting of intentional pain. *Psychological Science, 19*, 1260–1262. https://doi.org/10.1111/j.1467-9280.2008.02208.x
17. Kiesel, A. (2009). Unbewusste Wahrnehmung. *Psychologische Rundschau, 60*, 215–228. https://doi.org/10.1026/0033-3042.60.4.215
18. Weinberger, J. & Westen, D. (2008). Rats, we should have used clinton: Subliminal priming in political campaigns. *Political Psychology, 29*, 631–651. https://doi.org/10.1111/j.1467-9221.2008.00658.x
19. Elgendi, M., Kumar, P., Barbic, S., Howard, N., Abott, D. & Cichoki, A. (2018). Subliminal priming – state of the art and future perspectives. *Behavioral Sciences, 8*, 54. https://doi.org/10.3390/bs8060054
20. Watzlawick, P. (1992). Wirklichkeitsanpassung oder angepasste Wirklichkeit? Konstruktivismus und Psychotherapie. In H. Gumin & H. Meier (Hrsg.), *Einführung in den Konstruktivismus* (S. 89–108). München: Piper.
21. Holling, H., Preckel, F. & Vock, M. (2004). *Intelligenzdiagnostik*. Göttingen: Hogrefe.
22. Binet, A. & Simon, T. (1905). Méthodes nouvelles pour le diagnostic du niveau intellectuell des anormaux. *Année Psychologique, 11*, 191–244. https://doi.org/10.3406/psy.1904.3675
23. Wechsler, D. (1956). *Die Messung der Intelligenz Erwachsener*. Bern: Huber.
24. Spearman, C. (1904). „General intelligence", objectively determined and measured. *American Journal of Psychology, 15*, 201–293. Zitiert in Holling, H., Preckel, F. & Vock, M. (2004). *Intelligenzdiagnostik*. Göttingen: Hogrefe.
25. Thurstone, L.L. (1938). *Primary mental abilities*. Chicago: University of Chicago Press.
26. Cattel, R.B. (1963). Theory of fluid and crystallized intelligence: A critical experiment. *Journal of Educational Psychology*, 54 (1), 1–22. https://doi.org/10.1037/h0046743
27. Petermann, F. & Daseking, M. (2009). *Fallbuch HAWIK IV*. Göttingen: Hogrefe.
28. Brackmann, A. (2008). *Ganz normal hochbegabt*. Stuttgart: Klett-Cotta.
29. Kaufmann, A.S. (2001). WAIS-III IQs, Horn's theory, and generational changes from young adulthood to old age. *Intelligence, 29*, 131–167. https://doi.org/10.1016/S0160-2896(00)00046-5
30. Eysenck, M.W. & Keane, M.T. (2010). *Cognitive psychology: A student's handbook* (6th ed.). New York: Psychology Press.
31. Wüstenberg, S., Greiff, S., Vainikainen, M.-P. & Murphy, K. (2016). Individual differences in students' complex problem solving skills: How they evolve and what they imply. *Journal of Educational Psychology, 108*, 1028–1044. https://doi.org/10.1037/edu0000101
32. Tversky, A. & Kahneman, D. (1981). The framing of decisions and the psychology of choice. *Science, 211*, 453–458. https://doi.org/10.1126/science.7455683
33. Craik, F.I.M. & Lockhart, R.S. (1972). Levels of processing: a framework for memory research. *Journal of Verbal Learning and Verbal Behavior, 11*, 671–684. https://doi.org/10.1016/S0022-5371(72)80001-X

34. Baddeley, A.D. & Hitch, G.J. (1974). Working memory. In G.H. Bower (Ed.), *The psychology of learning and motivation: Advances in research and theory* (Vol. 2, pp. 89–195). New York: Academic Press.
35. Jäncke, L. (2013). *Lehrbuch kognitive Neurowissenschaften*. Bern: Huber.
36. Söhnlein, K. & Borgmann, S. (2018). Diagnostik von Exekutivfunktionen im Fußball. In R. Lanwehr & J. Mayer (Hrsg.), *People Analytics im Profifußball, Implikationen für die Wirtschaft* (S. 23–57). Wiesbaden: Springer.
37. Miyake, A., Friedman, N.P., Emerson, M.J., Witzki, A.H., Howerter, A. Wager, T.D. (2000). The unity and diversity of executive functions and their contributions to complex „Frontal Lobe" tasks: a latent variable analysis. *Cognitive Psychology, 41*, 49–100.
38. Mähler, C., Piekny, J., Goldammer, A. v., Balke-Melcher, C., Schuchardt, K. & Grube, D. (2015). Kognitive Kompetenzen als Prädikatoren für Schulleistungen im Grundschulalter. In P. Cloos, K. Koch & C. Mähler (Hrsg.), *Entwicklung und Förderung in der frühen Kindheit. Interdisziplinäre Perspektiven* (S. 60–77). Weinheim: Juventa.
39. Vock, M., Preckel, F. & Holling, H. (2011). Mental abilities and school achievement: A test of a mediation hypothesis. *Intelligence, 39*, 357–369. https://doi.org/10.1016/j.intell.2011.06.006
40. Röthlisberger, M., Neuenschwander, R., Cimeli, P. & Roebers, C.M. (2013). Executive functions in 5- to 8-year olds: Developmental changes and relationship to academic achievement. *Journal of Educational and Developmental Psychology, 3*, 153–167. https://doi.org/10.5539/jedp.v3n2p153
41. Vera-Estay, E., Seni, A.G., Champagne, C. & Beauchamp, M.H. (2016). All for One: Contributions of age, socioeconomic factors, executive functioning and social cognition to moral reasoning in childhood. *Frontiers in Psychology, 7*, 227. https://doi.org/10.3389/fpsyg.2016.00227
42. Berk, L. (2019). *Entwicklungspsychologie*. München: Pearson.
43. Jaffee, S. & Hyde, J.S. (2000). Gender difference in moral orientation: A meta-analysis. *Psychological Bulletin, 126*, 703–726. https://doi.org/10.1037/0033-2909.126.5.703
44. Haidt, J., Koller, S.H. & Dias, M.G. (1993). Affect, culture, and morality, or is it wrong to eat your dog? *Journal of Personality and Social Psychology, 65*, 613–628.
45. Awald, E., Dsouza, S., Shariff, A., Rahwan, I. & Bonnefon, J-F. (2020). Universals and variations in moral decisions made in 42 countries by 70.000 participants. *Proceedings of the National Academy of Science, 117*, 2332–2337.
46. Bostyn, D.H., De Keersmaecker, J., Van Assche, J. & Roets, A. (2020). Bright mind, moral mind? Intelligence is unrelated to consequentialist moral judgment in sacrificial moral dilemmas. *Psychonomic Bulletin Review, 27* (2), 392–397. https://doi.org/10.3758/s13423-019-01676-9
47. Curry, O.S., Mullins, D.A. & Whitehouse, H. (2019). Is it good to cooperate? *Current Anthropology, 60* (1), 47–69. https://doi.org/10.1086/701478
48. Runco, M.A. & Jaeger, G.J. (2012). The standard definition of creativity. *Creativity Research Journal, 24*, 92–96. https://doi.org/10.1080/10400419.2012.650092

49. Feist, G.J. (1998). A meta-analysis of personality in scientific and artistic creativity. *Personality and Social Psychology Review, 2*, 290–309. https://doi.org/10.1207/s15327957pspr0204_5
50. Richards, R. (2010). Everyday Creativity: Process and Way of Life-4 Key Issues. In J. Kaufman & R. Sternberg (Eds.), *Cambridge Handbook of Creativity* (pp. 189–215). Cambridge, MA: Cambridge University Press.
51. Guilford, J.P. (1950). Creativity. *American Psychologist, 5*, 444–454. https://doi.org/10.1037/h0063487
52. Runco, M.A. & Acar, S. (2012) Divergent thinking as an indicator of creative potential. *Creativity Research Journal, 24*, 6–75. https://doi.org/10.1080/10400419.2012.652929
53. Oppezzo, M. & Schwartz, D.L. (2014). Give your ideas some legs: The positive effect of walking on creative thinking. *Journal of Experimental Psychology: Learning, Memory, and Cognition, 40*, 1142–1152.
54. Torrance, E.P. (1966). *Torrance test of creative thinking: norms – technical manual* (research edition). Princeton, NJ: Personnel Press.
55. Jauk, E., Benedek, M., Dunst, B. & Neubauer A.C. (2013). The relationship between intelligence and creativity: New support for the threshold hypothesis by means of empirical breakpoint detection. *Intelligence, 41*, 212–221. https://doi.org/10.1016/j.intell.2013.03.003
56. Carson, S.H., Peterson, J.B. & Higgins, D.M. (2005). Reliability, validity, and factor structure of the creative achievement questionnaire. *Creativity Research Journal, 17*, 37–50. https://doi.org/10.1207/s15326934crj1701_4
57. Borkenau, P. & Ostendorf, F. (1993). *NEO-Fünf-Faktoren-Inventar (NEO-FFI nach Costa und McCrae)*. Göttingen: Hogrefe.
58. Runco, M.A. (2007). *Creativity: theories and themes: research, development, and practice*. London: Academic Press.
59. Eagleman D. & Brandt, A. (2018). *Kreativität. Wie unser Denken die Welt immer wieder neu erschafft*. München: Siedler.
60. Dweck, C. (2019). *Selbstbild. Wie unser Denken Erfolge oder Niederlagen bewirkt*. München: Piper.
61. King, S. (2011). *Das Leben und das Schreiben: Memoiren*. München: Heyne.
62. Aronson, E., Wilson, T. & Akert, R. (2004). *Sozialpsychologie* (4th ed.). München: Pearson.
63. Jack, R.E., Garrod, O.G. & Schyns, P.G. (2014). Dynamic facial expressions of emotion transmit an evolving hierarchy of signals over time. *Current Biology, 24*, 187–192. https://doi.org/10.1016/j.cub.2013.11.064
64. Dreisbach, G. (2008). Wie Stimmungen unser Denken beeinflussen. *Report Psychologie, 33*, 289–298.
65. Okon-Singer, H., Hendler, T., Pessoa, L. & Shackman, A.J. (2015). The neurobiology of emotion-cognition interactions: fundamental questions and strategies for future research. *Frontiers in Human Neuroscience, 9*, 58.
66. Carretié, L. (2014). Exogenous (automatic) attention to emotional stimuli: a review. *Cognitive, Affective, and Behavioral Neuroscience, 14*, 1228–1258. https://doi.org/10.3758/s13415-014-0270-2

67. Mohanty, A. & Sussman, T.J. (2013). Top-down modulation of attention by emotion. *Frontiers in Human Neuroscience, 7*, 102. https://doi.org/10.3389/fnhum.2013.00102
68. Miller, E.K. & Cohen, J.D. (2001). An integrative theory of prefrontal cortex function. *Annual Review of Neuroscience, 24*, 167–202. https://doi.org/10.1146/annurev.neuro.24.1.167
69. Schick, A., Wessa, M., Vollmayr, B., Kuehner, C. & Kanske, P. (2013). Indirect assessment of an interpretation bias in humans: neurophysiological and behavioral correlates. *Frontiers in Human Neuroscience, 7*, 272. https://doi.org/10.3389/fnhum.2013.00272
70. Tannert, S. & Rothermund, K. (2020). Attending to emotional faces in the flanker task: Probably much less automatic than previously assumed. *Emotion, 20* (2), 217–235. https://doi.org/10.1037/emo0000538
71. Webb, T.L., Miles, E. & Sheeran, P. (2012). Dealing with feeling: A meta-analysis of the effectiveness of strategies derived from the process model of emotion regulation. *Psychological Bulletin, 138*, 775–808. https://doi.org/10.1037/a0027600
72. Rolls, E.T. (2013). A biased activation theory of the cognitive and attentional modulation of emotion. *Frontiers in Human Neuroscience, 7*, 74. https://doi.org/10.3389/fnhum.2013.00074
73. Simon, H.A, (1983). *Reason in Human Affairs*. Stanford, CA: Stanford University Press.
74. Lerner, J.S., Li, Y., Valdesolo, P. & Kassam, K.S. (2015). Emotion and Decision Making. *Annual Revue Psychology, 66*, 799–823. https://doi.org/10.1146/annurev-psych-010213-115043
75. Olderbak, S. & Wilhelm, O. (2017). Emotion perception and empathy: An individual differences test of relations. *Emotion, 17*, 1092–1106. https://doi.org/10.1037/emo0000308
76. Olderbak, S., Wilhelm, O., Hildebrandt, A. & Quoidbach, J. (2019). Sex differences in emotion perception ability across the lifespan. *Cognition and Emotion, 33*, 579–588. https://doi.org/10.1080/02699931.2018.1454403
77. Chaplin, T.M. & Aldao, A. (2013). Gender differences in emotion expression in children: A meta-analytic review. *Psychological Bulletin, 139*, 735–765. https://doi.org/10.1037/a0030737
78. Else-Quest, N.M., Higgins, A., Allsion, C. & Morton, L.C. (2012). Gender differences in self-conscious emotional experience: A meta-analysis. *Psychological Bulletin, 138*, 947–981. https://doi.org/10.1037/a0027930
79. Fischer, A.H., Rodriguez Mosquera, P.M., van Vianen, A.E. M. & Manstead, A.S. R. (2004). Gender and culture differences in emotion. *Emotion, 4* (1), 87–94. https://doi.org/10.1037/1528-3542.4.1.87
80. Gross, J.J. & John, O.P. (2003). Individual differences in two emotion regulation processes: implications for affect, relationships, and well-being. *Journal of Personality and Social Psychology, 85*, 348–362. https://doi.org/10.1037/0022-3514.85.2.348
81. Backhaus, A., Czogalla, A. & Jiménez, F. (2014, Oktober). Glück – Die Erforschung unserer größten Sehnsucht. *Welt*. Zugriff am 05. November 2020 unter

https://www.welt.de/gesundheit/psychologie/article133414925/Glueck-Die-Erforschung-unserer-groessten-Sehnsucht.html

82. Dalai Lama (2002). *Der Weg zum Glück*. Freiburg: Herder.
83. Jansen, P. & Hoja, S. (2020). *Glücklich durch Sport? Eine wissenschaftliche Betrachtungsweise*. Bern: Hogrefe.
84. Kahneman, D. & Deaton, A. (2010). High income improves evaluation of life but not of emotional well-being. *Proceedings of the National Academy of Science, 107*, 16489–16493. https://doi.org/10.1073/pnas.1011492107
85. Diener, E., Scollon, C.N. & Lucas, R.E. (2003). The evolving concept of subjective well-being: The multifaceted nature of happiness. *Advances in Cell Aging and Gerontology, 15*, 187–219. https://doi.org/10.1016/S1566-3124(03)15007-9
86. Keyes, C.L. M (2002). The Mental Health Continuum: From languishing to flourishing in life. *Journal of Health and Social Behavior, 43*, 207–222. https://doi.org/10.2307/3090197
87. Helliwell, J.F., Layard, R. & Sachs, J.D. (2018). *World Happiness Report*. New York: Sustainable Development Solutions Network.
88. Diener, E., Emmons, R.A., Larsen, R.J. & Griffin, S. (1985). The Satisfaction with Life Scale. *Journal of Personality Assessment, 49*, 71–77. https://doi.org/10.1207/s15327752jpa4901_13
89. Ludwigs, K. (2018). *The Happiness Analyzer: A new technique for measuring subjective well-being*. Dissertation, Erasmus University Rotterdam.
90. Oveis, C., Cohen, A.B., Gruber, J., Shiota, M.N., Haidt, J. & Keltner, D. (2009). Resting respiratory sinus arrhythmia is associated with tonic positive emotionality. *Emotion, 9*, 265–270. https://doi.org/10.1037/a0015383
91. Malik, M. (1996). Heart rate variability: Standards of measurement, physiological interpretation, and clinical use: Task force of the European Society of Cardiology and the North American Society for Pacing and Electrophysiology. *Annals of Noninvasive Electrocardiology, 1*, 151–181. https://doi.org/10.1111/j.1542-474X.1996.tb00275.x
92. McCraty, R. & Shaffer, F. (2015). Heart rate variability: New perspectives on physiological mechanisms, assessment of self-regulatory capacity, and health risk. *Global Advances in Health and Medicine, 4*, 46–61. https://doi.org/10.7453/gahmj.2014.073
93. Böckerman, P., Bryson, A., Viinikainen, J., Hakulinen, C., Hintsanen, M. & Pehkonen, J. et al. (2017). The biometric antecedents to happiness. *PlosOne, 12 (9)*, e0184887. https://doi.org/10.1371/journal.pone.0184887
94. Kringelbach, M.L. & Berridge, K.C. (2010). The neuroscience of happiness and pleasure. *Social Research, 77*, 659–678.
95. Machado, L. & Cantilino, A. (2017). A systematic review of the neural correlates of positive emotions. *Brazilian Journal of Psychiatry, 39*, 172–179. https://doi.org/10.1590/1516-4446-2016-1988
96. Luerssen, A. & Ayduk, O. (2017). Executive functions promote well-being: Outcomes and mediators. In M.D. Robinson & M. Eid (Eds.), *The happy mind: cognitive contributions to well-being* (pp. 157–175). Cham: Springer.

97. Hennecke, M. & Brandstätter, V. (2017). Means, ends, and happiness: The role of goals for subjective well-being. In M.D. Robinson & M. Eid (Eds.), *The happy mind: cognitive contributions to well-being* (pp. 235–251). Cham: Springer.
98. Kiken, L.G. & Frederickson, B.L. (2017). Cognitive aspects of positive emotions: A broader view for well-being. In M.D. Robinson & M. Eid (Eds.), *The happy mind: cognitive contributions to well-being* (pp. 59–76). Cham: Springer.
99. Segerstrom, S.C., Carver, C.S. & Schreier, M.F. (2017). Optimism. In M.D. Robinson, M.D. & M. Eid (Eds.), *The happy mind: cognitive contributions to well-being* (pp. 195–212). Cham: Springer.
100. Jansen, P. & Hoja, S. (2018). Macht Sport wirklich glücklich? Ein systematisches Review. *Zeitschrift für Sportpsychologie, 25*, 21–32. https://doi.org/10.1026/1612-5010/a000211
101. Scheer, C. & Jansen, P. (2017). Glücklicher durch Musizieren? Ein systematisches Review. *Musik-, Tanz- und Kunsttherapie, 1*, 55–64.
102. Zelenski, J.M. & Nisbet, E.K. (2014). Happiness and feeling connected. The distinct role of nature relatedness. *Environment and Behavior, 46*, 3–23. https://doi.org/10.1177/0013916512451901
103. De Vignemont, F. & Singer, T. (2006). The empathic brain: how, when and why? *Trends in Cognitive Sciences, 10*, 435–441. https://doi.org/10.1016/j.tics.2006.08.008
104. Singer, T. & Klimecki, O. (2014). Empathy and compassion. *Current Biology, 22*, R875-R878. https://doi.org/10.1016/j.cub.2014.06.054
105. Funk, L. (2016). Empathie. In D. Frey (Hrsg.), *Psychologie der Werte* (S. 53–66). Heidelberg: Springer. https://doi.org/10.1007/978-3-662-48014-4_5
106. Heyes, C. (2018). Empathy is not in our genes. *Neuroscience and Biobehavioral Reviews, 95*, 499–507. https://doi.org/10.1016/j.neubiorev.2018.11.001
107. Strauss, C., Taylor, B.L., Gu, J., Kuyken, W., Berr, R., Jones, F. et al. (2016). What is compassion and how can we measure it? A review of measures and definitions. *Clinical Psychological Review, 47*, 15–27. https://doi.org/10.1016/j.cpr.2016.05.004
108. Weltzien,S., Marsh,L.E. & Hood, B. (2018). Thinking of me: Self focus reduces sharing and helping in seven to eight-year-olds. *PlosOne, 13*, e0189752. https://doi.org/10.1371/journal.pone.0189752
109. Klein, N. (2017). Prosocial behavior increases perceptions of meaning in life. *Journal of Positive Psychology, 12*, 354–361. https://doi.org/10.1080/17439760.2016.1209541
110. Dickens, C. (1981). *Unser gemeinsamer Freund*. Ravensburg: Ravensburger Buchverlag.
111. Stavrova, O. & Siegers, P. (2014). Religious prosociality and morality across cultures: How social enforcement of religion shapes the effects of personal religiosity on prosocial and moral attitudes and behaviors. *Personality and Social Psychology Bulletin, 40*, 315–333. https://doi.org/10.1177/0146167213510951
112. Eisenberg, N. & Miller, P.A. (1987). The relation of empathy to prosocial and related behaviors. *Psychological Bulletin, 101*, 91–119. https://doi.org/10.1037/0033-2909.101.1.91

113. Bateson, D.C. & Powell, A.A. (2003). Altruism and prosocial behavior. In T. Millon & M.J. Lerner (Eds.), *Handbook of Psychology, Volume 5, Personality and Social Psychology* (pp. 463–483). New Jersey: John Wiley & Sons.
114. Ricard, M. (2015). *Altruism*. Boston, USA: Little Brown and Company.
115. Böckler, A., Tusche, A., Schmidt, P. & Singer, T. (2018). Distinct mental trainings differentially affect altruistically motivated, norm motivated, and self-reported prosocial behaviour. *Scientific Reports, 8*, 13560. https://doi.org/10.1038/s41598-018-31813-8
116. Piech, R.M., Strelchuk, D., Knights, J., Hjälmheden, J.V., Olofsson, J.K. & Aspell, J.E. (2017). People with higher interoceptive sensitivity are more altruistic, but improving interoception does not increase altruism. *Scientific Reports, 7*, 15652. https://doi.org/10.1038/s41598-017-14318-8
117. Pinto, V. (2015). Generosität. In D. Frey (Hrsg.), *Psychologie der Werte* (S. 67–78). Heidelberg: Springer.
118. Flook, L., Goldberg, S.B., Pinger, L. & Davidson, R.J. (2015). Promoting prosocial behavior and self-regulatory skills in school children through a mindfulness-based kindness curriculum. *Developmental Psychology, 51*, 44–51. https://doi.org/10.1037/a0038256
119. Portele, Ch. & Jansen, P. (in Vorbereitung). Arbeitstitel: *Herzzentrierte Achtsamkeitsübungen für den Kindergarten*. Freiburg: Arbor Verlag.
120. Konrath, S., Falk, E., Fuhrei-Forbis, A., Liu, M., Swain, J., Tolman, R. et al. (2015). Can text messages increase empathy and prosocial behavior? The development and initial validation of text to connect. *PlosOne, 10*, e0137585. https://doi.org/10.1371/journal.pone.0137585
121. Kreplin, U., Farias, M. & Brazil, I.A. (2018). The limited prosocial effects of meditation: A systematic review and meta-analysis. *Scientific Reports, 8*, 2403. https://doi.org/10.1038/s41598-018-20299-z
122. Gizmondo (n.d.). 7 Gandhi quotes that are totally fake. Zugriff am 05. November 2020 unter https://www.gizmodo.co.uk/2015/07/7-gandhi-quotes-that-are-totally-fake/
123. Lindsay, E.K. & Creswell, J.D. (2014). Helping the self help others: self-affirmation increases self-compassion and pro-social behaviors. *Frontier in Psychology, 5*, 421. https://doi.org/10.3389/fpsyg.2014.00421
124. Hellbrück, J. & Kals, E. (2012). *Umweltpsychologie*. Wiesbaden: Springer. https://doi.org/10.1007/978-3-531-93246-0
125. Homburg, A. (2008). Umwelt und Stress. In E.-D. Lantermann & V. Linneweber (Hrsg.), *Grundlagen, Paradigmen und Methoden der Umweltpsychologie* (S. 567–593). Göttingen: Hogrefe.
126. Von der Assen, C. (2016). Biologische Psychologie. In C. Von der Assen (Hrsg.), *Crash-Kurs Psychologie* (S. 65–88). Heidelberg: Springer.
127. Von Holst, D. (2011). Soziale Umwelt und ihr Einfluss auf Gesundheit und Wohlbefinden von Säugetieren. In R. Adler, W. Herzog, P. Joraschky, K. Köhle, W. Langewitz, W. Söllner & W. Wesiack (Hrsg.), *Uexküll Psychosomatische Medizin: Theoretische Modelle und klinische Praxis* (7. Aufl., S. 253–266). München: Urban & Fischer. https://doi.org/10.1016/B978-3-437-21831-6.10021-8

128. Lazarus, R. S. & Launier, R. (1981). Stressbezogene Transaktion zwischen Person und Umwelt. In J. R. Nitsch (Hrsg.), *Stress – Theorien, Untersuchungen, Massnahmen* (S. 213–259). Bern: Huber.
129. Kreddig, N. & Karimi, Z. (2013). *Gesundheit und Krankheit. Psychologie für Pflege- und Gesundheitsmanagement*. Heidelberg: Springer.
130. Udris, I. & Rimann, M. (2010). Das Kohärenzgefühl: Gesundheitsressource oder Ressource selbst? In H. Wydler, P. Kolip & T. Abel, (Hrsg.), *Salutogenese und Kohärenzgefühl. Grundlagen, Empirie und Praxis eines gesundheitswissenschaftlichen Konzepts* (4. Aufl., S. 129–147). Weinheim: Juventa.
131. Herzberg, P. Y., Brähler, E. & Strauß, B. (2015). Psychodiagnostik. In W. Rief & P. Henningsen, *Psychosomatik und Verhaltensmedizin* (S. 313–329). Stuttgart: Schattauer.
132. Maddi, S. R. (2002). The story of hardiness. Twenty years of theorizing, research, and practice. *Consulting Psychology Journal: Practice and Research 54*, 175–185. https://doi.org/10.1037/1061-4087.54.3.173
133. Guilford, J. P. (1974). *Persönlichkeitspsychologie*. Weinheim: Beltz. Zitiert in G. Stemmler, D. Hagemann, M. Amelang & F. M. Spinath (2016). *Differentielle Psychologie und Persönlichkeitsforschung*. Stuttgart: Kohlhammer.
134. Stemmler, G., Hagemann, D., Amelang, M. & Spinath, F. M. (2016). *Differentielle Psychologie und Persönlichkeitsforschung*. Stuttgart: Kohlhammer.
135. Ostendorf, F. & Angleitner, A. (2004). *NEO-PI-R. NEO-Persönlichkeitsinventar nach Costa und McCrae, revidierte Form*. Göttingen: Hogrefe. (zitiert nach Stemmler et al. 2016)
136. Kehr, H. (2004). Implicit/explicit motive discrepancies and volitional depletion among managers. *Personality and Social Psychology Bulletin, 30*, 315–327. https://doi.org/10.1177/0146167203256967
137. Hossiep, R. Paschen, M. & Mühlhaus, O. (2000). *Persönlichkeitstests im Personalmanagement*. Göttingen: Hogrefe.
138. Aron, E. N. (2011). *Sind Sie hochsensibel? Wie Sie Ihre Empfindsamkeiten erkennen, verstehen und nutzen*. München: mvg.
139. Meißner, A. (2015). Hochsensible Persönlichkeiten – ein wohl überflüssiges Störungskonzept. *NeuroTransmitter, 26*, 16–17. https://doi.org/10.1007/s15016-015-0783-0
140. Yuerong, S. (1992). Social reputation and peer relationship in Chinese and Canadian children: A cross-cultural study. *Child Development, 63*, 1336–1343. https://doi.org/10.2307/1131559
141. Röhricht, F. (2009). Das Körperbild im Spannungsfeld von Sprache und Erleben – terminologische Überlegungen. In P. Joraschky, T. Loew & F. Röhricht (Hrsg.), *Körpererleben und Körperbild* (S. 25–34). Stuttgart: Schattauer.
142. Löwe, B. & Clement, U. (1996). Der Fragebogen zum Körperbild (FBK-20). Literaturüberblick, Beschreibung und Prüfung eines Meßinstrumentes. *Diagnostica, 42*, 352–376.
143. Röhricht, F. (2009). Ansätze und Methoden zur Untersuchung des Körpererlebens – eine Übersicht. In P. Joraschky, T. Loew & F. Röhricht (Hrsg.), *Körpererleben und Körperbild* (S. 35–52). Stuttgart: Schattauer.

144. Horn, K., Scholz, M. (2009). Eine neue Methode zur Erfassung der Körperwahrnehmung bei Patienten mit Anorexia Nervosa. In P. Joraschky, T. Loew & F. Röhricht (Hrsg.), *Körpererleben und Körperbild* (S. 117–124). Stuttgart: Schattauer.
145. Deximed. Hausarztwissen online (29. Mai 2019). Häufigkeit der Anorexie (Magersucht). Zugriff am 05. November 2020 unter https://deximed.de/home/b/kinder-und-jugendpsychiatrie/patienteninformationen/anorexie/anorexie-magersucht-haeufigkeit/
146. Ziser, K., Mölbert, S.C., Stuber, F., Giel, K.E., Zipfel, S. & Junne, F. (2018). Effectiveness of body image directed interventions in patiens with anorexia nervosa: A systematic review. *International Journal of Eating Disorder, 51*, 1121–1127. https://doi.org/10.1002/eat.22946
147. Frederick, D.A., Sadeghi-Azar, L., Peplau, A., Haselton, M.H., Berezovskaya, A. Lipinski, R.E. et al. (2007). Desiring the muscular ideal: Men's body satisfaction in the United States, Ukraine, and Ghana. *Psychology of Men and Masculinity, 8*, 103–117. https://doi.org/10.1037/1524-9220.8.2.103
148. Larmache, L, Ozimok, B., Gammage, K.L. & Muir, C. (2017). Men respond too: The effects of a social-evaluative body image threat on shame and cortisol in university men. *American Journal of Men's Health, 11*, 1791–1803. https://doi.org/10.1177/1557988317723406
149. Gattario, K.H. & Frisén, A. (2019). From negative to positive body image: Men's and women's journeys form early adolescence to emerging adulthood. *Body Image, 28*, 53–65. https://doi.org/10.1016/j.bodyim.2018.12.002
150. Mills, J.S., Musto, S., Williams, L. & Tiggemann, M. (2018). „Selfie" harm: Effects on mood and body image in young women. *Body Image, 27*, 86–92. https://doi.org/10.1016/j.bodyim.2018.08.007
151. Pounders, K., Kowalcyk, C.M. & Stowers, K. (2016). Insight into motivation of selfie postings: Impression management and self-esteem. *European Journal of Marketing, 50*, 1879–1892. https://doi.org/10.1108/EJM-07-2015-0502
152. Siegel, J.A., Huellemann, K.L., Hillier, C.C. & Campbell, L. (2020). The protective role of self-compassion for women's positive body image: an open replication and extension. *Body Image, 32,* 136–144. https://doi.org/10.1016/j.bodyim.2019.12.003
153. Rahimi-Ardabili, H., Reynolds, R., Vartanian, L.R., McLeod, L.V. D. & Zwar, N. (2018). A systematic review of the efficacy of interventions that aim to increase self-compassion on nutrition habits, eating behaviours, body weight and body image. *Mindfulness, 9*, 388–400. https://doi.org/10.1007/s12671-017-0804-0
154. Seekis, V., Bradley, G.H. & Duffy, A. (2017). The effectiveness of self-compassion and self-esteem writing tasks in reducing body image. *Body Image, 23*, 206–213. https://doi.org/10.1016/j.bodyim.2017.09.003
155. Fuchs, T. (2012). The phenomenology of body memory. In S.C. Koch, T. Fuchs, M. Summa & C. Müller (Eds), *Body Memory, Methaphor and Movement* (pp. 9–22). Amsterdam: Benjamins Publishing Company.
156. van der Kolk, B. (2015). *Verkörperter Schrecken*. Lichtenau: Probst.
157. Riva, G. (2018). The neuroscience of body memory: From the self through the space to others. *Cortex, 104*, 241–260. https://doi.org/10.1016/j.cortex.2017.07.013

158. Hohmann, A., Lames, M. & Letzelter, M. (2007). *Einführung in die Trainingswissenschaft* (4. Aufl.). Wiebelsheim: Limpert.
159. Grosser, M., Starischka, S. & Zimmermann, E. (2012). *Das neue Konditionstraining: Grundlagen Methoden Leistungssteuerung Übungen Trainingsprogramme* (11. Aufl.). München: BLV.
160. Pinquart, M. & Schwarzer, G. & Zimmermann, P. (2011). *Entwicklungspsychologie - Kindes- und Jugendalter.* Göttingen: Hogrefe.
161. Fitts, P.M. Posner, M.I. (1967). *Human performance.* Oxford: Brooks/Cole.
162. Edwards, W.H. (2011). *An introduction to motor learning and motor control.* Belmont, CA: Wadsworth Cengage Learning.
163. Gülich, A. & Krüger, M. (2013). Leistung und Wettkampf. In A. Gülich & M. Krüger (Hrsg.), *Sport - Ein Lehrbuch* (S. 529–548). Berlin: Springer.
164. Kamata, A., Tenenbaum, G. & Hanin, Y.L. (2002). Individual Zone of Optimal Functioning (IZOF): A probabilistic estimation. *Journal of Sport and Exercise Psycholoy, 24*, 189–208. https://doi.org/10.1123/jsep.24.2.189
165. Heckhausen, J. & Heckhausen, H. (2010). *Motivation und Handeln.* Heidelberg: Springer. https://doi.org/10.1007/978-3-642-12693-2
166. Weiner, B. (1985). An attributional theory of achievement motivation and emotion. *Psychological Review, 92*, 548–573. https://doi.org/10.1037/0033-295X.92.4.548
167. Allen, M.S., Greenlees, I. & Jones, M.V. (2013). Personality in sport: A comprehensive review. *International Review of Sport and Exercise Psychology, 6*, 184–208. https://doi.org/10.1080/1750984X.2013.769614
168. Mesagno, C. & Beckmann, J. (2017). Choking under pressure: theoretical models and interventions. *Current Opinion in Psychology, 16*, 170–175. https://doi.org/10.1016/j.copsyc.2017.05.015
169. Schäfer, S. (2014). The ecological approach to cognitive-motor dual-tasking: findings on the effects of expertise and age. *Frontiers in Psychology, 5*, 1167. https://doi.org/10.3389/fpsyg.2014.01167
170. Schäfer, S., Lövdén, M., Wieckhorst, B. & Lindenberger, U. (2010). Cognitive performance is improved while walking: differences in cognitive-sensorimotor couplings between children and young adults. *European Journal of Developmental Psychology, 7*, 371–389. https://doi.org/10.1080/17405620802535666
171. Goldin-Meadow, S., Cook, S. & Mitchell, Z. (2009). Gesturing gives children new ideas about math. *Psychological Science, 20*, 267–272. https://doi.org/10.1111/j.1467-9280.2009.02297.x
172. Chang, Y.K., Labban, J.D., Gapin, J.I. & Etnier, J.L. (2012). The effects of acute exercise on cognitive performance: a meta-analysis. *Brain Research, 1453*, 87–101. https://doi.org/10.1016/j.brainres.2012.02.068
173. Takahashi, S. & Grove, P.M. (2019). Comparison of the effects of running and badminton on executive function: a within-subjects design. *PLoSOne, 14*, e0216842. https://doi.org/10.1371/journal.pone.0216842
174. Gothe, N., Pontifex, M.B., Hillman, C. & McAuley, E. (2013). The acute effects of yoga on executive function. *Journal of Physical Activity and Health, 10*, 488–495. https://doi.org/10.1123/jpah.10.4.488

175. Domahs, F., Moeller, K., Huber, S., Willmes, K. & Nuerk, H.C. (2010). Embodied numerosity: implicit hand-based representations influence symbolic number processing across cultures. *Cognition, 116*, 251–266. https://doi.org/10.1016/j.cognition.2010.05.007
176. Amorim, M.A., Isableu, B. & Jarraya, M. (2006). Embodied spatial transformations: „Body analogy" for the mental rotation of objects. *Journal of Experimental Psychology: General, 135*, 327.
177. Jansen, P., Lehmann, J. & Van Doren, J. (2012). Mental rotation performance in male soccer players. *PlosOne, 7*, e48620. https://doi.org/10.1371/journal.pone.0048620
178. Kiverstein, J. & Miller, M. (2015). The embodied brain: towards a radical embodied cognitive neuroscience. *Frontiers in Human Neuroscience, 9*, 237. https://doi.org/10.3389/fnhum.2015.00237
179. Capaldi, C.A., Dopko, R.L. & Zelenski, J.M. (2014). The relationship between nature connectedness and happiness: a meta-analysis. *Frontiers in Psychology, 5*, 976. https://doi.org/10.3389/fpsyg.2014.00976
180. Bratman, G.N., Hamilton, J.P., Hahn, K.S., Daily, G.C. & Gross, J.J. (2015). Nature experience reduces rumination and subgenual prefrontal cortex activation. *Proceedings of the National Academy of Sciences, 112*, 8567–8572. https://doi.org/10.1073/pnas.1510459112
181. Ekman, P. (1993). Facial expression and emotion. *American Psychologist, 48*, 384. https://doi.org/10.1037/0003-066X.48.4.384
182. Coles, N.A., Larsen, J.T. & Lench, H.C. (2019). A meta-analysis of the facial feedback literature: Effects of facial feedback on emotional experience are small and variable. *Psychological Bulletin, 145* (6), 610–651. https://doi.org/10.1037/bul0000194
183. Stoll, O. (1997). Endogene Opiate, „Runners High" und „Laufsucht" – Aufstieg und Niedergang eines „Mythos". *Leipziger Sportwissenschaftliche Beiträge, 28*, 102–121.
184. Fuss, J., Steinle, J., Bindila, L., Auer, M.K., Kirchherr, H., Lutz, B. & Gass, P. (2015). A runner's high depends on cannabinoid receptors in mice. *Proceedings of the National Academy of Sciences, 112*, 13105–13108. https://doi.org/10.1073/pnas.1514996112
185. Raichlen, D.A., Foster, A.D., Seillier, A., Giuffrida, A. & Gerdeman, G.L. (2013). Exercise-induced endocannabinoid signaling is modulated by intensity. *European Journal of Applied Physiology, 113*, 869–875. https://doi.org/10.1007/s00421-012-2495-5
186. Meyer, J.D., Crombie, K.M., Cook, D.B., Hillard, C.J. & Koltyn, K.F. (2019). Serum endocannabinoid and mood changes after exercise in major depressive disorder. *Medicine and Science in Sports and Exercise, 51*, 1909. https://doi.org/10.1249/MSS.0000000000002006
187. Michalak, J., Troje, N.F., Fischer, J., Vollmar, P., Heidenreich, T. & Schulte, D. (2009). Embodiment of sadness and depression – gait patterns associated with dysphoric mood. *Psychosomatic Medicine, 71*, 580–587. https://doi.org/10.1097/PSY.0b013e3181a2515c

188. Lopez, L.D., Reschke, P.J., Knothe, J.M. & Walle, E.A. (2017). Postural communication of emotion: Perception of distinct poses of five discrete emotions. *Frontiers in Psychology, 8*, 710. https://doi.org/10.3389/fpsyg.2017.00710
189. Watzlawick, P., Beavin, J.H. & Jackson, D.D. (2017). *Menschliche Kommunikation*. Bern: Hogrefe. https://doi.org/10.1024/85745-000
190. Gigerenzer, G. (2008). *Bauchentscheidungen: Die Intelligenz des Unbewussten und die Macht der Intuition*. München: Goldmann.
191. Wilson, T., Schooler, J., Hodges, S. & Lisle, D.J. (1993). Introspecting about reasons can reduce postchoice satisfaction. *Personality and Social Psychology Bulletin 19*, 331–339. https://doi.org/10.1177/0146167293193010
192. Wilson, T. & Schooler, J. (1991). Thinking too much: Introspection can reduce the quality of preferences and decisions. *Journal of Personality and Social Psychology, 60*, 181–192. https://doi.org/10.1037/0022-3514.60.2.181
193. Dijksterhuis, A., Bos, M.W., Nordgren, L.F. & van Baaren, R.B. (2006). On making the right choice: the deliberation-without-attention effect. *Science, 311*, 1005–1007. https://doi.org/10.1126/science.1121629
194. Bechara, A., Damasio, H., Tranel, D. & Damasio, A.R. (1997). Deciding advantageously before knowing the advantageous strategy. *Science, 275*, 1293–1295. https://doi.org/10.1126/science.275.5304.1293
195. Kast, Bas (2018). *Wie der Bauch dem Kopf beim Denken hilft. Die Kraft der Intuition*. Frankfurt a.M.: Fischer.
196. Wilhelm, F.H. & Grossman, P. (2011). Psychophysiologie. In R. Adler, W. Herzog, P. Joraschky, K. Köhle, W. Langewitz, W. Söllner & W. Wesiack (Hrsg.), *Psychosomatische Medizin* (S. 98–106). München: Urban & Fischer.
197. Kahneman, D. (2016). *Schnelles Denken, langsames Denken*. München: Penguin.
198. Shenhav, A., Rand, D.G. & Greene, J.D. (2012). Divine intuition: Cognitive style influences belief in God. *Journal of Experimental Psychology: General, 141*, 423–428. https://doi.org/10.1037/a0025391
199. Farias, M., Kahane, G, van Mulukom, V. & Kreplin, U. (2017). Supernatural belief is not modulated by intuitive thinking style or cognitive inhibition. *Scientific Reports, 7*, 15100. https://doi.org/10.1038/s41598-017-14090-9
200. Dossey, L. (2014). *One Mind: Alles ist mit allem verbunden*. Amerang: Crotona.
201. Bruce, M.A., Martins, D., Duru. K., Beech, B.M., Sims, M., Harawa, N. et al. (2017). Church attendance, allostastic load and mortality in middle aged adults. *PlosOne, 12*, e0177618. https://doi.org/10.1371/journal.pone.0177618
202. Levin, J. (2009). How faith heals: A theoretical model. *Explore, 5*, 77–96. https://doi.org/10.1016/j.explore.2008.12.003
203. Gervais, W.M. & Norenzayan, A. (2012). Analytic thinking promotes religious disbelief. *Science, 336*, 493–496. https://doi.org/10.1126/science.1215647
204. Shariff, A.F. & Norenzayan, A. (2007). God is watching you. Priming God concepts increases prosocial behavior in an anonymous economic game. *Psychological Science, 18*, 803–809. https://doi.org/10.1111/j.1467-9280.2007.01983.x
205. Jack, A.I., Friedmann, J.P., Boyatzis, R.E. & Taylor, S.N. (2016). Why do you believe in God? Relationships between religious belief, analytic thinking, mentalizing and moral concern. *PlosOne, 11*, e0149989.

206. McCullough, M.E. & Willoughby, B.L.B. (2009). Religion, self-regulation, and self-control: Associations, explanations, and implications. *Psychological Bulletin, 135*, 69–93. https://doi.org/10.1037/a0014213

207. Metzinger, T. (2013). *Spiritualität und intellektuelle Redlichkeit. Ein Versuch*. Selbstverlag, Mainz. Zugriff am 05. November 2020 unter https://www.philosophie.fb05.uni-mainz.de/files/2014/04/TheorPhil_Metzinger_SIR_2013.pdf

208. Bucher, A.A. (2014). *Psychologie der Spiritualität*. Weinheim: Beltz.

209. Gomez, R. & Fischer, J.W. (2003). Domains of spiritual well-being and development and validation of the spiritual well-being questionnaire. *Personality and Individual Differences, 35*, 1975–1991. https://doi.org/10.1016/S0191-8869(03)00045-X

210. Tirri, K. (2010). Teacher values underlying professional ethics. In T. Lovat, R. Toomey & C. Neville (Eds.), *International research handbook on values education and student wellbeing* (pp. 153–161). Dordrecht: Springer.

211. King, D.B. & DeCicco, T.L. (2009). A viable model and self-report measure of spiritual intelligence. *International Journal of Transpersonal Studies, 28*, 68–85. https://doi.org/10.24972/ijts.2009.28.1.68

212. Urgesi, C., Aglioti, S.M., Skrap, M. & Fabbro, F. (2010). The spiritual brain: Selective cortical lesions modulate human self-transcendence. *Neuron, 65*, 309–319. https://doi.org/10.1016/j.neuron.2010.01.026

213. Nelson, P.L. & Hart, T. (2011). *A survey of recalled childhood spiritual and non-ordinary experiences: Age, rate and psychological factors associated with their occurrence*. Retrieved 5th November 2020 from http://childspirit.org/wp-content/uploads/2011/09/Child-Spirit-Carrollton-Survey-childhood-exp.pdf.

214. Morse, M., Castillo, P., Venecia, D., Milstein, J. & Tyler, D.C. (1986). Childhood near-death experiences. *American Journal of Diseases of Children, 140*, 1110–1114.

215. Berk, L.E. (2005). *Entwicklungspsychologie*. München: Pearson.

216. Roehlkepatain, E.C., Benson, P.L., Scales, P.C., Kimball, L. & King, P.E. (2008). *With their own voices: A global exploration of how today's young people experience and think about spiritual development*. Minneapolis: Center for Spiritual Development in Childhood and Adolescence. Retrieved 5th November 2020 from https://www.search-institute.org/wp-content/uploads/2018/02/with_their_own_voices_report.pdf

217. Lee, M.T., Veta, P.S., Johnson, B.R. & Pagano, M.E. (2014). Daily spiritual experiences and adolescent treatment response. *Alcoholism Treatment Quarterly, 32*, 271–298. https://doi.org/10.1080/07347324.2014.907029

218. Jäger, W. (2000). *Die Welle ist das Meer: Mystische Spiritualität*. Freiburg: Herder.

219. Nichols, S., Strohminger, N., Rai, A. & Garfield, J. (2018). Death and the self. *Cognitive Science, 42*, 314–332. https://doi.org/10.1111/cogs.12590

220. Dahl, C.J., Lutz, A. & Davidson, R.J. (2015). Reconstructing and deconstructing the self: cognitive mechanisms in meditation practice. *Trends in Cognitive Sciences, 19*, 515–523. https://doi.org/10.1016/j.tics.2015.07.001

221. Lutz, A., Slagter, H.A., Dunne, J.D. & Davidson, R.J. (2008). Attention regulation and monitoring in meditation. *Trends in Cognitive Sciences, 12*, 163–169. https://doi.org/10.1016/j.tics.2008.01.005

222. Strick, M., van Noorden, T.H.J., Ritskes, R.R., de Ruiter, J.R. & Dijksterhuis, A. (2012). Zen meditation and access to information in the unconscious. *Consciousness and Cognition: An International Journal, 21*, 1476–1481. https://doi.org/10.1016/j.concog.2012.02.010
223. de Fátima Rosas Marchiori, M., Kozasa, E.H., Miranda, R.D., Monezi Andrade, A.L., Perrotti, T.C. & Leite, J.R. (2015). Decrease in blood pressure and improved psychological aspects through meditation training in hypertensive older adults: A randomized control study. *Geriatrics and Gerontology International, 15*, 1158–1164. https://doi.org/10.1111/ggi.12414
224. Salzberg, S. (2003). *Metta Meditation – Buddhas revolutionärer Weg zum Glück. Geborgen im Sein*. Freiburg: Arbor.
225. Hutcherson, C.A., Seppala, E.M. & Gross, J.J. (2008). Loving-kindness meditation increases social connectedness. *Emotion, 8*, 720–724. https://doi.org/10.1037/a0013237
226. Hofmann, S.G., Grossman, P. & Hinton, D.E. (2011). Loving-kindness and compassion meditation: Potential for psychological interventions. *Clinical Psychology Review, 31*, 1126–1132. https://doi.org/10.1016/j.cpr.2011.07.003
227. Garrison, K.A., Scheinost, D., Constable, R.T. & Brewer, J.A. (2014). BOLD signal and functional connectivity associated with loving kindness meditation. *Brain and Behavior, 4*, 337–347. https://doi.org/10.1002/brb3.219
228. Le Nguyen, K.D., Lin, J., Algoe, S.B., Brantley, M.M., Kim, S.L., Brantley, J. et al. (2019). Loving-kindness meditation slows biological aging in novices: Evidence from a 12-week randomized controlled trial. *Psychoneuroendocrinology, 108*, 20–27. https://doi.org/10.1016/j.psyneuen.2019.05.020
229. Fredrickson, B.L., Boulton, A.J., Firestine, A.M., Van Cappellen, P., Algoe, S.B., Brantley, M.M. et al. (2017). Positive emotion correlates of meditation practice: A comparison of mindfulness meditation and loving-kindness meditation. *Mindfulness, 8*, 1623–1633. https://doi.org/10.1007/s12671-017-0735-9
230. Singer, T. & Engert, V. (2018). It matters what you practice: Differential training effects on subjective experience, behavior, brain and body in the ReSource project. *Current Opinion in Psychology, 28*, 151–158. https://doi.org/10.1016/j.copsyc.2018.12.005
231. Sunim, H. (2019). *Die schönen Dinge siehst du nur, wenn du langsam gehst*. München: Goldmann.
232. Kabat-Zinn, J. (2006). *Gesund durch Meditation. Das große Buch der Selbstheilung*. Frankfurt am Main: Fischer.
233. Jansen, P., Seidl, F. & Richter, S. (2018). *Achtsamkeit im Sport*. Heidelberg: Springer.
234. Wolf, C. & Serpa, G. (2016). *Die Kunst, Achtsamkeit zu lehren*. Freiburg: Arbor Verlag.
235. Juul, L., Pallesen, K.-J., Piet, J., Parsons, C. & Fjorback, L.O. (2018). Effectiveness of mindfulness-based stress reduction in a self-selecting and self-paying community setting. *Mindfulness, 9*, 1288–1298. https://doi.org/10.1007/s12671-017-0873-0
236. Khoury, B., Sharma, M., Rush, S. & Fournier, C. (2015). Mindfulness-based stress reduction for healthy individuals: A meta-analysis. *Journal of Psychomatic Research, 78*, 519–528. https://doi.org/10.1016/j.jpsychores.2015.03.009

237. Reiner, K., Tibi, L. & Lipsitz, J.D. (2013). Do mindfulness-based interventions reduce pain intensity? A critical review of the literature. *Pain Medicine, 14*, 230–242.
238. Strauss, C., Cavanagh, K., Oliver, A. & Pettman, D. (2014). Mindfulness-based interventions for people diagnosed with a current episode of an anxiety or depressive disorder: A meta-analysis of randomised controlled trials. *PLosOne, 9*, e96110. https://doi.org/10.1371/journal.pone.0096110
239. Zhang, Q., Zhao, H. & Zheng, Y. (2019). Effectiveness of mindfulness-based stress reduction (MBSR) on symptom variables and health-related quality of life in breast cancer patients – a systematic review and meta-analysis. *Supportive Care in Cancer, 27*, 771–781. https://doi.org/10.1007/s00520-018-4570-x
240. Van Dam, N.T., van Vugt, M.K., Vago, D.R., Schmalzl, L., Saron, C.D., Olendzki, A. et al. (2018). Mind the hype: A critical evaluation and prescriptive agenda for research on mindfulness and meditation. *Perspectives on Psychological Science, 13*, 36–61.
241. Davidson, R.J. & Dahl, C.J. (2018). Outstanding challenges in scientific research on mindfulness and meditation. *Perspectives on Psychologcial Science, 13*, 62–65. https://doi.org/10.1177/1745691617718358
242. Bishop, S.R., Lau, M., Shapiro, S., Carlson, L., Anderson, N.D., Carmody, J. et al. (2004). Mindfulness: A Proposed Operational Definition. *Clinical Psychology: Science and Practice, 11*, 230–241. https://doi.org/10.1093/clipsy.bph077
243. Merakou, K., Kyklou, E., Antoniadou, E., Theodoridis, D., Doufexis, E. & Barbouni, A. (2017). Health-related quality of life of a very special population: monks of Holy Mountain Athos, Greece. *Quality Life Research, 26*, 3169–3175. https://doi.org/10.1007/s11136-017-1622-5
244. Rodrigues, S. & McIntosh, A. (2014). Motivations, experiences and perceived impacts of visitation at a Catholic monastery in New Zealand. *Journal of Heritage Tourism, 9*, 271–284. https://doi.org/10.1080/1743873X.2014.899602
245. Laing, J. & Crouch, W. (2011). Frontier Tourism. *Annals of Tourism Research, 38*, 1516–1534. https://doi.org/10.1016/j.annals.2011.02.003
246. Bratman, G.N., Anderson, C.B., Berman, M.G., Cochran, B., de Vries, S., Flanders, J. et al. (2019). Nature and mental health: An ecosystem service perspective. *Science Advances, 5*, eaax0903. https://doi.org/10.1126/sciadv.aax0903
247. Ostaseski, F. (2017). *Die fünf Einladungen*. München: Knaur.
248. Rogers, C. (1991). *Die klientenzentrierte Gesprächspsychotherapie. Client-Centered Therapy*. Frankfurt am Main: Fischer.
249. Röhner, K. & Schütz, A., (2016). *Psychologie der Kommunikation, Basiswissen Psychologie*. Springer: Wiesbaden. https://doi.org/10.1007/978-3-658-10024-7
250. Krauss, R.M. & Fussel, S.R. (1996). Social psychological models of interpersonal communication. In E.T. Higgins (Ed.), *Social psychology: Handbook of basic principles* (S. 655–701). New York: Guilford.
251. Schulz von Thun, F. (2000). *Miteinander reden*. Augsburg: Bechtermünz.
252. Pfundmair, M., Lamprecht, F., von Wedemeyer, F.M. & Frey, D. (2016). Your word is my command: Oxytocin facilitates the understanding of appeal in verbal communication. *Psychoneuroendocrinology, 73*, 63–66. https://doi.org/10.1016/j.psyneuen.2016.07.213

253. Grice, H. P. (1975). Logic and conversation. In P. Cole & J. Morgan (Eds.), *Syntax and semantics* (vol. 3, pp. 41–58). New York: Academic Press.
254. Shintel, H. & Keysar, B. (2007). You said it before and you'll say it again: Expectations of consistency in communication. *Journal of Experimental Psychology: Learning, Memory, and Cognition, 33*, 357–369.
255. Watzlawick, P. (1969). *Menschliche Kommunikation*. Bern: Huber.
256. Hargie, 0. (1997). Interpersonal communication: A theoretical framework. In O. Hargie (Ed.), *The handbook of communication skills* (2. ed., pp 29–63). London: Routledge.
257. Hargie, O. & Dickson, D. (2004). *Skilled interpersonal communication: Research, theory and practice* (4. ed.). London: Routledge. https://doi.org/10.4324/978 0203427880
258. Rosenberg, M. B. (2016). *Gewaltfreie Kommunikation: Eine Sprache des Lebens*. Paderborn: Jungfermann.
259. Infoportal GFK (n. d.). *Was ist Gewaltfreie Kommunikation (GFK)?* Stuttgart: D-A-CH deutsch sprechender Gruppen für Gewaltfreie Kommunikation e. V. Abgerufen am 19. Oktober 2020 unter https://www.gfk-info.de/was-ist-gewaltfreie-kommunikation/
260. Wacker, R. & Dziobek, I. (2018). Preventing empathic distress and social stressors at work through nonviolent communication training: A field study with health professionals. *Journal of Occupational Health Psychology, 23*, 141–150. https://doi.org/10.1037/ocp0000058
261. Rechtschaffen, D. (2016). *Die achtsame Schule*. Freiburg: Arbor.
262. Hu, Y., Parde, C. J., Hill, M. Q., Mahmood, N. & O'Toole, A. J. (2018). First impressions of personality traits from body shapes. *Psychological Science, 29*, 1969–1983. https://doi.org/10.1177/0956797618799300
263. Tsikandilakis, M., Bali, P., Derrfuss, J. & Chapman, P. (2019). The unconscious mind: From classical theoretical controversy to controversial contemporary research and a practical illustration of the „error of our ways". *Consciousness and Cognition, 74*, 1–13. https://doi.org/10.1016/j.concog.2019.102771
264. Buchner, A. & Jansen-Osmann, P. (2006). Implizites Gedächtnis. In J. Funke & P. Frensch (Hrsg.), *Handwörterbuch Allgemeine Psychologie: Kognition* (S. 356–362). Göttingen: Hogrefe.
265. Eder, A. B. & Erle, T. (2016). Priming. In H.-W. Bierhoff & D. Frey (Hrsg.), *Enzyklopädie der Psychologie: Selbst und soziale Kognition* (S. 361–386). Göttingen: Hogrefe.
266. Fazio, R. H., Jackson, J. R., Dunton, B. C. & Williams, C. J. (1995). Variability in automatic activation as an unobtrusive measure of racial attitudes: A bona fide pipeline? *Journal of Personality and Social Psychology, 69*, 1013–1027. https://doi.org/10.1037/0022-3514.69.6.1013
267. Dämon, K. (2016, Januar). *Warum unsere guten Vorsätze scheitern*. Wirtschaftswoche. Zugriff am 05. November 2020 unter https://www.wiwo.de/erfolg/trends/jahreswechsel-warum-unsere-guten-vorsaetze-scheitern/12753086.html
268. Brand, R. & Ekkekatis, P. (2018). Affective-Reflective Theory of physical inactivity and exercise. Foundations and preliminary evidence. *German Journal of Exercise and Sport Research, 48*, 48–58. https://doi.org/10.1007/s12662-017-0477-9
269. Charf, D. (2018). *Auch alte Wunden können heilen*. München: Kösel.

270. van der Kolk, B.A. (2009). Entwicklungstrauma-Störung: Auf dem Weg zu einer sinnvollen Diagnostik für chronisch traumatisierte Kinder. *Praxis der Kinderpsychologie und Kinderpsychiatrie, 58*, 572–586. https://doi.org/10.13109/prkk.2009.58.8.572
271. Sheinbaum, T., Kwapil, T.R., Ballespi, S., Mitjavila, M., Chun, C.A., Silvia, P.J. et al. (2015). Attachment style predicts affect, cognitive appraisals, and social functioning in daily life. *Frontiers in Psychology, 6*, 296. https://doi.org/10.3389/fpsyg.2015.00296
272. Anthony, M.M. & Swinson, M.D. (2009). *When perfect isn't good enough. Strategies for coping with perfectionism*. Oakland: New Harbinger.
273. Chödrön, P. (2015). *Fail, fail again, fail better*. Boulder: Sounds true.
274. Hagen, J.U. (2017). *Fatale Fehler. Oder warum Organisationen ein Fehlermanagement brauchen* (2. Aufl.). Wiesbaden: Springer Gabler.
275. Holiday, R. (2018). *Dein Hindernis ist dein Weg*. München: FinanzBuch.
276. Eskreis-Winkler, L. & Fishbach, A. (2019). Not learning form failure – the greatest failure of all. *Psychological Science, 30*, 1733–1744. https://doi.org/10.1177/0956797619881133
277. Kornfield, J. (2013). *Frag den Buddha – und geh den Weg des Herzens* (9. Aufl.). München: Kösel.
278. Sternberg, R.J. (1986). A triangular theory of love. *Psychological Review, 93*, 119–135. https://doi.org/10.1037/0033-295X.93.2.119
279. Fromm E. (1988). *Die Kunst des Liebens. Frankfurt*: Ullstein.
280. Lohaus, A., Vierhaus, M. & Maass, A. (2010). *Entwicklungspsychologie des Kindes- und Jugendalters für Bachelor*. Berlin: Springer. https://doi.org/10.1007/978-3-642-03936-2
281. Neff, K. (2012). *Selbstmitgefühl*. München: Kailash.
282. Neff, K.D. & Germer, C.K. (2013). A pilot study and randomized controlled trial of the mindful self-compassion program. *Journal of Clinical Psychology, 69*, 28–44. https://doi.org/10.1002/jclp.21923
283. Sirois, F.M., Kitner, R. & Hirsch, J.K. (2015). Self-compassion, affect, and health behaviors. *Health Psychology, 34*, 61. https://doi.org/10.1037/hea0000158
284. Phillips, W.J. & Ferguson, S.J. (2013). Self-compassion: A resource for positive aging. *The Journals of Gerontology Series B: Psychological Sciences and Social Sciences, 68*, 529–539.
285. Meibom, v. B. (2012). *Wie Kommunikation gelingt. Die verbindende Kraft der Liebe*. Petersberg: Via Nova.
286. Brach, T. (2013). *True Refuge*. Carlsbad: Hay House.
287. Stahl, S. (2015). *Das Kind in dir muss Heimat finden*. München: Kailash.
288. Rilke, R.M. (1903). *An Franz Xaver Kappus*. Abgerufen am 05. November 2020 unter http://www.rilke.de/briefe/160703.htm